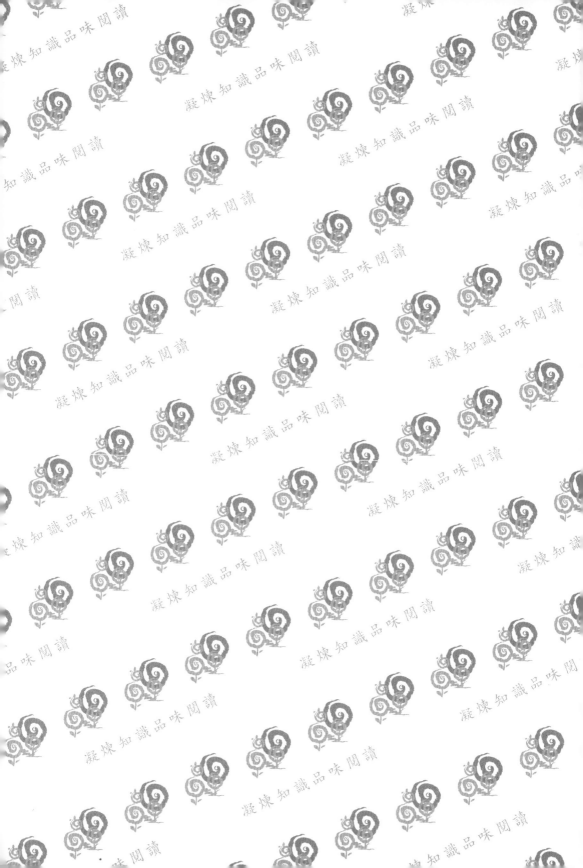

地方創生

理論概念與
個案應用

林水波・專序 / 李長晏・主編

廖洲棚、鄭錫鍇、林淑馨
王皓平、徐偉傑、柳婉郁
李天裕、蔣麗君、鄭國泰
陳姿伶・合著

五南圖書出版公司 印行

序言

地方創生再造──由理論建構、日本經驗到臺灣個案的解剖

地方創生的論述，坊間的文獻大抵以日本個案的譯述為主，而本土的敘述向以風土經濟學的角度分析各種相關的地方創生策略。兩相對照下，我們就可得到這個結論：地方創生的研究，甚少由公共政策及公共行政的面向切入，似乎有注意不及之處。本書的出現，乃由國內在這兩方面的學者，歷經議題的對話，相互的磋商，到研討會的召開，積極納入各方深具價值的高見之後所形成的結晶，冀望昇華地方創生研究的在地化與理論的深構化，進而引領更多學子的學術投入與鑽研。

一、書之內容

本書首由理論概念篇的投入，從政策整合關注地方創生的理論建構及推展的策略路徑。再由韌性思維思索地方創生如何由協力治理的路徑，終極完成其所要追求的多元目標。最終以增生、寄生及創生三階段的演化，演繹臺灣地方創生的不同階段發展。

而日本是地方創生的發源及原創國，其多元不同的個案敘事，殊值得國內的政策學習與進一步的深化。於是，本書第二篇就由地方創生與聯合國 SDGs 的鏈結治理，深究日本經驗究竟有何啟示，可供臺灣加諸實踐與優質化的參佐。而日本已有的各種地方創生實踐，究竟有哪些優勢及劣勢，可資臺灣的學習，以至引發優勢得能在臺灣生根及成長，並得能事先避免日本推動後所衍生

的病癥，用以減少走冤枉路的行程，加速進入成熟收穫的階段。最後論述：日本如何由農業一村一品運動，發展出地方創生制度，以及中間歷經哪些變革及演展，以漸進優質化及深度化地方創生的制度及底蘊。

　　個案的研發及深究，乃是本書的終極關懷。首先，由鹿港囝仔的創生過程及經驗，剖析創新型的生活事業，其究竟是如何開始建構與設想，以及隨後各階段的發展，殊堪往後開發新案的學習及參究，用以避免行錯路所滋生的成本，直接就走向正面發展的路徑；第二篇乃由大茅埔發展的過去演化，以及未來又該如何突破，以資形構地方創生的多元形式及內容；這項前沿式深析，可資其他地方的創生借鏡，增強走對路的視框，減少不斷摸索的學習成本；第三篇則奔向：地方農業創生的推動，如何由三大主軸策略：（一）以科技協助傳統產業轉型為數位化的經營；（二）農企業究竟該如何發展，用以進入企業區塊鏈，進而形構物聯網的市場規模；（三）智慧農業的建構，進而善用物聯網以改寫農業的本質，形構快樂農村的進行曲；第四篇個案研究：新竹縣尖石鄉梅花村的改變與發展，探勘地方創生在此村發展的制度困境，用以作為外來移植或擴散到其他地方的借鏡，減少各種不同的障礙，順時順勢發展地方創生的效益與優勢，減少進入風險或威脅的誤區；最後，以活動脈絡分析與比較：地方創生青年團隊花蓮食魚洄遊吧與臺南大埼藝農聚落的形成，一則建構花蓮漁村如何傳承定置漁場的經驗，二則掌握臺南異鄉學子，其究竟如何移居農村，用以進行在地發展，再以活動脈絡及中介分析比較二個個案的異同，提供優質經驗的傳承，不良經驗的逃避，這是經驗的對照，以降低摸著石頭過路的期程，因為活動脈絡如能掌握及精緻，將促進優質地方創生的前提要件。

二、書之特色

　　本書之出現，乃受激勵於其他界人士引領地方創生的專研，但公共行政與公共政策的學者一直未有投入的動作，乃由一群關心這個課題的學子，發覺必須投入的歷史時刻，乃精心規劃研討會，聚集各校學者廣泛研討而產生的知識智慧。而這本書匯集了六大特色：

（一）**理論的導入**：公共政策及公共行政的研究，業已積累了多元不同的理論，若能加以應用，深入地方創生的探討，其定能產出非常豐富的新知識。果不其然，經由這樣的融合，乃產出豐富的成果及新穎的知識。之後，如能應用這兩個學門所蘊藏的無盡概念，分析多元不同的地方創生課題，定能滋潤研究的豐富化、擴大化及深度化。

（二）**特殊的產出**：臺灣各地方的創生個案經營，經由研究者的深入研發，乃發掘出本土特色的個案知識，似乎與世界其他各地的經驗有了很大的差異。因爲，這是在特殊系絡文化的薰陶下，經由研發所凝聚的結晶。這些殊異的不同，或可經由知識的輸出，進而產生擴散的影響力。

（三）**議題的精緻**：臺灣已深耕的地方創生研究個案，由於議題的有趣、深度與多樣，經由學者的研究與敘事，建構出引人又生動的歷史進程。這些成果，恐得以吸引不同的學子再針對新案的投入探究，進一步導出無數新創知識的成果。

（四）**經驗的汲取**：不同個案的深入探究，成功與失敗的根源隨之而出，以此可作爲未來新案投入的引用或借鏡，減少試誤的期程，發揮知識擴散的效能。而經由知識的應用，進而降低地方創生的謬誤，節約經濟成本。

（五）**數位的發揮**：數位化的管理與應用，乃是當今時代的發展主軸。這種管理的廣泛應用，定可減少不同創生管理的多元困境及經營成本。本書就提供農業發展的數位管理之策，而個案的故事情結、參與的不同情境、主導的靈魂人物和他們之間的互動，及各種新興作爲的知識，就隨著深入探討而出現。這些知識如能加以擴散，將促使創生經營管理的效應及效益隨勢衍生。

（六）**創生的前階**：地方創生不太可能一步就到位，可能要經由不同階段的試誤與學習，才能達致最能引人的成績。地方的增生、地方的寄生，再到地方的創生，乃是不同階段的發展歷程。而每個階段的演化，均要有深刻的印記，才能體會三生的實質過程，以及吾人所要細細注意的焦點。

三大理論主軸的鋪陳、日本經驗的解剖與體會，及五大本土個案的細膩分析，導出說盡本書的內涵及特色，這是知識生產的巨大工程。這個工程旨在：引領各方學子的興趣及志同道合者，投入這個新興議題的開發研究。歷經知識的嚴肅生產，再透由不同路徑的擴散，引領對所生產知識的應用，開創極其顯

著的地方創生效果。如這項知識生產的漣漪作用，得能藉機、藉勢及藉力發展，則本書的終極目的就殊堪算是完成。

林水波　退休教授序於俊邦書屋

目錄

圖目錄

表目錄

第一篇

理論概念

第一章
地方創生制度的理論建構與
策略路徑：政策整合觀點[*]

李長晏

壹、前言

國際間面臨高度全球化及都市化下的發展均衡問題，已成為未來政府治理重點之一。以日本為例，日本人口總量減少及高齡少子化的問題較早出現，在2014年提出可能消失地方城鎮的預測報告，引起日本社會極大關注。為因應鄉村發展面臨勞動人口減少以及地方經濟發展困境等問題，日本政府近年推動「地方創生」等計畫，將「協助鄉鎮自立」正式列為國家首要任務，透過發掘地方文化與特色資源，結合民間創意者與企業的返鄉投入，合力開創地方振興的契機，從而提振地方的生活品質。

反觀臺灣人口成長快速減緩、人口結構改變、人口分布集中城市而造成非都市地區日趨空洞化的傾向，區域發展傾斜失衡已逐漸成為國家與社會發展的重大憂患。因此如何維繫鄉村地方生存能量及點燃創新成長動能，帶動地方創生，促進人口及資本的回流，已是國家發展戰略高度的重要政策課題。

比較日本與臺灣的地方經濟發展，同樣都面對人口急速減少所衍生的各種問題，日本提出以「地方創生」來改變消費力下滑、人口過度集中都市及地方生活圈消失的問題。臺灣同樣面臨城市競爭與鄉村人口衰退的問題，是否能借鏡日本的經驗，為臺灣的地方創生找出方向，近來已成為地

---

* 本文曾發表於中國地方自治學會舉辦2019年地方自治與地方治理國際學術研討會，銘傳大學基河校區六樓國際會議廳舉行，2019年11月2日。

方發展學術界與實務界所關心的課題。

　　這篇文章研究主旨並無意探討日本和臺灣在地方創生上的實際作為與實施成效，而是更在意地方創生一詞的提出，是純粹來自於國家政經變遷過程中為了因應地方經濟問題而衍生的一種施政口號，還是具有強而有力的地方振興經濟之理論根基作為基礎？對此一問題，本文認為任何一種實務政策作為其背後均存有一定的理論基礎，而且此一理論基礎亦是在國家政經社會變遷和實際政策演化過程中，逐漸演化構築而成。

　　為驗證此一問題假設，首先針對日本地方創生政策的理論演化過程加以探討，以釐清地方創生政策背後是否有一地域性活化理論作為指導，地方創生概念只是衍生自地域性活化理論，有其理論根基，才能使得地方創生能在日本全國各地擴散；其次，檢視地方創生的治理系統及其策略工具的本質屬性，在很大程度上是否會受到特定環境因素的影響和制約，也因此需要更完整的政策整合與策略協調；其三，設若地方創生政策治理作為具有政策整合與策略協調的特質，則地方創生政策整合的理論模式應如何建構？本文在此借用協力聯邦主義理論架接之；其四，地方創生政策從概念性的推動到政策的落實，除了要有強而有力的理論根基作為基礎之外，更需具有特別需要關注彈性、多元與創新的策略工具，如此地方創生政策的落實究竟需要哪些策略工具？最後總結本文的研究貢獻。

貳、地方創生的制度演化

　　「地方創生」（regional revitalization）是日本最近幾年熱門的一個關鍵字。大多數有關地方創生文獻均顯示出：從實務面來看，地方創生政策的原始發想是2000年左右日本各地出現一批有志回饋故鄉的改革者，藉由改造場所、設計、美食、藝術等方式，透過「設計思維」模式，進行「地方再生」，試圖達到建立地域性品牌目標（林淑馨，2019）。

　　若推敲其遠因可追溯至為因應日本戰後快速發展工業化過程中，因迅速的經濟與社會變動導致嚴重的城鄉差距問題所提出的地域性活化政

策。近期則是因2013年《中央公論》12月號的內容提到「2040年，地方消滅，極端社會即將到來」，隔年增田寬也進一步在《中央公論》6月號中提出有896個都市可能消滅的警訊，而引發社會大眾的高度關注（岩崎忠，2017：125）。故2014年，安倍晉三首相上任後，爲了回應日本社會面臨人口負成長及超高齡化造成的勞動力減少、人口向東京首都圈過度集中、地方遭遇發展困境等問題，而從國家整體發展的高度，推動跨部會整合的「地方創生」政策。不僅在內閣設置了專門負責地方創生工作的「城鎮、人、工作創生總部」，也在眾多關鍵的環節上嘗試透過特殊的設計和治理機制來推進地方的活化，創造在地就業機會，吸引人口回流，打造適合年輕人創業及成家生子育兒的優質環境。

綜上所述，今日地方創生制度的產生是有其理論淵源，可追溯至1960、70年代的地域性活化理論、2013年的地方消滅，以及2014年地方創生的提出。以下茲就此制度演化過程分述於下：

一、地域性活化

二次大戰後日本爲因應快速工業化發展、經濟與社會變動導致嚴重的城鄉差距問題，日本政府推動地域性活化政策，鼓勵政府與民間推動「故鄉運動」、「造町運作」等，其原始動機僅止於地方經濟的再發展，但在更多的居民與專家學者參與後，逐漸形成各地方對於未來生活環境的期許，針對過去的與現有的資源妥善規劃運用（黃偉晉，1999）。在地域活性化政策的引導下，1970年代初日本政府提出「創意農業」的農民自發運動，推動「一村一品」，進一步促進了大規模的創意農業活動及鄉村發展建設。1990年代中期以來，在日本農村地區日益突顯的人口過疏化、勞動力結構超老齡化、農業農村活力嚴重下降的背景下，以政府爲主導，通過立法提出挖掘和發揮地方潛力，促進「城鄉交流融合」新生活方式的實現。

檢視日本地域性活化的政策變遷（參見表1-1），小川長（2013）指出「地域性活化」一詞的涵義應如何被理解，可追溯自「國土綜合開發

法」於1950年實施起點開始，根據國家土地政策振興和推動大都市經濟目標，由中央主導全國到離島的經濟發展，此種現象至1973年第一次石油危機之後，中央主導的趨勢仍繼續處於穩定的增長時期。但隨著1985年的半島協議，日本國家經濟政策的性質發生了巨大變化，以應對貿易平衡的惡化，由於日圓升值的影響，貿易平衡因出口大大減少，出口帶動的經濟政策已經大大轉向旨在擴大內需的政策。在內容方面，在資訊發展快速過程下，已經從以工業產品為中心導向的產品轉向以軟性為導向的產品和服務，如旅遊和休閒。這背後的原因是對經濟擴張的持續信念以及國內增長引領未來增長道路的信念產生質疑。在這種情況下，「活性化」一詞首次出現在1987年宣布的國家土地計畫中第四次全總會議，之後就經常在這樣一個經濟環境中使用。此時活性化意為「使停滯不前的狀態活躍起來的功能」，換句話說，此時活性化一詞的背景是，人們強烈認為它在短時間內突破經濟衰退，並且繼續或重現以往的經濟繁榮。活性化這個詞也意味著此時的經濟擴張。

小川長（2013）進一步指出在2008年發表「國土形成計畫」中，活性化一詞經常被引用。然而它並不像以往經濟一詞的使用方式，而是與當地社區所遇到的課題，如「高齡化」、「僱用」、「支援」、「安心」、「安全」等詞彙做了新的結合。因此，活性化一詞已被廣泛使用，即使意有活化經濟、保障社會基礎設施等，但與社區活性化等意義也混淆著使用。

經由上述「地域性活化」政策變遷的多方面分析，可以歸納出地域性活化的地方經濟作為可分為「經濟型地域性活化」和「社會型地域性活化」兩種類型，前者是以經濟手段驅動地方產業發展的地方振興模式，後者則是關注於生活空間的營造及對於「所在地」的連結。然近期「地方創生」一詞在區域政策的背景下被廣泛用於取代地域性活化。

二、地方消滅的衝擊

地方創生起源於2014年由總務大臣增田寬也於「日本創成會議：人

口減少12分科會」所提出的「地方消滅論」。根據《地方消滅》一書所分析，日本中央與地方正面臨四大問題：勞動力人口減少、人口過度往東京集中、地方經濟面臨發展困境、地方財政問題，而這四大問題更是日本「難以忽視的眞相」。該書推估日本未來於2040年有將近半數地方，896個市町村面臨消滅的命運，甚至連縣政府所在的青森市、秋田市，東京都的豐島區都在名單之列。該書出版後隨即震撼東瀛，讓日本社會各界了解到人口減少對於日本的傷害。國土交通省發表的2050年國土計畫也提出類似的結論：接下來40年內，六成以上的居住地人口將會減少至一半以下，人口增加的只有2%的大都市圈。因此爲避免「地方消滅論」眞實上演，安倍內閣成立「城鎭、人、工作創生總部」，並迅速通過〈地方創生法案〉、〈地域再生法改正案〉，制定了「國家版綜合戰略」，於2014年9月以國家戰略層級，提出「地方創生」政策，於中央／內閣府創制特別編組創生總部，設立地方創生大臣閣員職位。2015年展開爲期五年的第一階段計畫，提出「城鎭、人、工作創生總合策略」中，在「國家版總合策略」，以創造工作及人的良性循環、支撐良性循環的城鎭活性化爲目標；而在「地方版總合策略」的重點，主要透過情報支援、人才支援、財政支援等三支箭，結合國家戰略特區等各部會相關資源，促使地方自發性思考，創造鄉鎭就業機會、活絡地方經濟。在中央強勢主導下，「地方創生」以迅雷不及掩耳的速度，一躍成爲優先發展項目。

三、地方創生

從理論而言，增田寬也（2014）認爲地方創生一詞係衍生自「地域性活化」理論。根據「活性化」一詞，原本意味著經濟復興，其中也意味著社會復興，而且它們被巧妙地使用，強烈地感受到社會意義而不是經濟意義，負面意義而不是積極意義。然而，就像地方創生和地域活性化這兩個術語一樣，它們一直如此迅速和廣泛地存在，它們也是行政政策和地方政策的關鍵詞。

雖然先前「地域性活化」一詞在各種情況下被廣泛使用，但是最近地

方創生一詞被頻繁地進而取代「地域性活化」一詞，然而事實上地方創生用以促進地方經濟社會發展的路徑仍然是植基於過去地域性活化的經濟增長路線，一方面走向經濟型地域性活化，用以振興地區經濟，另一方面走向社會型地域性活化，讓居住在該地區的人們有強烈的生活意願。據此地方創生乃有兩種不同執行路徑：

（一）地域營造的地方創生

地域營造（placemaking）關注於生活空間的營造及對於「所在地」的連結，亦即建構與培育當地人與所在環境的相互關係，打造共享價值、社區能力、跨領域合作的地方品質。從地域營造觀點詮釋的地方創生，則較著重於社會途徑，透過人文與社會元素進行空間活化，創造人與地域的和諧共生。其目的並非以解決經濟生產等問題為優先，而較著重於社會面向的生活概念展現，其建構的地域可以是任何需要創新的場域，而非侷限於邊陲或經濟機能蕭條之處。

（二）地方振興的地方創生

地方振興（regional revitalization）係重新以經濟手段驅動地方產業發展的地方振興模式。以新經濟地理理論來說，當一個市場足以吸引企業進駐，將會帶進就業人口，而新的就業人口則提供了當地新的消費貢獻，而此擴大的消費效果，又會再進一步吸引其他企業進入，因此形成一個產業聚落（Krugman, 1991）。因此在地方如何開發或創造出新經濟循環即為地方創生重要的核心。

表1-1　日本地域性活化制度演化時期

	1950年～1961年	1962年～1968年	1969年～1976年	1977年～1986年	1987年～1997年	1998年～2007年	2008年～
	高度經濟成長期		安定成長期		泡沫期	小泉改革期	金融危機後
	朝鮮戰爭爆發(50)	所得倍增計畫(60)	第一次石油危機(73)	第二次石油危機(79)	廣場協議(85)／阪神大震災(95)／泡沫化(11)／東北大震災	京都協議書(97)..權力下放法(00)	雷曼危機(08)
國土政策	國土綜合開發法	第一次全總	第二次全總	第三次全總	第四次全總	21世紀GD	國土行程計畫
產業立地政策	◎首都圈開發法案(56)／◎東京都市區工廠限制法(59)	◆新產業都市(62)／◎近畿圈維護法(63)／◎工業維護特區區域法(64)／◎近畿圈工廠限制法(66)／◎中部圈開發維護法(66)	◆產業轉移促進方法(72)／◆工廠立地法(73)	▲高科技產業都市(83)	◆度假村法(87)／●腦定位法(88)／◆多級分散法(92)／◎FAZ法(92)／☆地域產業積體活化法	★企業立地促進法(07)	◆產業轉移促進方法(72)／◆工廠立地法(73)／☆農業商業促進法(08)
中小企業政策		中小企業基本法(63)／中小企業現代化促進法(63)			☆創造新產業促進法(98)／☆中小企業改革支援法(99)／☆中小企業地域資源活用促進法(07)		
條件不利地域政策	●北海道開發法(50)／□離島振興法(53)／□東北地區教育法(57)／●九州地方開發促進法(59)／●北陸中國四國各地開發促進法(60)		□人口稀少地區採取緊急措施法(70)／□沖繩振興和開發特別措施法(71)	□人口稀少地區促進特別措施法(80)／□半島振興法(85)	★人口減少區域振興促進法(90)	☆人口減少區域自主促進法(00)／●沖繩振興興開特別辦法(02)／★農村、漁村活化法(07)	
農業、農村政策	農業基本法(61)		農村工業導入法(71)		◎農業基本經營強化法(92)／食糧法(94)		
都市政策、城鎮創新		都市計畫法(68)	大店鋪法(74)	民活法(86)	▼民間都市開發特別促進法(87)／●地方基本法(92)	☆市中心地域活化法(98)／NPO法(98)／大店法(98)／▼都市再生法(00)／☆社會資本發展優先計畫(02)／●地方公共交通活化法(07)	☆城鎮購物街活化方法(09)／海嘯對策促進法(11)
在地政策、在地產業			傳統工藝促進法(74)		▼地方就業發展促進法(87)／▼地方公共維護設施計畫維修促進法(89)	☆產業活力再生促進法(99)	生物質利用基本法(09)

（特別區域）★綜合特別區域法(11)／★構造改革特區法(02)／地域活化特區法(07)／地域活化法(07)

參、地方創生的屬性與面向

由於「地方創生」的基調是由地方自行設定發展計畫與目標，而由國家來支援地方進行。支援的方式主要是透過提供「地方創生交付金」給申請的地方團體，給予他們發展地方產業時的具體援助。同時利用「地方創生」跨部會的性質，整合不同行政主管部門的資源來發展複合式的產業（例如，結合農林水產省的農村發展與厚生勞動省的高齡者照護預算，共同發展長照園區等）。最後，在地方層次則鼓勵「產官學金勞媒」的多行動主體之間的合作提案，也就是要讓在地的產業、政府、學界、金融、勞工與媒體都共同投入「地方創生」事業的行列。

因此，誠如前行政院長賴清德所表示：「地方創生是超越社區總體營造、文化創意，甚至農村再生的層次，用經濟產業發展的思維，結合地方特色與導入科技，進行跨域整合」（國發會，2018）。

一、地方創生政策整合的屬性

「地方創生」在實務運作面和理論結構面均涉及多面向的整合以及多層次的協力，成為一種具有創新性的治理模式，其所面對的是政策整合與協調的挑戰，更是政策地方實踐的機會。基此地方創生政策具有以下幾點整合屬性（林淑馨，2019；謝子涵，2019）：

（一）自立性

在申請補助時，要確保計畫是「能賺錢的」，換言之，各地方政府在申請時要考慮事業本身，未來即使不依靠補助金也可以獨自經營。亦即，有價值的事業、有價值的企劃才是符合自立性的提案。

（二）公私協力

所謂公私協力，乃係指政府的角色並不只是用「看」的方式與地方公

共團體合作，而是和民間共同協力推出事業，甚至若事業本身能透過合作獲得來自民間的更多投資。因此，在「城鎮、人、工作創生總合策略」中即有提到公私協力的概念，希望藉由引進民間的專業、創意，甚至資金，以彌補政府部門的不足。

（三）跨地區合作

鼓勵提出的申請計畫，盡量與企劃內容有關或鄰近地方政府合作，藉以廣泛發揮彼此的優點。

（四）跨政策間合作

強調不只是以單一個政策目的為出發點，而是多個政策相互關聯，整合性發揮地方創生的政策效果，並整備滿足利用者的需求。

（五）計畫的推動主體明確

為了形成有效以及可持續的推動計畫，在眾多利害關係人中，必須要有一個具領導力的計畫推動主體，確保計畫有能力被實施。

（六）確保培育地方創生人才

地方創生計畫推動過程中，要確保能培育地方人才，育成後的人才無論是在當地定居或是自行創業，都盡量要繼續有培育新人才的好循環。

二、地方創生政策整合的面向

誠如前述，地方創生政策具有跨中央地方關係、跨行政轄區及跨公私部門的跨域治理特性，其有別於傳統科層體制之劃分，往往是由下而上地針對不同地方轄區之間所產生特定創生需求或地方特色，盤點當地人、地、產等資源，凝聚願景共識，提出事業構想與所需資源與協助，以及對

地方創生KPI之貢獻程度等，來進行地方事業計畫提案的設計。

　　本文基於協同聯邦主義理念，爲了解決地方創生提案事業涉及許多公私部門參與的密合問題，需要許多整合的存在。這種整合有三個面向：（一）跨機構整合意指從中央、區域、地方至社區的多層次政策協調；（二）跨部門整合則是強調不同政策領域之間的公私部門協調；（三）基層組織整合則將公部門、私部門、第三部門及社區組織的資源進行多組織協調（Diaz-Kope and Miller-Stevens, 2014）。茲就此一多層次整合治理模式內涵分述如下並詳見表1-2：

（一）跨機構整合：不同層次的治理

　　所謂確保不同政策層次，從全國經由區域、都市到地方，彼此之間是一致性的。Diaz-Kope和Miller-Stevens（2014: 2）將跨機構治理定義爲有著「……制度政策以及在多重利害關係人的網絡中所共享的程序」的一種合作，而這些利害關係人「在問題的範圍內協調他們的行爲和共享彼此的資源去處理複雜的政策問題」。跨機構治理的合作通常運作在政策網絡中並協調他們的行爲來去解決複雜的區域性和國家級的政策議題（Margerum, 2011）。以跨機構治理運作的合作協定通常由高層政府行爲者所組成，他們跨越多級的網絡來運作（Diaz-Kope and Miller-Stevens, 2014）。此外，政府在政策制定的過程中扮演了中心的角色，而決策制定則在不同層級中進行（Heikkila and Gerlak, 2005; Margerum, 2011）。

（二）跨部門整合：連結不同政策領域

　　所謂政策整合，是指將不同土地使用與活動功能整合到一種策略之中，並使之產生互動連結作用。跨部門治理中，制度行爲者裡的利害關係人的組成很多樣，包含了政府機構、非營利和非政府組織（NGO）還有在私部門運作的企業（Hardy and Koontz, 2009; Margerum, 2011）。使用跨部門治理的合作協定對於實施州與地方層級的聯邦政策來說是不可或缺的（Bryson et al., 2006; Imperial, 2005; Margerum, 2011）。在這樣的設

定中，政府跨越部門界線，在資源的協調和行為的實施中扮演著中心的角色。此外，人民投入制定政策的過程也是必要的。由於利害關係人的範圍很廣，這些合作得以匯集各種資源，包括了資金、知識、技術與社會資本，進而去達成共同的目標。再者，利害關係人在這些協定裡多元的組成，也使得這些治理模型能夠規避政治的繁文縟節（Margerum, 2011）。

（三）基層組織整合

「地方創生」，就在於建構與培育人與所在環境的相互關係。透過廣泛且專注地經營地方品質，「地方創生」打造了共享價值、社區能力、跨領域合作，在在是韌性城市與活力社區的基礎。

「地方創生」的過程必須以社區為基礎，才能強化「所在」（place）自主永續的能力，而非由主政者或規劃師強制執行一個政策或解決方案。再者，以社區為基礎的創生過程，社區居民將能夠感受到歸屬感，在後續營運中也將成為重要的一分子。當以這樣的方式推動，「地方創生」就會是建造社區共同資產的必要因子，如同歸屬感根植在社區居民心中一般。

最後，所謂基層組織整合是指將在地公共、私人和志願部門的意圖、資源加以連結，以極大化策略性政策的一致性和政策執行的便利性。基層治理下的合作協定是由有組織的公民團體所組成，他們在地方層級一同解決政策議題（Kenny, 1997）。政府的角色是輔助而不是夥伴。治理行為著重在透過大眾宣傳計畫和社會行銷去改善地方社群的生活品質（McNamara, Leavitt, and Morris, 2010; Morris et al., 2014）；和跨機構、跨部門治理相反，做決策的是公民委員會、指導委員會和公民聯盟。此外，資源有限，為了達成組織目標，這些合作高度依賴社群的支持和社會資本才得以穩定持續下去（Morris, Gibson, Leavitt, and Jones, 2013）。

上述整合工作倘若具體落實，則需要特定的制度結構的配合。建立在此三種整合基礎之上，本文提出了一個治理角度下的新協同聯邦主義的模型。這個模型描繪出跨機構、跨部門和基層治理是如何協助解釋更廣的協

同聯邦主義。本文認為，協同聯邦主義最能被理解為三種治理模型的一個套疊系統，此三種模型同時在同一個問題範疇內運作。

表1-2　協同聯邦主義行為之類型

問題範疇內同時運作的治理結構	合作協定的組成	政策目標
一、跨機構治理	公部門結構（聯邦、州與地方）	在國家、州與地方各級制定、實施和規範聯邦政策
二、跨部門治理	公部門機構、私部門企業和非營利部門組織	在州與地方各級實施和規範聯邦政策
三、基層治理	公民團體、公民聯盟、基層協會和地方非營利機構	在地方各級影響、實施聯邦政策

資料來源：Diaz-Kope and Miller-Stevens (2014).

肆、地方創生的理論模式

　　地方創生涉及宜居性、經濟振興、創新創業、產業競爭力等議題，其政策推動內容與執行方式未必是全新的，就像是地方創生往往被拿來與社區營造、農業再生等計畫相比擬，但是其實行的架構、經濟與社會利益和可用資源是具有創新性的。另一方面，地方創生的治理系統及其策略的推動，在很大程度上會受到特定環境因素的影響和制約，也需要更完整的政策整合與策略協調。

　　本文在此運用協同聯邦主義（New Collaborative Federalism）建構地方創生政策整合的理論模式。首先先勾勒出地方創生協同治理模型的五個關鍵要素，其次透過在一個問題範疇內運作的三種治理結構，而將地方創生的制定與實施概念化。在理論上，這個模型將地方創生協同治理模式描繪成一個三層的套疊系統，此系統是由三個獨特的治理結構所組成：一、跨機構治理；二、跨部門治理；三、基層治理。

一、地方創生協同治理五個關鍵要素

如同上述所說的，此模型應用了五個協同治理的關鍵要素。

（一）資源能力

在協作的文獻中，資源能力是和現有的機構和個人處理問題的能力有關（Wood and Gray, 1991）。個人資源能力的例子包含知識與專業技術，而機構資源能力則包含資金與科技。每個個人和機構必須提供的資源會在協作中被評估，而資源的分配影響協作的治理結構（Diaz-Kope and Miller-Stevens, 2014）。

（二）政策制定

協同治理的第二個要素是政策制定。協作中政策制定的過程有很大一部分取決於利害關係人的組成（Margerum, 2011）。由政府利害關係人所構成的協作較有可能採用正式的政策制定步驟（Margerum, 2011）。由基層或公民利害關係人所組成的協作較有可能採用結構較少的非正式制定步驟（Morris et al., 2013）。

（三）機構行為

第三個影響協同治理的是機構行為。機構行為直接關係到在協作中利害關係人的作為。如同Diaz-Kope和Miller-Stevens（2014）所提到的，政府機構的作為會正式地依照標準和所期望的政府規範來協調運作。相反地，基層利害關係人的作為比較不會有正式的規範，像是他們會透過社群媒體或是組織社群活動來增加關注。

（四）政府角色

第四個要素是政府角色。政府的角色會根據這個問題影響的範圍是大是小而有所不同（Kenney, 1997; Margerum, 2011）。如果問題很大且複

雜或是問題牽涉到公有財物，政府機構才比較有可能會包含在協作裡。如果是地方問題且受到影響的公民較少，政府機構就比較不會出現在此協作中。相同地，問題的範圍若較不複雜且窄，較有可能會在地方層級或基層展開協作。

（五）議題的性質與範圍

還有很重要的一點是，來自政府不同層級（聯邦、州、地方）和所有社會上的部門（私、公、非營利和公民）的政治、經濟以及社會影響都不斷地衝擊著問題範疇，且這裡的每個要素都使我們對協作要去解決的問題有不同的解讀。因為這樣的複雜性，必須去發展一個模型去解讀協同聯邦主義與協同治理間的相互作用和關係。

二、地方創生協同治理模型

協同聯邦主義的治理結構被共同利益所連結著，這是因為問題範疇中的複雜議題需要被處理。議題的複雜性使得傳統的中央治理模型在解決問題時沒有效果。因此，為鼓勵國家與非國家之間行為者的合作協定，聯邦的倡議就出現了。

從上到下來看這個模型，跨機構治理（一）是由聯邦、州和地方政府機構所組成，他們一同制定國家和地方的實施策略，進而達成聯邦政策目標。跨機構和跨部門治理（二）的連結出現在政策制定過程中。運作在跨機構協同治理中的政府單位透過跨部門治理結構（二）來建造機構的能力。跨部門治理（二）和基層治理（三）的連結出現在地方社群層級。

為了說明這三個治理結構的關聯，此模型展示了跨機構治理（一）、跨部門治理（二）和基層治理（三）的剖面圖。如圖1-1所示，跨部門治理（二）被套疊在跨機構治理（一）和基層治理（三）之間。此模型顯示出跨部門治理（二）是由運作在私、公和非營利部門的組織所組成。而運作在此治理結構的行為者，著重在國家與地方層級的聯邦政策實施。

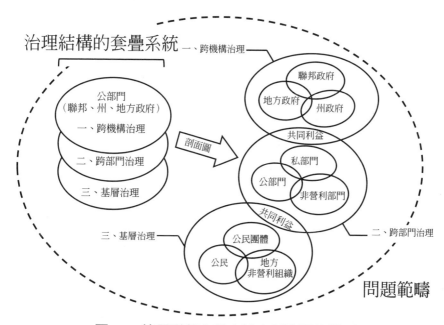

圖1-1　協同聯邦主義之地方創生理論模型

資料來源：John C. Morris and Katrina Miller-Stevens, edited (2016). *Advancing Collaboration, Theory: Models, Typologies, and Evidence.* New York: Routledge.

註：1.各治理結構內的行為者在國家、州與地方層級，一同定義、制定和實施政策目標。
　　2.各治理結構被共同利益所連結著，這是共同解決一個問題的動力。

　　圖1-1協同聯邦主義治理模型的基礎是建立在Diaz-Kope與Miller-Stevens有關水源治理的分類上的。協同聯邦主義的概念是一個在問題範疇內運作的套疊治理結構（跨機構、跨部門和基層治理），每個部分在政策規劃和執行上都有重要作用。在政策規劃階段，計畫透過產生共識和參與論述而形成。這三種治理結構並不是各自為政，而是在問題範圍內同時運作的。這三種模式透過共同利益連結在一起，根據問題的本質、範圍、程度和透過參與式決策影響問題的資源，執行相應的政策。

　　此一模型進一步指出了跨機構、跨部門和基層治理三者之間的關係：它們共同協作，解決社會問題和環境問題。除了非政府組織和合作協議中的公民，此模型也考慮了在每種治理方式下聯邦政府、州政府和地方政府的角色。這個模型不會被政策制定和施行之間的矛盾所影響，因為合作是

建立在以下假設上的：存在共同利益、資訊自由流通共享、權力分立、信任基礎和利害關係人的參與。緊接將更細節地描述這個模型的主要面向。

（一）跨機構治理

　　正如圖1-1所示的跨機構治理（一），聯邦政府和各州、地方政府機構以國家層級合力解決一個特定難題。因為預算限制、社會需求提升，以及聯邦、州和當地政府共同協作執行法規，施行命令導致的資源限制，促使政府的跨機構協同愈發常見（Bonner, 2013; Mullin and Daley, 2010）。雖然政府部門正在努力維持自己的主要任務，但跨機構治理由於匯集各機構的資源能夠降低成本，構建跨州界的政府機構效能以及聯邦政府的要求等因素得以實施。為較複雜的問題所共同承擔的責任可能會在單一政府機構下橫向布達，或是向跨級的政府部門宣達，因為這些部門有著相同的任務和功能。跨機構的協作小組通常在某些情況下才會在聯邦合作協議中擔任主要領導角色，這些情況通常是因為聯邦政府承受了外界的壓力，像是公眾壓力、媒體壓力、政策制定者的壓力，而且只有透過立法才能解決這樣的問題（Kenney, 1997）。目前中央部會有多項計畫與地方創生相關，諸如：教育部「大學社會責任實踐計畫」、農委會「農村再生第二期實施計畫」、科技部「人文創新與社會實踐計畫」、文化部「社區營造三期及村落發展計畫」、經濟部「小型企業創新研發計畫（SBIR）管理與推動計畫」、「推動中小企業城鄉創生轉型輔導計畫（SBTR）」、內政部「城鎮之心工程計畫」、客委會「客家浪漫臺三線計畫」等等，將加以整合，檢討調整相關計畫，符合地方創生精神及策略，結合產官學研社共同推動，將更能有效落實地方創生。此外，由行政院院長召集成立行政院地方創生會報負責決策，並由國發會擔任幕僚，負責統籌、協調整合，以及規劃與支援協助等工作。

（二）跨部門治理

　　當像是政府、公司或是非營利機關或單位沒能力，沒法源或沒援助

來單獨發揮功能的時候，跨部門治理就在協同系統網中扮演了一個重要角色。正如圖1-1中的（二），這樣的治理結構中可能會包含若干個執行者共同協作，解決跨界的難題。合作可能是臨時起意的，也可能是合作部門之間正式的協議。在協同聯邦主義下，跨部門的合作組織會承擔起召集團體的角色。

　　一個活躍的角色（如召集人和跨部門的治理系統）在政策實行時比跨機構和基層治理有更高的影響力。聯邦政府會積極地參與，讓所有行動都經過協調。透過全面的策略方法管理協同治理組織的目標，最終達到指導政策實施的結果（Bryson et al., 2006; Margerum, 2011; Morris et al., 2013）。例如，地方創生計畫的推動宜透過政府及相關領域部門人才協同合作，以創新觀點與手法，確認當地的獨特性與核心價值，建立地方品牌形象，打造地方城鎮品牌，轉化為創造地方生機的資本，針對地方文化歷史、物產或觀光景點等地方資源及相關產品服務進行特色加值，營造地方魅力，拓展行銷通路，帶動地方整體產業發展。

（三）基層治理

　　基層治理組織是一種在地方發起的組織，可以是官方組織，也可以是非正式組織。成員通常會致力於達成某個目標，正如圖1-1中的基層治理（三）。基層治理的參與者包括了市民團體、公民聯盟和非營利組織。這些組織既能夠回應社區的需求，也可以迅速適應變化的環境。此外，基層治理團體能夠有效地承擔責任，因為這些團體最接近地方的問題，且具有能夠解決這些問題的知識和專家（Paul, 1989）。在協同聯邦主義制定法案階段中，如果需要區域方案來解決政策問題，基層治理組織或地方的非營利組織就能夠作為召集人的角色。地方創生政策需透過企業、直轄市與縣市政府、鄉鎮市區公所、學界、教育部USR、法人機構、社區、社團及協會等產官學研社之共同參與，讓社會各界資金、知識技術及人才共同投入地方創生事業，協助地方發掘在地特色DNA，凝聚共識，形成地方創生願景，提出地方創生事業提案，推動地方創生相關工作。

伍、地方創生的策略路徑

　　地方創生政策從概念性的推動到政策的落實，除了要有強而有力的理論根基作為基礎之外，更需具有特別需要關注彈性、多元與創新的治理議題，甚至包括更多市場性的觀點。為使多層級政府治理與外界環境之間達成更好的動態平衡，其關鍵在於建立良好的公私協力協調機制。

　　爰此，本文以政策整合觀點進一步建構以人為核心，透過地方振興與地域營造，建構公私協力之市場協調模式（圖1-2）。重點聚焦於中央政府與地方政府的角色，以其可及之政策工具，規劃推動之階段性路徑（李長晏、曾淑娟，2019）。

一、鄉鎮公所盤點DNA與地方創生的價值定位

　　由於各地方發展的基本條件不同，在推動地方創生時首先需要先透過盤點DNA了解地方自身的發展機會。而地方創生不只是設計商品，而是設計「生活經驗」、「文化創新」，可歸納出地方創生十個重要元素：食、住、衣、農、健康、環境、療癒、藝術、遊、集。在盤點這些基本元素時，同時也可評估其未來發展潛力。另一方面亦同時盤點當地居民的需求，例如資金、數位資訊等基礎設施，以及待突破之法規限制。而地方的資源盤點與地方創生的價值定位是一項耗時且帶有專業敏感性，鄉鎮公所亦可借用專家的知識同時檢討地域當地的實力。

　　整合地方營造與地方振興概念導入商業機能，則可透過：（一）產品市場開發；（二）社區改造；（三）公共空間商業化；（四）區域範圍設施管理；（五）公私合夥模式，委託私人公司以代理人身分管理公共資產；甚至（六）「鄉鎮公司」的方式共同經營推動。

　　而對於經濟產業發展潛力較為不足者，可以地方營造的方式，重新塑造地區的宜居性，防止人口外流，甚至著重環境元素吸引特定人口移入，例如農山漁村強化高齡照護，吸引退休人口。

二、地方政府局處提供政策計畫支援與協助

地方政府各局處室掌握地方整體的計畫資源，因此地方政府亦可盤點地方創生相關資源，主動協助鄉鎮市區公所，推動地方創生。特別對轄內非公用土地多元利用部分亦可提出開發建議。

三、在地組織提供知識協助與領航

在地專業組織基於其在專業領域或地方領域的熟悉性及專業性，對前述地方創生元素的挖掘具有一定的助益。

此外，與教育部大學社會責任（USR）計畫鏈結，鼓勵教師帶領學生以跨系科、跨團隊或跨校串聯之結合，或以結合地方政府及產業資源，共同促進在地產業聚落、社區文化創新發展。

四、企業投入的誘因

市場是一個依據獲利狀況自由進出的場域，企業評估市場利基決定進入市場或投入產業與否，因此一個具有利性的投資計畫最能吸引企業投入，然而當企業另有替代方案時，則必須建立誘因機制，或者以軟性方式訴諸故鄉情感與企業社會責任招商引資。

行政院國家發展基金為加強投資地方創生事業，2019年1月通過地方創生暨社會企業創業投資事業投資作業要點，訂定多項協助地方創生發展資金措施，透過加強投資及提供信用保證等方式，結合民間資源，協助地方創生相關事業發展。

五、地方創生跨域網絡

在整合中央、地方政府、鄉鎮市區、在地組織及企業等地方創生跨域關係網絡時，可以地方政府創建市場的概念，發展出市場機制，待市場機

制成熟時，即可由市場供需機制主動連結政府部門、企業與在地組織，促成自發性的協調。而政府部門則退回間接影響的角色，真正達到「以投資代替補助」的成效。

　　由以上所述可知，地方創生的目的雖是解決地方問題，但單靠地方政府的力量恐怕無法達成目標，如何在推動地方政策的同時，善用經濟市場的力量，藉由民間企業之力，達到經濟活化或創造出雇用機會乃是重要的課題（小磯修二、村上裕一、山崎幹根，2018：144；林淑馨，2019）。因此，在「城鎮、人、工作創生總合策略」中即有提到公私協力的概念，希望藉由引進民間的專業、創意，甚至資金，以彌補政府部門的不足。

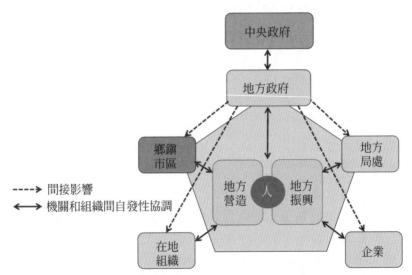

圖1-2　地方創生以公私協力為中心之市場協調策略

資料來源：作者自行繪製。

陸、結論

「地方創生」並不是政府嚴謹的授權或是剛性制度的建構，而是由政府引導，結合各種工具及創生要素，促進行動者合作的集體行動。其著眼於地方發展治理概念及政策推動未必是全然創新的，但是推動實施的框架、擴散的利益和可用的資源則是持續創新的。

本文首先從日本地方創生政策的理論演化過程檢視，發現日本地方創生政策的啓動除了因國家與地方正面臨勞動力人口減少、人口過度往東京集中、地方經濟面臨發展困境、地方財政問題等的困擾，地方創生深受地域性活化理論的影響甚深，甚至已成爲地域活化的代名詞，如此可理解到地方創生政策的出現不是只爲了因應地方發展需求，更有其地方經濟理論的指引。

其次，從政策發展取向來看，地方創生應結合空間與產業爲核心概念，在不同地區尋找適性的創生定位，透過地域營造發展宜居的和諧共生及地方振興創生地方經濟；由上而下建立大格局的地方創生空間發展脈絡，同時由下而上提出地方創生構想；由左右多元串接公、私及第三部門協力的機會，以向更具開展性的政策整合、策略整合、工具整合，營造地方創生豐富的生態系。是以本文借用偕同聯邦主義理論建構協同聯邦主義之地方創生政策整合理論模型。

再者，在政策及策略整合方面，可以整合地方創生國家戰略計畫、國土空間發展策略計畫以及留才攬才等相關計畫。在地方創生政策下，推動優化地方產業，鞏固就業機會；建設鎮都市，點亮城鎮偏鄉；以及推動地方品牌，擴大國際連結等策略。同時，持續推動國土空間發展，促進城市區域發展、整合區域產業群聚的策略，除了聚焦在提升個別「地、產、人」的競爭力之外，更以創新治理的策略建立「地」、「產」、「人」的流動路徑，以及擴張連結地方創生網絡，以營造地方生機，振興地方經濟，並擴大創新群聚之綜效。如此本文乃根據公私協力的原理設計地方創生市場協調策略和工具，以協助地方創生的實質推動。

最後，地方創生的本質就是一種地域性活化、地域振興，其整合經濟

型地域性活化和社會型地域性活化兩種振興地方發展的工具，主要目的就是在建立地方居民認同，藉由地方的歷史、文化，所建構出來獨特的地方特色，以永續經營的觀念來發展，讓地方居民共同參與擬定發展藍圖，藉由地方環境的改善吸引遊客，將地方規劃成為宜居宜訪的環境，讓地方的產業能夠賺到錢，地方的居民也能生活得更好。

參考文獻

小川長（2013）。地域活性化とは何か。地方自治研究，第28卷第1期，頁67-70。

小磯修二、村上裕一、山崎幹根（2018）。地方創生を超えて一これからの地域政策。東京：岩波書店。

中央通訊社（2018）。地方消滅撼動國本　日前總務大臣對臺提建言，2018年12月9日，https://www.cna.com.tw/news/ahel/201812090034.aspx。

李長晏、陳恒鈞、曾淑娟（2019）。臺中市推動地方創生之策略與途徑。

林淑馨（2019）。地方創生與公私協力：日本經驗之啟示。T&D飛訊，第259期，頁1-26。

岩崎忠（2017）。自治体経営の新展開。東京：一藝社。

神尾文彥、松林一裕（2018）。地方創生2.0。臺北：時報文化。

國家發展委員會（2018）。中華民國人口推估（2018至2065年）。

國家發展委員會（2018）。行政院召開「地方創生會報」第一次會議新聞稿，2018年5月31日，https://www.ndc.gov.tw/News_Content.aspx?n=114AAE178CD95D4C&s=0923C7F8671AA36C。

增田寬也（2014）。地方消滅。東京：中公新書。

顏聰玲、張志銘、李長晏（2018）。在地經濟與地方創生商業發展策略模式規劃，發表於國立中興大學2018年第十屆公共治理國際學術研討會。

Bonner, P. (2013). Balancing Task With Relationship to Create Interagency Collaboration. *Public Manager*, 42: 30-32.

Hitoshi, Kinoshita. (2017). A Market-Driven Model of Regional Revitalization, https://www.nippon.com/en/in-depth/a03803/a-market-driven-model-of-regional-revitalization.html.

Morris, John C. and Katrina Miller-Stevens, edited. (2016). *Advancing Collaboration, Theory: Models, Typologies, and Evidence*. New York: Routledge.

Mullin, M. and D. M. Daley. (2010). Working with the State: Exploring Interagency Collaboration within a Federalist System. *Journal of Public Administration Research and Theory*, 20(4): 757-778.

第二章
地方創生的韌性思維：
協力治理的觀點[*]

廖洲棚

壹、前言

　　臺灣人口結構正朝向高齡化及少子化的雙極發展，就高齡化發展而言，臺灣人口老化趨勢已存在數十年且老化速度愈來愈快，自1993年成為高齡化社會，2018年轉為高齡社會，而行政院國家發展委員會（以下簡稱國發會）推估在2025年將邁入超高齡社會；就少子化而言，我國粗出生率與粗死亡率曲線於2020年出現交叉，估計該年之後，粗死亡率將大於粗出生率，亦即人口由自然增加轉為自然減少，全國總人口數（年底數）於2019年達最高峰約2,360萬人，估計自2022年起全國人口將進入負成長，估計2070年人口數將降為1,449萬人至1,716萬人，約為2020年之六成至七成[1]。此外，依據內政部統計資料顯示，2020年底全國六個直轄市占總人口比率已近七成（69.45%），其中尤以新北市403萬954人占17.11%最多、臺中市282萬787人占11.97%次之、高雄市276萬5,932人占11.74%居第三，臺北市及桃園市亦超過200萬人，分別為260萬2,418人及226萬8,807人，若再加上臺南市187萬4,917人，六個直轄市合占全國總人口達

---

* 本文為科技部補助專題研究計畫（編號：MOST 111-2410-H-180-001）的部分研究成果，論文初稿發表於2022年1月8日於國立中興大學舉辦的臺中市地方創生論壇，感謝逢甲大學公共事務與社會創新碩士在職學位學程徐偉傑教授的評論意見，惟文責由作者自負。

[1] 國際上將65歲以上人口占總人口比率達到7%、14%及20%，分別稱為高齡化社會、高齡社會及超高齡社會。資料引自國發會網站，網址：https://www.ndc.gov.tw/Content_List.aspx?n=D527207EEEF59B9B，最後瀏覽日期：2022/11/7。

69.45%[2]。

　　高齡少子化的人口發展趨勢，將全面衝擊臺灣的社會福利、教育、勞動市場以及產業經濟，而人口不斷往大都市集中的結果，更將造成鄉村產業勞動力不足、公共設施的閒置與地方稅基的流失，城鄉差距的持續擴大，將使得鄉村地區逐漸失去發展動能。地方鄉鎮人口的持續老化及減少，不但將引爆地方治理危機，更會危及臺灣的國家競爭力。為解決此一問題，行政院於2018年成立「地方創生會報」，並於同年5月舉辦第一次會議，該次會議宣布2019年為臺灣地方創生元年，並將地方創生定位為國家安全戰略級的國家政策，時任行政院長的副總統賴清德先生指示「由國發會統籌及協調整合部會地方創生相關資源」，期能「緩和總人口減少及高齡少子化趨勢，並以2030年總生育率達1.4、未來維持總人口數不低於2,000萬人為願景，促進島內移民及都市減壓，達成『均衡臺灣』的目標[3]。」

　　依據行政院108（2019）年1月3日院臺經字第1070044997號函核定之「地方創生國家戰略計畫」，在分析及考量全國368處鄉鎮市區之人口變化率、人口規模、居民收入等因素，以及資源運用優先順序和地區居民經濟弱勢情形後，優先選定其中134處鄉鎮區列為優先推動地方創生地區。這些地區主要集中於中南部、東部等非六都鄉鎮區，土地面積占全國66.5%，人口數僅占全國11.6%。前揭計畫擔心倘人口持續減少，未來在地基本生活設施及功能的維持將日益困難，故規劃中央政府協助該地區提出地方創生事業提案及推動相關事業工作[4]。國發會為進一步加速推動地方創生，另報請行政院於109（2020）年10月5日以院臺經字第1090029730號函核定「加速推動地方創生計畫」，並納入「前瞻基礎建設計畫」之城鄉建設項下，預計未來五年（2021年至2025年）將統合國發

2　資料來源：內政部110年第四週內政統計通報，網址：https://www.moi.gov.tw/News_Content.aspx?n=2905&s=212205，最後瀏覽日期：2022/9/26。
3　資料來源：國發會107年5月21日新聞稿「行政院召開『地方創生會報』第一次會議」，網址：https://www.ndc.gov.tw/nc_27_28708，最後瀏覽日期：2022/11/7。
4　資料來源：行政院108年1月3日院臺經字第1070044997號函核定「地方創生國家戰略計畫」（核定本），網址：https://www.twrr.ndc.gov.tw/index，最後瀏覽日期：2021/9/26。

會、內政部、教育部、經濟部、交通部、農委會、衛福部、文化部、原民會及客委會等十個部會之相關預算新臺幣60億元，挹注支持青年留鄉或返鄉相關軟硬體、強化城鎮機能及環境整備等地方基礎建設，以促進地方產業發展，鼓勵青年回流，協助地方加速落實推動創生工作[5]。

　　然而，地方創生政策推動迄今，各中央部會、企業、大學以及優先推動鄉鎮所在的地方政府多仍處於摸索學習階段，顯見如何推動地方創生仍是一個待學習的課題。由於地方創生除了地方經濟面向的考量外，尚須同時兼顧地方環境、人文社會等永續發展面向的需要，且地方創生同時涉及企業家、中央與地方政府、在地居民、大學以及全球消費者等多元的地方關係人口（stakeholders），可知地方創生是一個複雜的環境社會系統下，由多元參與者參與協力發展的議題，充滿各種未知的動態調適與變遷過程，故學習如何推動地方創生，將有助於縮短各方摸索學習的歷程、提高地方創生成功的機率。因此，本文嘗試引介協力治理理論於探討地方創生過程中，可能影響地方關係人口協力互動的關鍵因素以及相關的命題，再透過創生案例分析，詮釋此些命題的實務意涵。為此，在後續行文的安排上，作者將於第貳部分回顧與比較日本與臺灣在推動地方創生計畫的發展脈絡與制度背景，第參部分將引介協力治理的觀點，探討利害關係者參與協力的相關命題，第肆部分則嘗試解釋地方創生的韌性思維以及此思維下的地方創生協力命題，並以屏東可可產業的地方創生案例，詮釋此些命題的實務意涵，最後在第伍部分結論，回顧本文的研究發現，並提出若干後續研究的建議。

5　資料來源：行政院109年10月5日院臺經字第1090029730號函核定「加速推動地方創生計畫」（核定本），網址：https://www.twrr.ndc.gov.tw/index，最後瀏覽日期：2021/9/26。

貳、地方創生的發展背景

一、源自日本的政策學習

　　同樣遭遇高齡化與少子化的兩極人口發展以及都市集中化困境的日本，於2015年提出「地方創生」政策，成為臺灣地方創生計畫的主要政策學習對象。「地方創生」是日本前首相安倍晉三於2014年上任後，為解決上述人口發展問題導致城鄉差距與經濟產業結構改變而提出一系列策略之總稱，目的是希望能實際改善偏鄉生活機能，增加地方的就業機會以吸引年輕人口的流入（林淑馨，2019），避免可能產生的人口移居與老化造成的「地方消滅」，以及人口數過度集中東京之「東京一極化」等現象，同時希望透過補助刺激地方自主性產業方案的提出，藉以振興地方經濟並吸引人口移居以達區域平衡（黃志隆，2021：334）。

　　不同於臺灣將地方創生計畫結合於前瞻基礎建設計畫項下，日本則是將地方創生政策與2016年提出的「地域共生社會政策」結合，透過地方政府、住民自治團體，以及非營利或營利組織的合作，拓展社會福利服務，減少因高齡化、少子化以及移居都市造成的種種社會問題的衝擊（黃志隆，2021）。日本前首相安倍晉三在2014年於內閣府創設負責地方政策的「城鎮、人、工作創生總部」，設置「地方創生大臣」，頒布「城鎮、人、工作創生法」，將地方創生拉高到國家政策層級，期透過由中央政府主導之中長期的國家戰略推動，解決影響日本國家競爭力的人口問題（盧憶婷，2021），其目的有三：一是改善因人口減少消費、經濟力低落而對日本社會所造成的負擔；二是降低人口減少的速度，在2060年前仍維持至少1億人口；三是找回地方持續成長的活力（林淑馨，2019）。日本地方創生政策射出支援地方創生之資訊、人才與財政的三支箭，第一支箭是情報箭，其設置RESAS（Regional Economy Society Analyzing System）地方經濟分析系統提供情報資訊與社群服務；第二支箭為地方創生人才培育，積極培育地方傳道師（亦即地方創生顧問）輔導各地推動地方創生，建立地方窗口平臺及人才支援制度，促進各級政府推動地方創生工作的經驗交

流與橫向聯繫，補助建立地方振興協力隊，招募外部人才協助地方政府推動地方創生政策，以及成立網路平臺與資源提供網路課程，充實地方創生參與者知識；第三支箭是財政支援，內容包括地方創生支付金、企業版故鄉納稅，以及強化地方據點稅制等（謝子涵，2020）。

　　總體而言，日本的地方創生政策的本質為「由上而下」（top-down）的政策，政策成功與否和地方政府的執行息息相關，故著重強調自立性、將來性、地域性、直接性和結果重視等五大原則，其中又以自立性和結果重視最為重要，亦即期待地方政府能強化自主意願並產生具體成果（林淑馨，2019）。政策藉由促進地方政府的自立性、目標性與企圖心，結合「地方創生推進補助金」制度，部分補助地方政府財務的方式擾動地方以激勵地方團隊提出地方創生計畫，而一個提案能成功獲得青睞的驅動要素包括（林淑馨，2019；謝子涵，2020）：

（一）**自立性**：在申請補助時，要確保計畫能賺錢。

（二）**官民聯合製作（公私協力）**：透過公私合作鼓勵民間投資及參與地方創生。

（三）**跨地區合作（跨域合作）**：申請計畫時，需與計畫相關或鄰近的地方政府合作，以發揮彼此長處。

（四）**跨政策合作**：強調不以單一政策為出發點，而是通盤規劃，發揮地方創生相關政策的整合性政策效果。

（五）**計畫的推動主體明確**：為有效、可持續的推動計畫，在眾多利害關係人中，必須要有一個具領導力的計畫推動主體。

（六）**確保培育地方創生人才**：地方創生計畫推動過程中，要確保新人才的養成，建立人才的良善循環。

　　另外，日本的地方創生政策除了具有「由上而下」的推動特質外，日本地方創生政策主要所著重的面向在於促進與活絡目前正面臨快速人口減少與失去活力之日本市町村地區，進而重構「社會、經濟、環境」平衡，以找回永續發展的動力（盧憶婷，2021）。由於臺灣地方創生政策無論是在規劃與發想上皆深受日本經驗的影響，使得日本地方創生政策之概念與內涵在許多地方為臺灣政策所採用。作者接著針對臺灣地方創生政策的發展

與脈絡進行梳理，以便能進一步地比較臺日兩國之地方創生政策的異同。

二、臺灣的地方創生戰略

　　臺灣因面臨著與日本相同的因人口發展失衡延伸的城鄉差距、產業空洞化、人才外流等問題，因此借鏡日本經驗，由國家發展委員會開始研擬此地方創生議題的相關政策（徐重仁，2018：36）。國發會為擘劃我國地方創生政策，自2018年6月起陸續邀集中央部會、地方政府及企業工商團體代表等召開二十多場研商會議，以聽取各界建言凝聚部會資源整合及地方發展共識，案經提報2018年11月30日「行政院地方創生會報」第二次會議，由前行政院長賴清德指示將地方創生定位為國家安全戰略層級的國家政策，並於2019年核定「地方創生國家戰略計畫」。

　　臺灣推動地方創生的目的，在依地方特色發展地方經濟，緩和人口過度集中六都之趨勢，故該計畫以未來維持總人口數不低於2,000萬人為願景，逐步促進島內移民，並配合首都圈減壓，期望2022年地方移入人口等於移出人口，2030年地方人口能夠回流，達成「均衡臺灣」的目標[6]。依據該計畫的內容，可知臺灣地方創生有三大發展策略，分別是：（一）優化地方產業，鞏固就業機會；（二）建設鄉鎮都市，點亮城鎮偏鄉；（三）推動地方品牌，擴大國際連結，且計畫透過：1.企業投資故鄉；2.科技導入；3.整合部會創生資源；4.社會參與創生；以及5.品牌建立等五大推動戰略，同時配合計畫推動需要進行法規調適，以落實地方創生工作。此外，該計畫更規劃從結果導向觀點，引導地方於形成地方創生願景時，能視地方發展需要，就地方移住人口、地方就業情形、地方居民收入或地方學生數等面向，引導地方於形成地方創生願景時，能因地制宜訂定相關地方創生KPI，並於後續據以滾動檢討地方創生計畫執行情形，以達成計畫願景與目標。

　　另依據行政院於2020年10月5日核定之「加速推動地方創生計畫」，

6　同註4。

在未來五年（2021年至2025年），整合行政院十個部會的預算資源計新臺幣60億元，加速推動地方創生計畫，預計每年輔導縣市政府及鄉鎮市區公所推動80項地方創生事業、吸引125位青年留鄉或返鄉推動地方創生，目標於五年內推動400項地方創生事業、吸引至少500位種子青年留鄉或返鄉推動地方創生[7]。然而，「加速推動地方創生計畫」也指出達成目標之主要限制在於「縣市政府及鄉鎮市區公所能否深度盤點地方DNA，發掘自身優勢積極提出具地方特色、新商業模式之地方創生計畫及相關事業提案，循程序提報『行政院地方創生會報』工作會議通過執行」。換言之，地方政府的執行力以及參與地方創生工作者的創新與執行能力，是計畫能否具體落實之關鍵。

另外，不同於日本地方創生政策主要是透過「由上而下」的方式來進行推動，臺灣此次所推動的地方創生政策亦從先前所推動之地方社區發展相關政策，過於強調由上而下和一致性產業推動模式所可能產生政策與地方環境與實際需求無法吻合，並造成重複投資以及所可能造成的資源浪費問題之經驗，例如社區總體營造、一鄉一特色、一鄉一產業等。所以，此次臺灣所推出的地方創生政策改以強調「由下而上」（bottom-up）的方式來進行相關政策的推動，期藉由地方自發性思考、地方居民需要及各地方關係者的參與來共同翻轉地方，創造在地的自主性和永續性（盧憶婷，2021）。在此情形下，臺灣地方創生政策的具體內容並非來自於中央政府強勢主導之一致性補助或社區建設方案。相反地，臺灣地方創生政策與執行內容的主要提案，是來自臺灣最基層的行政機關、基層官僚（street level bureaucracy）、大學以及公民社會（civil society），藉由鼓勵這些最為基層的地方創生行動者主動地去發掘不同地方所各自擁有且具有地方特色的「人、地、產」DNA，以及透過創新策略的引進或者新興科技工具的導入，讓具有自身特色之地方性（localities）能進一步獲得有效的整合。同時在創新策略與新興科技的導入與運用之下，一方面協助欲推動地方創生地區找到永續發展的道路，另一方面，也期待透過新策略、新方法

7　同註5。

與新科技工具的使用，增能（empower）地方在面對新時代發展之機會與
挑戰的韌性（resilience）與能力（capacity）（陳美伶，2018）。

三、臺灣與日本地方創生政策的比較

　　臺灣的地方創生政策雖學習自日本，但因國情與民情不同，故相關
計畫內容也存有若干差異，茲就兩國的地方創生政策的異同整理如表2-1
所示。綜合而言，臺日兩國皆為了解決人口高齡化、少子化以及移居都市
造成的種種社會問題的目的而發展地方創生政策，兩者在政策目的、政策
願景、政策協調機制，乃至於發展策略和執行戰略等面向都有高度的相似
性，只不過基於政治體制以及由中央主導政策推動思維的差異，臺灣地方
創生政策的預算來源由特別預算、各部會預算以及地方政府配合款等途徑
籌措財源；日本則由政府另闢推動地方創生的財源來支應政策所需。此
外，臺日在政策推動方式也有顯著的不同，臺灣採用的是由下而上的途
徑，地方創生計畫主要來自地方關係人（包括地方政府、中央政府於地方
的分支機關、大學、企業、公私立協會、居民、關心地方人士等）發起，
並合作向中央政府爭取經費補助或自行籌措財源；日本則採取由上而下的
途徑，由中央政府主導政策走向，並責承地方政府負責執行的模式，著重
強調自立性、將來性、地域性、直接性和結果重視等五大原則，引導地方
政府能強化自主意願並產生具體成果。由此可知，臺灣的地方創生發展模
式，將更著重地方創生利害關係人的協力，以達成共同的協力目標。

表2-1　臺日地方創生政策內容比較表

比較項目 ＼ 國家	臺灣	日本
政策層級	國家	國家
專責單位	國發會	城鎮、人、工作創生總部
政策問題	因人口高齡化、少子化以及移居都市造成的種種社會問題的衝擊。	因人口高齡化、少子化以及移居都市造成的種種社會問題的衝擊。

表2-1　臺日地方創生政策內容比較表（續）

國家 比較項目	臺灣	日本
政策依據	地方創生國家戰略計畫。 加速推動地方創生計畫（110年至114年）。	城鎮、人、工作創生法。 設置「地方創生大臣」。
政策目的	依地方特色發展地方經濟，緩和人口過度集中六都之趨勢。	改善人口減少對日本社會所造成的經濟負擔，降低人口減少的速度，找回地方持續成長的活力。
政策願景	2030年總生育率達1.4、未來維持總人口數不低於2,000萬人為願景，促進島內移民及都市減壓，達成「均衡臺灣」的目標。	在2060年前仍維持至少1億人口，振興地方經濟，避免東京一極化現象。
政策協調機制	行政院地方創生會報	城鎮、人、工作創生總部
預算來源	1. 計畫所需經費由中央政府前瞻基礎建設計畫特別預算支應，後續由各相關部會另循預算程序匡列經費辦理。 2. 地方配合款依「中央對直轄市及縣（市）政府補助辦法」、行政院主計總處最新公布之各縣市政府財力分級基準，受補助地方政府應編列相對配合款支應。	制定「地方版總合策略」，政府提供地方創生推動交付金、據點整備交付金、地方創生事業費用，以及地方創生應援稅制（林淑馨，2019：7）。
發展策略	1. 優化地方產業，鞏固就業機會。 2. 建設鄉鎮都市，點亮城鎮偏鄉。 3. 推動地方品牌，擴大國際連結。	自立性、將來性、地域性、直接性和結果重視等五大原則。
執行戰略	1. 企業投資故鄉。 2. 科技導入。 3. 整合部會創生資源。 4. 社會參與創生。 5. 品牌建立。	1. 情報支援。 2. 人才支援。 3. 財務支援。
推動方式	由下而上（bottom-up）	由上而下（top-down）

資料來源：作者自行整理。

參、創生的協力問題

一、協力治理的意涵

對公共行政研究者而言，協力治理（collaborative governance）是在民主系統中進行統治的新典範（new paradigm）（Emerson, Nabatchi, and Balogh, 2012: 3），亦是近年來公共行政研究領域的顯學（曾冠球，2011：29）。協力治理的興起受到全球化環境變遷、政府效能不彰、公共議題日趨複雜等因素的影響（林水波、李長晏，2005；劉麗娟，2015），且涉及之議題多是較棘手難解，無法由單一組織獨力完成的議題（Agranoff and McGuire, 2003; Emerson et al., 2012），故協力的本質就是跨域（cross-boundary）（Kettl, 2006），舉凡河川流域管理、公共設施興建，甚至是公共服務提供等各種廣泛公共事務的處理，都愈來愈需要仰賴利害關係人的協同合作來提高政府的治理績效（曾冠球，2011：28）。

Agranoff和McGuire（2003）認為協力是一個目的性的多組織關係的安排，是在一組既定的限制下（如知識、時間、金錢、競爭，以及傳統智慧），被設計來解決問題的機制，而這些問題通常是單一組織無法解決或不能輕易解決的問題。林水波與李長晏（2005）認為協力是組織間互動的過程，是有別於傳統科層體制或市場模式的新形式，其出現是基於當今公共議題涉及層面廣，棘手不易處理，故需要跨越不同部門的合作形式方能攻克。基於對協力和治理的共同觀察，Ansell和Gash（2008: 544）將協力治理定義為：「**一種統治的安排，其間由一個或多個公共機關直接連結非國家的利害關係人，共同參與正式的、共識取向的，以及慎思明辨的集體決策制定過程，目的在制定或執行公共政策、管理公共計畫或公共資產**[8]。」然而，由於協力治理的參與者並不必然由政府部門主導，協力關

---

[8] 原文為"A governing arrangement where one or more public agencies directly enage non-state stakeholders in a collective decision making process that is formal, consensus-oriented, and deliberative and that aims to make or implement public policy or manage public programs or assets."

係也不盡然有政府部門的參與，故Emerson等人（2012: 2）在綜合多位學者們的定義後，將協力治理更廣博地定義爲：「**公共政策決策制定與管理之過程與結構，用以建設性地連結民眾跨越公共機關、政府層級以及公共、私人和公民等範圍的界限，實現唯有藉由跨域連結才能達成的公共目的[9]。**」

由於地方創生國家戰略計畫爲中央政府層級的重要計畫，且同時涉及政府（含中央和地方政府）、非政府組織（含地方創生專家社群、大學、企業和非營利組織）、公民社會（含在地居民、關心地方的一般民眾以及關心地方的社區組織）等三個面向行動者的協力關係，其形式如政府與政府、政府與非政府組織、政府與公民社會、非政府組織和公民社會，以及政府、非政府組織和公民社會三者的協力關係，故作者認爲Emerson等人的定義不但較爲符合本文聚焦討論之創生地方個體層次的協力互動情境，且渠等聚焦以跨域連結途徑，實現協力治理之公共目的，亦符合本文嘗試以協力治理觀點發展地方創生理論的意旨一致。

二、協力治理理論的發展

協力治理問題的難解，往往在於多元且相互依賴的利害關係者參與協力決策及執行的動態性使然（Ansell and Gash, 2008; Choi and Robertson, 2014; Thomson and Perry, 2006）。協力治理的概念雖已廣泛在公共行政領域的相關文獻中出現，但對於協力治理的研究，特別是協力治理動態性的研究，仍缺乏具共識性的整合研究架構，使得研究者會因爲個別研究的需要（例如對於不同個案的觀察），以及觀察的角度（perspectives）差異（例如採用量化或質化的研究途徑），而歸納出不同的研究變項（Bingham and O'Leary, 2006; Emerson et al., 2012）。爲此，近年來已有

9　原文爲"the process and structure of public policy decision making and management that engage people constructively across the boundaries of public agencies, levels of government, and/or the public, private and civic spheres in order to carry out a public purpose that could not otherwise be accomplished."

多位學者嘗試從協力治理系統的情境條件、設計特徵以及處理過程涉及的重要議題等面向來嘗試整合出協力治理的分析架構（如Ansell and Gash, 2008; Bryson, Crosby, and Stone, 2006; Emerson et al., 2012; Thomson and Perry, 2006），惟多數分析架構僅透過少數的個案研究確認個殊性協力機制的運作邏輯，或是尚未能將研究成果外推至其他情境，而陷入適用性不足的質疑。因此，儘管這些研究可增進吾人對協力治理概念及動態性的了解，但作為研究者仍期望能進一步澄清不同情境下的協力治理特徵和協力結果之間的因果關係（Choi and Robertson, 2014）。

所幸，已有學者關注到此一理論建構的需求，並積極透過不同途徑演繹出新的理論模型或微觀管理視角，以作為後續研究者從事經驗研究的依據。例如，曾冠球（2011）從「能動者理論」觀點，主張個人於協力治理過程動態調適的行動能力，可擺脫潛在的制度結構束縛，確保協力治理安排的成功與效能。Choi和Robertson（2014）選擇從個體決策制定的微觀層次（micro-level）來解析協力治理參與者的決策動態性，其藉由代理人為基礎的模型化（agent-based modeling, ABM）途徑及電腦模擬分析方法的應用，推導協力參與者於決策過程使用的決策規則（包括共識決、絕對多數決以及主導聯盟）和慎思明辨程序，對決策品質（包括共識形成、可接受程度以及集體決策的公正性）的影響[10]。

然而，從臺灣地方創生計畫為國發會主導政策方向的現況來看，吾人在思考影響地方創生的協力因素時，不能忽略政策制度環境對協力動態性的影響，例如，各地方政府及私部門提案不能忽略行政院地方創生會報對於各申請補助計畫的審查標準、作業程序以及績效指標等計畫執行的上位規定之影響，以及財務計畫的執行，不能忽略主計相關法規的影響。在此

---

10 Choi和Robertson兩位學者進一步提出以下四項待驗的研究命題：1.相較於決策規則，慎思明辨決策程序對於決策共識形成及決策品質的影響較大；2.絕對多數決（研究設定75%為絕對多數）可以極大化慎思明辨程序對於共識形成的影響，且不管程序進行次數多寡，都可以獲得較穩定的決策公正性；3.不管協力治理決策過程採用何種決策規則或慎思明辨程序進行多少次，攸關利益分配的決策都存有某程度的客觀不公正性；4.經由慎思明辨程序形成的共識會包含歧異觀點的同化過程，惟此過程和權力較大參與者吸納權力較少者意見之政治性吸納（political co-optation）過程不同（Choi and Robertson, 2013: 510-512）。

情形下，吾人若僅從個體層次的角度思考地方創生計畫協力參與者的決策動態過程，將難以解釋執行此計畫所需之協力關係的複雜性。換言之，為符合地方創生之多重利害關係者及伴隨的複雜公共治理情境，吾人有必要尋求一個更宏觀的理論架構，方能清楚闡述影響地方創生之協力因素。

　　事實上，已有多位學者選擇從宏觀層次（macro-level）的角度來分析協力治理系統的動態性問題（如Ansell and Gash, 2008; Bryson et al., 2006; Emerson et al., 2012; Thomson and Perry, 2006），只不過不同學者的觀點仍存有歧異而不易整合。作者基於解釋地方創生之協力關係所需的理論廣博性、包容性、可操作性、發展性等理由，選擇以Emerson等人（2012）提出的「協力治理整合架構」（integrative framework for collaborative governance）作為本文個案分析的理論架構，主要基於以下幾點理由：第一，就廣博性而言，此架構適用的協力治理框架，堪稱是目前所見相關文獻中，指涉範圍最廣者，其範圍含括了跨政府層級、跨社會各部門、跨多元行動者關係；第二，就包容性而言，此架構彙整了跨部門協力、協力規劃、協力過程、網絡管理、協力公共管理、環境治理與衝突解決以及協力治理等相關研究者的研究成果及實務工作者知識，內容涵蓋協力治理的系統情境、外部驅力以及協力動態過程中的行動、影響及適應經過等要素（Emerson et al., 2012: 5）；第三，就可操作性而言，此架構結合多項可操作化的研究變項於多元層次的理論架構，可幫助研究者進一步釐清協力過程的內部動態性、協力治理的因果路徑以及延伸的治理績效等問題；第四，就發展性而言，採用一個較完整的理論架構進行經驗研究，除可幫助研究成果的積累外，更重要的是能協助研究者透過經驗研究來詮釋、驗證概念關係或發掘新的理論概念，作為理論架構維持、修正或推翻的依據。這點對於一個新興研究領域的理論發展尤其重要，因為當某一學科領域的研究者對研究變項、概念、議題不存在共識，將會陷入如同政策執行研究成果無法獲得積累而有進展的困境（Matland, 1995; O'Toole, 1993; O'Toole and Montjoy, 1984）。

三、Emerson等人的協力治理整合架構

Donahue和Zeckhauser（2011）認為協力治理的核心在於共享裁量權（shared discretion）的概念，公、私部門藉由共享裁量權限可強化政府能量達成公共使命，以及提高追求公共使命過程中的手段彈性。然而，協力過程中的共享裁量權並非輕易可得，它的代價是讓權威變得模糊、策略變得複雜，以及課責被崩解擴散，因此當共享裁量權需付出的代價（成本）高於政策效益時，政府應握緊裁量權限；反之，當政策效益高於需付出的代價時，政府才會與私部門共享裁量權（Donahue and Zeckhauser, 2011）。值得注意的是，共享裁量權的概念雖點出了協力治理之跨域連結過程將由利害關係者共享決策權的本質，但仍未解決決策權如何共享、何時共享的動態性問題。

為解決此一問題，Emerson等人（2012）提出的協力治理整合架構包含三個嵌套的維度（nested dimensions）（如圖2-1的盒形框架），分別是一般的系統情境（the general system context, SC）、協力治理規制（the collaborative governance regime, CGR）以及該規制下的協力動態（collaborative dynamics, CD）與行動（collaborative actions, CA）。圖2-1最外層的維度為SC，內容包含政治、法律、社會、經濟、環境等面向產生之相關因素，SC會影響CGR，也會被CGR所影響。SC會給予協力關係機會與限制，並持續地對CD造成影響，其影響的驅動力（drivers）包含領導力、伴隨誘因、相互依賴性與不確定性等，也會促使某一CGR的啟動並設定執行的方向（Emerson et al., 2011: 4-6）。圖2-1的第二層維度是CGR，是圍繞在協力治理行動者周邊的所有明示或暗示的原理、規則、規範，以及決策制定程序，再下一層CD與CA維度的品質與範圍則是反映出CGR的構成內涵和實質作用。圖2-1的最後一層維度是CD與CA，CD是一個持續反覆循環的過程，其內涵可化約為三個持續循環互動的因素，這些因素是CA產生的基礎，分別是有原則的接觸（principled engagement）、共享的動機（shared motivation）與共同行動的能力（capacity for joint action）。有原則的接觸意指不同利害關係者透過不同

形式的長時間互動接觸，目的在透過彼此接觸來解決問題、化解衝突和建立價值，找對的人參與、重視價值多元和包容性爲其重要前提，發現、定義、愼思明辨與共同的決定則是其基本的過程元素；共享的動機意指一個自我增強的循環，是人際及關係建構的基礎，其藉由參與者相互信任、了解、內在的正當性以及承諾等四個的因素構成；共同行動的能力意指透過參與者共同合作的行動來達成協力意欲的目標或結果，其由四個必要的因素構成，分別是過程與制度的安排、領導力、知識和資源（Emerson et al., 2011: 10-17）。值得注意的是，某一階段CD所引導出的CA會對下一階段的CD，以及CGR、SC造成影響，前者如CGR預期目標的達成，後者如對整體社會體制產生正面或負面的改變。

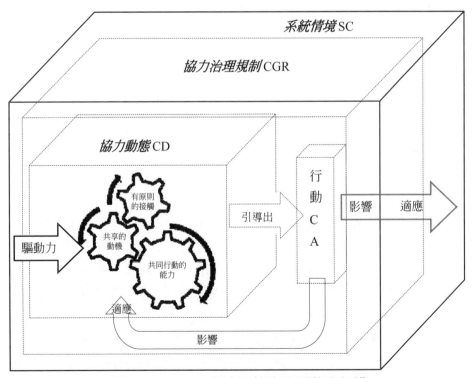

圖2-1　Emerson等人的協力治理整合架構

資料來源：Emerson et al. (2011: 6).

肆、應用協力治理整合架構詮釋地方創生個案

一、地方創生的韌性思維及其命題

　　地方創生的關鍵在找出能結合各類地方關係人口的方法，這些關係人口可能是住在城市，但定期或頻繁造訪地方的人口；或住在城市，透過移動在地方短期居住的人口；或在城市與地方，兩地工作也兩地生活的人口；或是移居地方，成為地方的新住民與工作者，他們的共同特徵都是對於某一地方產生特殊的情感連結（林承毅、謝其濬，2020）。然而，從日本的經驗可知，地方創生的推動並非一蹴可幾，而需有長期作戰的準備。

　　誠如前述地方創生的協力治理涉及政府、非政府組織、公民社會等三個面向行動者之協力關係，其關係的建立係透過跨域連結的途徑，驅動共享的動機、有原則的參與和共同行動的能力，來實現地方創生之公共目的。而臺灣地方創生更強調以人為本、發掘地方的DNA以及善用新興科技等特色（陳美伶，2021），除了地方經濟面向的考量外，尚須同時兼顧地方環境、人文社會等永續發展面向的需要[11]，故臺灣的地方創生將同時涉及中央與地方政府、企業、大學、技術專家、在地居民、關心地方人士以及全球消費者等多元地方關係人口的協力互動。由於協力互動過程充滿各種未知的動態調適與變遷過程，故學習如何與多元利害關係者協力推動地方創生，將有助於縮短各方摸索學習的歷程，並形成地方創生關係人口的韌性思維，提高地方創生成功的機率。因此，本文所謂的地方創生的韌性思維（resilience thinking），指涉的即是「**來自政府、非政府組織、公民社會之各類地方關係人口，基於情感與生活的需要，為達成地方創生之共同目的，所建立之持續協力互動的心理承諾**」。

　　這個心理承諾係經由持續的協力互動而逐漸形成並予以強化，其形成與強化可藉由Emerson等人於圖2-1所示之協力治理整合架構推導之以下十

---

[11]　同註5。

個待驗的研究命題（Emerson et al., 2011: 10-19）來詮釋之，作者亦將以這十個命題作為分析本文的地方創生個案──屏東可可產業之依據。

（一）命題一：一個CGR的啟動需要一個或多個包含領導力、伴隨誘因、相互依賴性以及不確定性等驅動力，當愈多驅動力被參與者發現及確認時，一個CGR愈可能產生。

（二）命題二：有原則的接觸之發生和維繫，需仰賴發現、定義、慎思明辨以及共同的決定等程序的互動過程，其接觸的效用是被此一互動過程的品質所決定。

（三）命題三：透過有原則的接觸產生之重複的、有品質的互動將促進信任、相互了解、內在正當性以及共享承諾等因素的形成，並因此產生與維繫共享的動機。

（四）命題四：一旦形成共享的動機，其將強化與幫助維繫有原則的接觸且反之亦然，故形成良性的循環。

（五）命題五：有原則的接觸和共享的動機將刺激制度化安排、領導力、知識以及資源的發展，並因此產生與維繫共同行動的能力。

（六）命題六：共同的行動能力所需的四個必要因素（過程與制度的安排、領導力、知識和資源）的需求程度，是受到CGR的目的、行動的共享理論以及意欲達成的結果所決定。

（七）命題七：CD的品質與程度會受到有原則的接觸、共享的動機以及共同行動的能力等三個因素構成之有生產力的以及自我強化的互動決定。

（八）命題八：假如行動的共享理論能被協力參與者明確地確認，且CD的運作足以產生共同行動所需的能力，則CA愈有可能被執行。

（九）命題九：當CA是具體的，同時是基於CD過程所形成的行動共享理論引導產生的，則CA產生的影響將愈可能接近目標的結果，且會有較少的非預期負面後果。

（十）命題十：當CGR能接納其共同行動的內涵與影響程度時，該CGR將愈能夠隨時間存續。

二、地方創生案例的詮釋——屏東可可產業[12]

　　屏東有非常特別的可可（巧克力）發展史，截至目前已發展出五個莊園、52個品牌。臺灣的屏東可可產業，近來已連續四年奪得世界巧克力大賽（International Chocolate Awards, ICA）的金牌，成為可可界異軍突起的新星。屏東開始種植可可，起因於檳榔產業面臨市場沒落，農業人口老化，青農無意承接的困境，在受到政府鼓勵轉作與廢耕的鼓舞下，以內埔鄉為核心的多個客家鄉鎮，開始轉種需要高溫多雨環境的可可樹。經過多年的實驗，屏東農民逐漸摸索出一條商業模式，並自2017年起連年獲得世界巧克力大賽的金牌，成功打響屏東可可的名號。目前屏東可可的種植面積已經超過200公頃，孕育出五十多個巧克力品牌，超過百戶的可可農，其中也有不少的青年農民，更發展出臺灣巧克力特有的從產地到餐桌（from tree to bar）一貫化的生產方式，從種豆、採收、發酵、日曬、烘焙、脫殼、研磨至最終產品皆採自產自銷方式行銷。為強化屏東可可的市場競爭力，在屏東在地及鄰近縣市大學（如屏科大、美和科大、高餐大）的協助下，逐漸建立起種苗以及符合國際農產生產標準的作業規範、巧克力以及可可豆品評的標準，並透過產官學的跨域合作，建立可可生態永續園區，協助農民運用現代化設備以提升可可產業的產值與效能。此外，屏東縣政府更與工研院合作發展多款可可的周邊產品，不但促進產業創新加值，同時帶動青年回流與農村再生的創新循環經濟。屏東縣政府也在一八五縣道生態旅遊帶上，成立「屏東縣客庄可可產業跨域推廣所」，整合可可各類商品、農特產與生態教育展覽園區，作為跨域推動的媒合平臺與交流合作的示範點。屏東客家庄因為可可業者力量的凝聚，並結合地方政府、中央部會、大學以及研究機構等單位資源，讓可可從在地出發，走向國際，並成為產業轉型的典範。

---

12 案例選自國發會地方創生網站之推薦創生案例，本段文字改寫自陳美伶（2021：162-168），以及國發會地方創生網站之創生案例——讓臺灣站上世界舞臺的「黑金」傳奇：屏東可可，網址：https://www.twrr.ndc.gov.tw/case/case-detail?uid=d2b4cfa9-e8fa-49c7-82e9-799e50a45d50。

　　在上述的討論基礎上，作者進一步地提供來自屏東可可產業利害關係人的相關經驗，藉以讓吾人能更進一步和深入地了解到Emerson等人所提出來的協力治理整合架構是如何應用於詮釋屏東可可產業發展的實踐工作上。此處引用作者於2022年8月至9月至屏東地區進行田野調查蒐集之七位受訪者的訪談資料作為分析依據，並嘗試藉由訪談資料的歸納來讓吾人了解Emerson等人所提出來的協力治理整合架構所推導之命題是如何應用來詮釋屏東可可產業的發展模式。

　　首先，在Emerson等人的架構中的協力治理規制（CGR）可以指涉屏東縣政府客家事務處、農委會水保局臺南分局，以及在地可可業者所合力打造的「屏東可可臺灣巧克力」這個公共品牌與品牌所代表的接軌國際和產品行銷力，對於所有屏東可可產業從業者所造成的影響力。誠如在地方政府機關服務的受訪者G001所述：

> 可可是世界語言，可可是期貨，它有不一樣的價值，它在國貿上面是有巨量，⋯⋯我就想這是臺灣的一個機會，我們就朝向世界可可的概念。⋯⋯所以一開始我們就以屏東可可定位就出來了，它並不是只有巧克力，它躍得上國際、踩得到土地、聞得到香氣，還可以賺得到金幣，⋯⋯我們就跟中央現在一直陪伴我們的水保局，共同喊了一個名稱就是「屏東可可臺灣巧克力」，我覺得這個確定之後，大家就有向心力，要不然那時候一天到晚吵的就是每位可可農能都說⋯⋯我是叫XX（品牌名A）、我叫XXX（品牌名B）什麼⋯⋯，我說，不，後來我們定位就說，你們的名字那是你的個性，可是我們的品牌要打團體仗了囉，就是屏東可可臺灣巧克力。

　　而這個品牌藉由屏東縣政府主辦亞太區ICA國際巧克力大賽，而打開大多數屏東可可從業者的眼界，並讓業者、農民、政府部門、大學以及產業協會等在地的利害關係者相信，屏東可可產業具有無限的發展潛能，而且有信心成為未來臺灣的農產品亮點。中央政府也因為看到屏東可可產業的發展潛力，所以也投入資源協助，例如任職於中央政府機關的受訪者

G002表示：

> 中央機關就是這樣，如果地方政府有哪些好的點子好的想法，他
> 需要產業振興，他需要針對他的一個行銷或者是他的生長有需
> 求，比如說中央機關都站在一個獎勵或者是盡量輔導、盡量補
> 助，或者是盡量來協助的一個角色。那剛好潘縣長提出的時候，
> 包括像臺南、高雄、屏東當然每個縣市首長有他的政治夢想跟願
> 景，跟想要帶給地方產業活絡這些思維的時候，我們大概就會來
> 盡量來協助、來讓這些農民啊或者是這些地方的主政者他的那個
> 執行的成果可以更彰顯嘛。

這個由政府和在地相關利害關係人創立的共同品牌，也確實產生了協
力治理中的CGR效果，使得原本不看好比賽的從業者改變態度。例如受
訪業者B002表示，當初沒有參加在屏東舉辦的比賽有點後悔，如果再來
一次應該會想要參加：

> 因為走到這個部分，我們坦白講，我們說你在田間花費多少沒人
> 看得到。……一比賽就知道，大家覺得好貴好貴好貴，但是還是
> 買。

因為獲得國際協會認同的產品有極強的行銷力量，而業者共同代表
臺灣參與競賽，也在無形之中建立了由國際認可的國際品牌「屏東可可臺
灣巧克力」，這個品牌背後所代表的各種形象如「天然、永續、公平、減
碳以及獨特在地特殊風味」等，形成屏東可可產業運作的協力治理規制
（CGR），其中屏東縣政府客家事務處、農委會水保局臺南分局以及先
行業者展現的領導力、伴隨品牌名聲而來的利益，以及共同品牌與業者自
有品牌之間的相互依賴關係成為強化CGR的重要驅力，且因為從業者的
共同行動支持，使得CGR能隨著時間都推移而存續，這個現象恰與前述
命題一和命題十描述的狀態近似。

其次，由於屏東可可產業的各利害相關人嗅到潛藏的利益，成為促使
大家合作發展不同群體互動模式的主要驅動力。如同受訪者B001所述：

當然利益我覺得是最強大的驅動力，我們若先從這個方向去探討的話，……最後加上所謂的得獎的可可豆，得獎的品牌或是臺灣之光這樣子的概念去加持，所以就認同感就愈來愈強烈。

因此，由民間成立的可可協會、合作社、業者個人以及屏東縣政府和在地大學等各自推動的培力課程、競賽以及田間管理機制，各自定義了多種不同的群體互動模式，使得屏東可可業者自然而然地形成幾種群體模式，包括由品牌業者和可可農的群體模式、可可農產銷班模式、品牌業者與可可農的合作社模式，以及跨縣市的品牌業者和可可農群體模式等，不同的模式具有不同的互動模式，且隨著時間的推移，彼此之間形成專屬於該群體之獨特的互動關係，與前述命題二、三、四、五所描述的狀態近似。

最後，不同群體的從業者雖然共同支持「屏東可可臺灣巧克力」這個共同品牌代表的形象與連帶的形象規制，但不同的利害關係人群體基於各自經營理念的差異以及發展願景的不同，群體內產生共同的行動能力（CA）並不一致。有些業者寧願走自己的路，也不願與政府部門、協會、大學等單位合作；反之，有些業者則是積極地和政府部門、協會、大學等單位結盟，並努力運用各方資源來壯大自己。如同主張走自己風格的受訪業者B003所述：

> ……當時我發現這個方向，不是一直比賽啦什麼，全世界級的冠軍啦，一直追求的這個東西，每一個人都巧克力，我建議縣政府就是客家事務處，是不是能夠這個產業要推廣，要讓農民種的意願高的話，每個都做巧克力，每個都很小，沒辦法到達生存的程度。……我建議，強烈建議了好幾年，把這個產業帶到……，巧克力OK，盡量推，但是要保留一部分的實力去推廣食品，就是說產地到餐桌，不是只做到巧克力，產地到餐桌的話，……給各餐飲大學給他去研究那個可可的料理，可可丸子……什麼……都可以，飲料也都可以去啊……，可是完全沒有touch到這個部分，所以一直比賽啊什麼……。

以及重視結盟的受訪業者B004所述：

> 所以分工明確的話，我也跟他說明我的強項在什麼地方，我可以
> 去做品牌、可以去做行銷推廣……那他的強項他是可以蹲得住
> 的，去做生產、去跟農民溝通去做這個田間的部分去收購……。
> 在合作的第二年、第三年，我們發現這樣子合作下來的效益比我
> 們自己個人在做的效益多了兩三倍……。

由於合作可以帶來更大的收益，因此受訪業者B004、B005、B006開
始結盟，並結合政府的力量成立合作社以及成立初級加工廠，且逐漸形成
獨特的結盟合作模式，並增強彼此互補的默契以及結盟成功的信心，也就
是形成本文前述提及的概念「韌性思維」。這個觀察恰與前述命題六、
七、八、九敘述的情境近似。

總體而言，從本文的分析可知，屏東可可產業的發展源自當地的自
然環境、農產業發展以及社會人文環境的影響而自然創發，但在逐步形
成了產業共同的CGR之後，奠定產業的基本遊戲規則，且在從業利益的
驅使下，促成多元的群體協力互動模式（協力動態CD），惟不同的模式
未必都能產生所謂的「韌性思維」，只有那些具有高度產業發展的共享動
機、明確的參與原則以及共同行動能力者，才能在一次又一次的成功行動
中增強彼此互動的默契以及結盟成功的信心，進而產生為達成共同目的，
而建立之持續協力互動的心理承諾，進而能克服地方創生過程中的種種挑
戰。

伍、結論

本文透過臺灣地方創生政策背景的介紹，以及比較臺灣與日本地方創
生政策的異同，發現兩者在政策問題、政策層級、政策目的及政策願景等
面向有諸多雷同之處，但在專責單位、政策協調機制、預算來源、發展策
略及執行戰略上，則存有明顯差異。然而，地方創生的發動，並非全然是

由上而下的政策執行結果，由下而上的推動更是不可忽視的啓動關鍵。這意味著臺灣在地方創生政策的推動上，必須發展出自己獨特的地方創生韌性思維，方得以建構符合我國國情的地方創生協力治理模式，實現唯有透過長期有意義的政府、非政府組織及公民社會的跨域連結，才能達成的地方創生之公共目的。

作者引介Emerson等人（2012）提出的協力治理整合架構，作爲詮釋臺灣地方創生政策的多元地方關係人口協力互動的理論基礎，並藉由理論推導的十個研究命題，觀察國發會推薦的成功創生案例——屏東可可產業的成功關鍵因子。作者透過理論的指引，協助吾人釐清地方創生過程中多元地方關係人口的複雜協力決策動態，以及影響此一過程的成功關鍵因素，如隨著「屏東可可臺灣巧克力」這個共同品牌而建立CGR、因共同品牌帶來之利益所促成的不同結盟型態，以及不同的結盟型態因各自擁有的共享動機、參與原則以及共同行動能力的差異，而影響地方創生韌性思維的形成，並因此連帶影響在地方創生過程持續協力互動以克服種種挑戰的信念與發展潛能。換言之，韌性思維愈高的群體者，愈有可能在這場地方創生的長期競賽中存活。

當然，由於本文僅採取理論引介與個案主觀詮釋的途徑，嘗試將公共行政領域發展之協力治理理論，用於描述臺灣地方創生政策的多元參與者協力過程，以及影響地方創生參與者協力互動的關鍵成功因素及其延伸之命題。初步的研究發現，協力治理的理論具有解釋地方創生政策獨特執行模式的潛力。後續的研究，可在本文推介的理論架構下進行經驗研究，透過實證資料來驗證理論命題所提出的假設，除有助於地方創生理論的建構，亦能對實務工作者提出更有意義的觀察洞見，以協助改善原本未知的協力互動盲點，進而加速地方創生的推動。

參考文獻

林水波、李長晏（2005）。跨域治理。臺北：五南圖書。

林承毅、謝其濬（2020）。二地居—地方創生未來式。臺北：天下文化。

林淑馨（2019）。地方創生與公私協力：日本經驗之啓示。T&D飛訊，第259期，https://reurl.cc/1o27gQ。

徐重仁（2018）。地方創生，再造幸福社會。國土及公共治理季刊，第6卷第2期，頁36-43。

陳美伶（2021）。美伶姐的臺灣地方創生故事。臺北：天下文化。

陳美玲（2018）。「設計翻轉　地方創生」——臺灣地方創生的起步。國土及公共治理季刊，第6卷第2期，頁2-7。

曾冠球（2011）。協力治理觀點下公共管理者的挑戰與能力建立。文官制度季刊，第3卷第1期，頁27-52。

黃志隆（2021）。日本地方創生中的地域共生社會：市民經濟與公民經濟的論辯。人文及社會科學集刊，第33卷第2期，頁333-373。

劉麗娟（2015）。老人福利之供給分析初探：跨部門治理觀點。福祉科技與服務管理學刊，第3卷第1期，頁115-130。

盧憶婷（2021）。從協力治理觀點探討地方創生之推動：以高雄市旗山區爲例。國立中山大學公共事務管理研究所碩士論文，未出版。

謝子涵（2020）。捉住風一樣的人：政藝少女的日本地方創生官僚見習。新北：斑馬線文庫。

Agranoff, R. and M. McGuire. (2003). *Collaborative Public Management: New Strategies for Local Governments*. Washington D.C.: Georgetown University Press.

Ansell, C. and A. Gash. (2008). Collaborative Governance in Theory and Practice. *Journal of Public Administration Research and Theory*, 18(4): 543-571.

Bingham, L. B. and R. O'Leary. (2006). Conclusion: Parallel Play, Not Collaboration: Missing Questions, Missing Connections. *Public*

Administration Review, December 2006 (Special Issue): 161-167.

Bryson, J. M., B. C. Crosby, and M. M. Stone. (2006). The Design and Implementation of Cross-Sector Collaborations: Propositions from the Literature. *Public Administration Review*, 66(S1): 44.

Choi, T. and P. J. Robertson. (2014). Deliberation and Decision in Collaborative Governance: A Simulation of Approaches to Mitigate Power Imbalance. *Journal of Public Administration Research and Theory*, 24(2): 495-518.

Donahue J. and R. Zeckhauser. (2011). *Collaborative Governance: Private Roles for Public Goals in Turbulent Times*. NJ: Princeton Univ. Press.

Emerson, K., T. Nabatchi, and S. Balogh. (2012). An Integrative Framework for Collaborative Governance. *Journal of Public Administration Research and Theory*, 22(1): 1-29.

Faith E, O., K, Ikegami, and T. Tsuruta. (2018). The Roles of I-turn Migrants in Revitalizing Rural Communities: A Case Study of Some Selected Rural Areas in Kansai Region. *Journal of Rural Problems*, 54(3): 125-132.

Inoue, T., S. Koike., M. Yamauchi, and Y. Ishikawa. (2022). Exploring the Impact of Depopulation on a Country's Population Geography: Lessons Learned from Japan. *Popul. Space Place*. 2022; e2543.

Kettl, D. F. (2006). Managing Boundaries in American Administration: The Collaboration Imperative. *Public Administration Review*, 66(S1): 10-19.

Matland, R. E. (1995). Synthesizing the Implementation Literature: The Ambiguity-Conflict Model of Policy Implementation. *Journal of Public Administration Research and Theory*, 5(2): 145-174.

O'Toole, Jr., L. J. (1993). Multiorganizational Policy Implementation: Some Limitations and Possibilities for Rational-Choice Contributions. In F. W. Scharpf (ed.), *Games in Hierarchies and Networks: Analytical and Empirical Approaches to the Study of Governance Institutions* (pp. 27-64). Boulder, Colorado: Westview Press.

O'Toole, Jr., L. J. and R. S. Montjoy. (1984). Interorganizational Policy

Implementation: A Theoretical Perspective. *Public Administration Review*, 44(6): 491-503.

Thomson, A. M. and J. L. Perry. (2006). Collaboration Processes: Inside the Black Box. *Public Administration Review* (Special Issue, December): 20-32.

第三章
地方增生、地方寄生及
地方創生的政策演繹

壹、前言

　　全球化趨勢下促使各國更重視區域發展的在地化政策，加上少子化與老年化影響，許多國家的地方城市面臨永續生存發展的嚴重困境，日本是最嚴重的國家之一，為對應此一問題，日本確立活化地方的國家政策，制定「地方創生綜合戰略」，於2015年在全國各地方展開，自此「地方創生」（regional revitalization）一詞成了學術界及許多國家政府注意焦點及推動地方活化政策的參考，臺灣政府也推動相關地方創生政策來對應地方發展困境。地方創生是方興未艾的概念，發源地日本有其特殊環境背景，其他國家地方貿然移植恐有水土不服的風險。在地方創生概念與理論尚未成熟之際，了解日本地方創生的思想，援引相關的地方活化與地方行銷（place marketing）理論有其必要。由於地方創生具有濃厚的實踐色彩，具有從長期實戰經驗歸納的知識與理論間進行辯證的著作就相當重要，木下齊是日本地方創生的最主要代表人物，相關論著豐富，他也是日本地方事業的投資家與經營者，2008年創立「熊本城東管理株式會社」，在日本各地經營投資地方創生事業，致力於將企業管理理論實踐於地方創生，對社會進行系統化宣導，其對日本政府推動的地方創生政策曾喊出：「沒有創造利潤，甭談地方再生」、「補助金是毒藥」等洞見；臺灣本土地方創生的實踐方面，作家洪震宇也有豐富的理論與實務兼具的相關著作。根據其在地觀察與實踐的經驗，強調地方創生首賴引進商業管理概念，將地方

視爲「事業」經營。並強調「風土設計」與商業模式結合的重要性。其在
所著《風土經濟學：地方創生的21堂風土設計課》中歸納、演繹風土文化
的創新思維，提出風土設計的完整方法架構，並在2020年獲得金鼎獎非
文學圖書獎。2021年再出版《風土創業學》一書，用嚴格的方法論提出
風土創新的SMART五力，提出風土經濟的商業模式及創造SBC（社會、
商業、創造力）三贏的商業模式的四大關鍵元素：價值主張、顧客定位、
獨特優勢、獲利模式。洪震宇特別強調缺乏成功運作的商業模式，大力仰
賴政府由上而下政策的地方創生補助金，終將使地方創生淪爲「地方寄
生」。

　　兩位專家對臺、日政府推動地方創生的共同論點是：由上而下規劃與
執行不當的策略及以補助金爲主要政策工具的地方創生，反而是地方創生
的殺手，甚至淪爲「地方寄生」。究竟理想的地方創生模式爲何？如何避
免走向地方寄生？地方創生需要的總體經營策略爲何？本文將以其論點、
地方活化與地方行銷相關理論基礎，進行探討與辯證，並分析臺灣目前地
方創生問題及政府相關政策內涵，檢視其有效性及困境所在，最後提出影
響地方創生成功的關鍵因素。

　　本文採政策演繹法及演繹推理（deductive reasoning）方式進行論
述，演繹法是指以一定程度的理論知識爲依據，從認同其已知部分去推知
事物的未知部分的論證方法，亦即利用對少數事件的觀察所產生的一般性
普遍原理法，將其應用到特殊的個別事件的論證。雖然政策演繹法目的不
在衍生新概念或發現新關係，但有助獲得有效結論，或從失敗結論中，以
找出更有效的研究前提。本文以日本地方創生政策執行成效爲演繹的基
礎，由於「地方消滅論的警示產生了地方創生的需求」，日本政府於是用
傳統「由上而下以先行式預算途徑，用補助金方式爲地方創造生機」進行
干預，結果卻被地方創生學者專家評估補助金成爲「毒藥」，而且是撒錢
失敗的政策，導致「因爲具有公共性→政府發放補助金方式→導致地方事
業不能獲利」的一般性政策演繹（張佩瑩譯，2019：182），本文將循此
論述與理論的大前提下，檢視臺灣地方創生政策的規劃與執行模式，是否
重蹈日本覆轍。

　　本文分析架構如圖3-1所示，首先分析地方創生的需求，包括地方創生的緣由與情境脈絡、日本與臺灣的地方創生政策、地方創生的意義與精神；其次是探討政府對地方創生的干預策略（地方增生策略）；最後提出如何避免地方創生落入「地方寄生」的地方創生的成功關鍵因素分析。

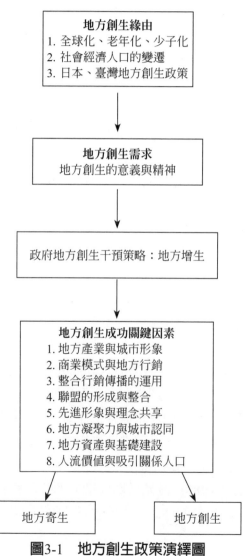

圖3-1　地方創生政策演繹圖

貳、地方創生的緣由

一、日本的「地方消滅論」

　　「地方創生」一詞的概念最早源自日本「地方有活力，日本就有生機」這句話，反映當時日本地方的特殊生態，日本推動地方創生的主要目的，在於少子化與高齡化雙重夾擊下，偏鄉人口老化、人口流失、城鄉失衡問題嚴重，已達生死存亡的「限界集落」（65歲以上人口超過人口數一半的聚落）危機，導入外在資源、創造生機以及創造永續發展機制成為地方首要任務。地方創生終極目標在於建構人與所在環境的永續關係，通過廣泛且專注經營地方生存與生活品質，強化地方城市共同價值、社區能力、跨域合作能力，以打造韌性活力永續的社區活基礎。其中心思想是「產、地、人」三位一體，希望地方能結合地理特色及人文歷史風情，讓各地能發展出最適合自身的產業。以2014年的「地方消滅論」[1]為開端，制度面是2014年內閣政府「城鎮、人、工作創生總部」推動的「地方創生法案」、「地域再生法改正案」與「國家戰略特區法」共同構築地方創生的整體法律架構，2015年於全國各地展開，並且把2015年當作「地方創生元年」。地方消滅論引發全國性議論後，衍生幾種討論的焦點，如地方衰退、地方政府經營破產及少子化等，導出「只要促進年輕人生孩子，並往地方移居，地方就會復活，日本也會復活的邏輯推論」。日本學者松永安光與德田光弘指出，日本早期的地方活化政策主要是透過建築業主導的「造街運動」，著眼於社區內需求與強化社區意識；但地方創生則更著重創造更安定的生活就業機會，並促進地方的自律活性化，更希望是跳脫造街運動時期大量仰賴政府補助金的模式（林詠淳譯，2020：3-4）。

　　其實日本政府從1988年開始就關注地方消失與復甦問題，而且信奉地方活化及故鄉不能消失的理念。先前竹下登內閣曾推出「家鄉創生」計

1　「地方消滅論」的論點來自日本前總務大臣增田寬也在日本召開的會議中所提出的警告，由於人口減少，日本在2040年之前將會有896個鄉鎮市消失。

畫，向地方縣市發放沒有限制運用方式的預算，各縣市可以提出特色計畫將預算用在振興地方經濟。1999年小淵惠三內閣對有15歲以下兒童的家庭和65歲以上老人發放180美元的「地區振興券」刺激消費，希望提升景氣，但被詬病是「煙花式福利」。2007年安倍內閣第一次開始提出「支援地方振興項目」作爲少子化解決對策，國家對提出方法促進人們在地定居、幫助年輕人自力謀生的地方政府發放補助款。之後民主黨的菅直人內閣於2011年設立「地區自主戰略撥款」，直接把指定用途的撥款一次性發放給地方政府，由地方政府自主決定使用。

二、臺灣的挑戰與「地方創生國家戰略計畫」

（一）臺灣地方創生的背景

　　社區總體營造與農村再生是臺灣地方創生的前身，1994年政府開始推動「社區總體營造」政策，爲居民凝聚社區意識及喚起鄉民對公眾事務的關注奠立基礎，隨著社區營造的發展，許多地方逐漸突顯文化特色，居民自發性參與漸增，使得某些社區營造逐漸脫離官方色彩，取得自身獨有的生命力，如蘇澳的木屐村、埔里桃米社區生態村。2010年通過的農村再生條例是專爲農村社區量身打造的法令，強調運用整合性規劃概念，以現有農村社區爲中心，強化由下而上的共同參與制度，重視生活、生產、生態三生均衡發展，強調農村產業、自然生態與生活環境之共同規劃與建設、農村文化之保存與維護及農村景觀之綠美化，發揮在地特色，創造社區整體風貌，促進農村永續發展及活化再生。不過社區營造及農村再生在「人、地、產」三者中相對欠缺產業面的發展。

　　現時臺灣同樣面臨低生育率、總人口數減少、高齡化與青壯年人口過度集中都市的問題，使得城鄉、產業、人口結構產生失衡現象。過於稀少的人口將使地方原有學校、醫院、郵局、商店等公共設施功能萎縮，青壯年集中都會、老年人口留在鄉鎮現象也會讓地方傳統文化、技藝後繼無人，最終導致「地方消失」的可能。根據臺灣人口趨勢推估，2020年總

人數已呈現負成長，高齡人口占比將在2025年超過20%，邁入「超高齡社會」，2033年臺灣老年人口比率將超過日本成為全球最「老」的國家（駱紳主編，2012：18），基於日本的前車之鑑，政府必須盡快規劃，預做因應。

（二）地方創生國家戰略計畫

臺灣「地方創生」是在過去「社區總體營造」、「農村再生」與「青年、青農返鄉計畫」的基礎上開展的，但關注範圍已從當地社區擴大到連接鄰近鄉鎮的地方生活圈。國家發展委員會（以下簡稱國發會）曾於2016年舉辦「推動『設計翻轉、地方創生』計畫說明會」，正式應用「地方創生」一詞，並於8月24日在臺北松菸文創園區舉辦計畫說明會，陸續辦理兩場論壇鼓勵縣市政府積極參與推動相關計畫，計有15個縣市申請補助經費，於2017年起陸續配合推動，聚焦具永續經營潛力之產業項目。我國各地方社區及偏鄉地區極富特色之人文風采、地景地貌、產業歷史，工藝傳承均深藏文化內涵，政府希望藉由盤點各地「人、地、產」特色資源，以「創意、創新、創業、創生」的策略規劃，開拓地方深具特色的產業資源，引導人才專業服務與回饋故鄉，透過地域、產業與優秀人才的多元結合，以設計手法加值運用帶動產業發展及地方文化提升，希望重現社區、聚落及偏鄉的時代風華，展現地景美學。行政院2018年兩度召開「地方創生會報」，宣示2019年為臺灣地方創生元年，定位地方創生為國家安全戰略層級的國家政策，將「以人為本、人口回流」、「地方特色DNA」、「科技導入、數位經濟」作為主要推動的目標與方向。透過地方創生與新創結合，復興地方產業、創造就業人口，促進人口回流，並以維持未來總人口數不低於2,000萬人為願景，逐步達成「均衡臺灣」目標，並正式推動「地方創生國家戰略計畫」，隨後於2020年9月核定通過「加速推動地方創生計畫」。這是繼1994年行政院文建會參考日本「造街運動」推出社區總體營造政治以來，另一階段的地方振興與活化政策。

為了減少國家由上而下推動的模式阻礙了地方活化動能，本計畫鼓勵

地方所屬產學機構、社團、企業尋找在地DNA，擬定地方創生的共識與願景，包含人口數、就業數、居民收入等地方創生重要的KPI目標。以個別或合作的方式向地方公所窗口提案，並由地方彙整與排序，送往地方政府審視及尋求相關資源的挹注，再向上到中央政府各部會或是直接至「行政院地方創生會報」以媒合相關部會、社會、企業資源支援提案計畫，國發會也於地方創生政策網站建立各單位相關聯絡窗口，讓有興趣自行提案者洽詢相關流程服務。另一方面，地方政府也擔任發掘地方DNA、擬定創生願景、盤點並協調參與創生事業提案單位的重要任務。由於這些計畫多屬跨鄉鎮計畫，國發會也組織派遣輔導團以協助地方政府審視相關提案。

（三）地方創生國家戰略計畫內容架構

「地方創生國家戰略計畫」規劃了「五支箭」：
1. **企業投資故鄉**：鼓勵企業基於故鄉之情，善盡企業社會責任，透過擁有的技術、資金、管理經驗等，認養地方創生事業，協助產業發展與興起。
2. **科技導入**：結合科技導入協助創生事業，包括人工智慧與物聯網、區塊鏈、雲端科技等協助地方創生。
3. **整合部會創生資源**：中央部會從財政、資訊及人才等面向，支援地方創生推動，例如：財政支援、資訊支援、人才支援等。
4. **社會參與創生**：透過企業、地方縣市政府、教育部、社區等，讓社會各界資金、知識技術及人才共同投入地方創生，協助在地特色DNA，凝聚共識，推動創生相關工作。
5. **品牌建立**：透過相關領域人才協助，確定當地的獨特、核心價值，建立品牌形象、特色，創造地方魅力，拓展行銷通路。

此外，該計畫也明定2019年至2022年地方創生的三大策略與目標：
1. **優化地方產業，鞏固就業機會**：目標為創造工作與人良性循環、開發特色商品、培養地方人才、鼓勵新創事業、推升地方生產力。

2. **建設鄉鎮都市，點亮城鎮偏鄉**：目標爲城鄉活性化、發展街區活化、強化城鄉機能、促進定居移住。

3. **推廣品牌臺灣，擴大國際連結**：目標爲建立地方品牌、行銷在地產品、整建觀光亮點。

　　地方創生有優先順序及需求性的強弱問題，該計畫選定優先推動發展地方創生的地區，在全國368處鄉鎮市區，經由人口、規模、收入等相關因素進行分析，將其中134處列爲地方創生事業提案及推動地區，都在中南部、東部等（非六都）：

1. **62處農山漁村**：主要分布在中南部山區及沿海地區，由於人口過少及青壯年不足，導致產業發展不易，因此輔導青年創業、改善交通、高齡化設施等相關規劃。

2. **24處中介城鎮**：屬於都市與農山漁村間之地方型生活與就學核心，主要分布中南部都市邊緣，地方街區老舊，產業動能不足，因此強化中介服務、連結都市與農山漁村、提升商業活動等相關規劃。

3. **48處原鄉**：屬於原住民地區，主要分布於中央山脈、東部地區，土地發展限制多導致產業受限、青年就業機會少，因此輔助當地就業或創業、發展媒合專業人才、醫療照護、聯外交通等相關規劃。

（四）臺灣著名的推動案例

　　臺灣的地方創生政策處於剛起步的階段，僅舉以下數例說明：

1. 宜蘭壯圍地區的「宜蘭斑豐收藝術季」，將境內廢棄魚塭活化創生，由當地漁產業主、在地青年進行軟硬體改造、建立品牌的案例，這些產地直銷結合觀光的經營模式也吸引了蘇澳的崇越集團「安永鮮物」與鄰近區域漁產業者合作建立通路與品牌聯名的創新營運模式。

2. 臺南官田的「官田烏金」，是由官田區公所與當地官田烏金社區合作社推動，與崑山科技大學產學合作，將當地多餘的菱角殼轉化爲菱殼炭相關商品的開發，解決污染與創造既有菱角產業新價值。

3. 新北的「三鶯‧宴」，則是由新北市政府文化局扶植，由當地新旺集

瓷、甘樂文創、樸實創意策劃，將三鶯地區的茶、藍染、陶瓷文化作
爲發展核心，匯聚在地工藝、職人、藝文創作者等資源，以跨域的概
念重新詮釋三鶯地區文化特色與產業風貌。

　　臺灣與日本的不同在於臺灣各鄉鎮距離相近，主要是以鄰近鄉鎮集
結成生活圈作爲地方創生單位。爲了要找回地方成長的活力，減少人口外
移、解決城鄉發展不均等問題，地方創生概念由此而生。儘管全球化、少
子化與老年化造成的地方凋零是普世公共問題，但仍注意其間的差異性，
地方創生與活化的策略也會不同。日本的地方創生源自許多人口與資源匱
乏，偏鄉的現況發展已達「淹水線」，其他國家的地方問題尚包含都會
區的再生、都更等錦上添花的「地方行銷」問題。以臺灣爲例，盛行以藝
術爲起點的老屋改造，如1999年開始發展的華山1914文創園區、2010年
開幕的松山文創園區、寶藏巖國際藝術村、高雄2006年開幕的駁二藝術
特區，以及嘉義市的檜意生活村等，都是屬於都會地區的特殊地方活化議
題。

參、地方創生的需求

一、地方創生意義與需求

　　根據松永安光、德田光弘的看法，日本的「地方創生」意涵指的是
「活用各個地區的個性或特徵，打造自律及永續的社會，首先必須存在有
意願維持這個地域，找出地域固有價值，並率先展開行動的居民」（林詠
淳譯，2020：213）。地方創生會成爲國家級政策主要還是源自「地方創
生的需求」，本文所指「地方創生的需求」是指地方普遍發生生存發展危
機，例如人口嚴重外移、老年人口比例過高、地方形象不良、地方政府財
政困難等，透過居民、民意代表、媒體發聲，或政府主動發掘，並意識到
問題的高度嚴重性與公共性，由政府推動相關公共政策，採取必要政策工

具，以減緩地方衰退的程度或為地方開創生機謂之。以臺灣「地方創生國家戰略計畫」為例，被選定優先推動的地方就具有以下特質：分布山區、沿海地區、人口過少、青壯年人力不足、產業發展不易、地方街區老舊、產業發展不易及動能不足、土地發展限制多、青年就業機會少等，也就是高度「地方創生需求」的地方。

二、地方創生的理念與精神

本文歸納地方創生具有幾項重要理念與精神，分述如下：

（一）無法推動大規模都市更新下的地方再生或活化

地方創生通常是無法推動大規模都市更新下所進行的地域再生或活化，為了地方的永續發展考量，必須就現有的街道、建築進行局部修整、美化，如日本的「中心街道活化政策」與臺灣各地的老屋改造運動，日本地方創生政策在一開始多是以建築師為中心帶領發動，與地方市民團體共同合作，並扮演資源整合的角色。例如著名建築師伊東豐雄與其事務所團隊近年來在瀨戶內海的大三島上進行地域振興提案與行動（林詠純譯，2020：4-5）。

（二）由下而上的草根運動，最終希望脫離官方色彩

臺灣之前的社區營造雖是由政府政策主導，希望凝聚社區居民公民意識，喚起對公眾事務的關注，最終冀求居民能自發性參與，脫離官方色彩取得自身獨有的生命力。從地方行銷的角度，地方創生除了要有具有價值的地理文化資源、撼動心靈的歷史、有效的政策催化、跨社會部門的協力合作外，社區居民草根性的自發參與更為重要，這種結合使命（mission）、熱情（passion）及行動（action）的自主動力才是地方創生的永續基礎。另一方面，地方政府也擔任發掘地方DNA、擬定創生願景、盤點並扮演協調參與創生提案單位的重要任務。

（三）地方創生不是擔心政府破產，而是為地方找生機

日本地方消滅論引起全國性議論後，推論出只要促進年輕人生孩子並往地方移居，地方就會復活的邏輯推論。但木下齊認為此論點是有問題的，因為人口、地方、政府的破產或削減本身並不是問題癥結，地方如何恢復「生機」、由下而上盤點資源、確立產業及加強經營行銷方法、整合地方資產與人才，以及建立推動組織及聯盟才是關鍵，而政府需要的是政策催化及強化本身與地方的協力治理能力（張佩瑩譯，2019：136）。

（四）地方創生是事業的經營，利用政府干預作為施力支點

地方創生的實質效益往往是在政府外在補助移除後才得以檢視，木下齊即主張地方創生應定位為「事業」（ibid: 3），不同於一般商品，地方事業與生存環境有關，在生計、生產之外，生態意識也是成功關鍵。其次，地方事業活化必須能自行以商業模式運作，不靠政府補助金；再者，不能以過去傳統的「由民間主導、行政參與」模式進行。把「地方」作為創生的主體，並定位為事業經營，就必須以正統商業模式點滴經營，發展在消費者心中具有價值、吸引力的商品及建立地方獨特品牌。地方獨特事業體成熟後，再依循「地方行銷」策略，拓展地方生機。

（五）地方創生具有強烈的務實色彩

地方活化是地方創生的核心策略，日本許多地方活化的案例常常被包裝報導成「溫馨美好的地方成功故事」，事實上，地方創生實務是相當「反感性」與樸實接地的，最嚴苛的考驗是來自商業市場的試煉，短瞬間包裝的成功相當容易，能否持續才是關鍵，沒有永遠的成功或失敗，很可能是不斷重複著成功與失敗（ibid: 8-9）。媒體報導著重話題性，且是可以在都會區造成話題的特殊事件，而非地方課題的解決。地方創生的真實面貌是一步一腳印的試誤（trail & error）過程。在地方創生的強大務實精神下，地方創生儘管需要創新與創意，但是「靈機一動的冒牌主義」可能

只是爭取預算的手段，或來自其他案例的模仿，地方創生的創意往往是從微小樸實的實踐與歷經失敗的過程中悟得的智慧。

（六）「三生一體」的策略目標

既然生存是地方創生最原始的需求，地方就要盤點發展地方任何可以促進生產發揮經濟效能的產業或資產，並予以活化，著重創造出讓人可以安心在地生活的條件、安定的就業機會，與地方可以永續發展的機制，而且這樣的活動是可以被永久性管理的模式或流程，因此「生活、生產、生態、體制」成為地方永續發展的「三生一體」策略目標。

（七）地方創生仰賴良好地方行銷策略

為什麼地方行銷對地方創生很重要？因為一個行銷成功的地方城市會產生正循環：會有新企業進入連帶工作機會增加，新居民與觀光客也跟著增加，造成房價上漲、基礎建設增加、社會需求也上升，政府稅收增加；相反地，一個頹敗的地方城市會產生惡性循環，企業會撤資造成經濟衰退、失業率上升、赤字上升，人口外移、觀光客減少、展場蕭條，銀行信貸緊縮、社會問題嚴重、最終城市形象惡化。

肆、從地方增生到地方寄生：政府干預策略的風險

一、「地方增生」的意涵與理念

地方創生的原始理念是希望政府政策與補助金的介入干預，讓地方產生生機，主要活化工具就是政府在地方進行某項事業時，對不足之資金以稅金進行支援填補。但重要的前提是地方自身的生存發展動機與需求，政府的政策只是地方創生的催化劑，與近年來醫學上的「增生療

法」（Prolotherapy, PRP）有異曲同工之妙，該法是近年來於復健科、骨科、物理治療界及運動醫學界興起的治療理論及方法，其取名自拉丁文「proli-」，即「生長」的意思。增生療法是把「增生劑」（proliferant）注射進入韌帶、肌腱等軟組織，以促進人體生長因子進行修復的醫療技術。配合此種療法能夠幫助人體自我修復的物質就是所謂的「增生劑」。通常需要採取增生療法之部位多在於血流較少、修復能力較差的軟組織。背後的理論為人體本身即具備自我修復能力，只要給予刺激，就會重啓修復反應。最常見的增生劑就是「高濃度葡萄糖」，利用自體血小板也是一種增生療法，大多用於退化性關節炎、肩膀旋轉肌袖損傷、網球肘及足底筋膜炎，這兩種療法已統稱爲「再生注射治療」（Regenerative Injection Therapy）。將增生療法作爲一種比喻應用於地方創生，前提在於地方必須存在生長因子及自我修復的能力，亦即地方必須擁有運作的事業、創業與創新動機、善用地方資產、人才及組織運作，最重要的是在前述條件下，有明確的地方創生政策，對地方挹注類似「增生劑」的資金補助。且一旦這種由上而下財務補助停止後，地方可以產生永續經營發展的模式，否則就可能淪於「地方寄生」的老路。換言之，地方增生的核心精神是一旦停止注射增生物，可藉自身再生能力，自行修復，「不要依賴政府補助金」後產生的「自律活化性」是以地方增生來詮釋地方創生的眞正意涵。

二、政策矛盾與政府官僚體系限制

　　日本政府的地方活化與創生政策隱含地方增生的理念，具有幾項特色，其中也顯示由政府官僚系統主導所面臨的矛盾與困境：

（一）**中央規劃，地方提案爭取補助金（增生劑）**：作爲一種經濟戰略，日本政府地方創生的做法爲提撥預算補助、鼓勵地方自治團體發展新興產業或是發展既有文化與事業，以增加工作機會、促進城鄉人口流動、吸引年輕人移居地方城鎮、活化衰退的聚落。地方政府必須設立目標並制定計畫，經由中央政府認定後給予預算，再以PDCA循環運作，地方政策則以「中心街道活化政策」（造街運

動）作爲開端在各地展開[2]。

（二）**擬定計畫者與實踐者分開**：這些承包中央或地方政府地方創生計畫的專家顧問，多爲「熟知」地方活化理論的人，但並沒有實際承擔風險或經營地方產業，而地方參與的利害關係人多數的期望是「給我一個照著做就能成功」的計畫，於是會產生執行鏈的落差。

（三）**包裝與行銷明星案例**：政府爲了政策績效，常常會孵化明星地方創生案例或模範事業，由各部會編列預算去造就堪稱爲標竿的案例，許多被選中的本來就是具創生能力的地方，也會爲了消化「不合身的一次性龐大預算」而做出華而不實的事務，過程中還要花費心思應付官僚組織要求的書面作業及會計出納等檢核單位的要求。政府眞正要的也許不是「讓某某地方幸福」，而是找尋適合政策的成功案例。

（四）**資訊分享的落差**：地方創生政策推動需要收集回饋資訊來尋求改善或確認政策的績效，在此情報收集中卻可能產生重大問題：下情不能上達的「傳話遊戲」，尤其是失敗案例的情報無法上達，例如2015年9月9日，日本「地方、人、工作的創生本部」應安倍總理向各部會詢問失敗案例時，竟坦承失敗的部會爲「零」（ibid: 248-250）。

　　無可諱言，政府地方創生政策主要仰賴「經費挹注」手段，就不得不受制於內部官僚行政程序的限制或掣肘，例如：（一）過多的文書作業要求與防弊、禁止條款；（二）舉辦耗費成本的觀摩示範、視察、報告；（三）關鍵績效指標的不當指引；（四）量化指標的需求；（五）提案競標的方式，得標者往往是自告奮勇的門外漢；（六）過度公共考量，讓參與人，尤其是學術團體無利可圖，欠缺激勵誘因；（七）過度分配預算給明星級地方創生案例；（八）不合身的一次性龐大預算投入；（九）承辦公務人員的異動；（十）受制沉澱成本，對於已有失敗現象的地方創生案例持續注入資源，設法維持表面成功。

2　參見：http://www.nhk.or.jp/ohayou/diges/2016/06/06/0616.html，最後瀏覽日期：2022/11/13。

　　原本的假設爲「只要預算不足的問題予以解決，事業得以進行，地方就會自然活化」，以加強公共建設爲例，這些補助金的效果常是得標企業再往下分包，政府的金錢挹注只是「行禮如儀」轉了一圈，被比喻爲興奮劑或「對沙漠澆水」。地方創生眞正需要的不是「金錢本身」，而是能不斷生出錢的引擎，是以投資金錢爲基礎而能產生利潤而再行投資的良性循環，傳統不正視「利潤」的預算型地方活化事業多是以一次性金額告結（ibid: 178-181）。

三、地方寄生

　　以地方增生的內涵而言，政府主要是注入經費等增生物來「活化」地方，希望引發地方後續的自我修復與永續創生能力，否則可能淪入「地方寄生」（洪震宇，2021：32-47）。政府對地方創生的作用，理想上如同對初學騎腳踏車的人伸手「扶他一把」，直到放手後他能騎車自如，而不是載著他或代他騎車。地方增生的目標就是把政府政策的介入視爲槓桿支點，最終創造出可以在其中安心生存、經得起商業市場試煉的生產及永續經營環境。地方寄生的宿命就是政府基於活化地方的使命，以傳統補助金挹注方式對應，卻意外造成地方慣性依賴，喪失地方的創業與創新精神，導致政府必須不斷地重複資金挹注的惡性循環。以下總結地方寄生的幾個特質：

（一）撒錢政策阻礙地方活化精神

　　在全面推動地方創生政策之前，日本政府藉由地方政府發行優惠商品券（Premium商品券）及對家中有兒童、老人或弱勢族群發放每人2萬日幣的地區振興券來刺激消費，用「增生療法」的角度視之，仍算是「無效撒錢」的地方活化策略，之後接棒的地方創生策略規劃也都是採用制定策略與計畫，接受國家審核認定，設定關鍵績效指標（Key Performance Indicator, KPI），然後依循PDCA循環的方式推動，直到2016年6月，日本

共有200個城市接受了國家認定各地方推動的「中心街道活化政策」也是同樣方式，木下齊稱之為「用舊有的方法換個新名稱再度實行」（新瓶裝舊酒），即使國家與地方、政府與民間、市府與市民共同參與，透過議會及法律途徑嚴格執行，仍然屬於結構性的惡性循環，且「毫無成果」。媒體報導的地方活化新聞，多是讓都市居民所期待的少數「溫馨美好的地方成功故事」，但重點在於能否持續（張佩瑩譯，2019：6-8）。

（二）由上而下的政策規劃常設定不當的策略目標與KPI

日本地方活化的事業都是政府以由上而下的方式推動，近年來的地方創生綜合戰略亦同，幾乎皆以失敗告終，所犯的錯誤主要有三，首先是將表象視為問題根源，例如把「增加人口」視為目標，然而最重要的是「經營地方」，亦即把戰術視為戰略；接續而來的便是在錯誤的戰略計畫下設定錯誤的目標，最後就是在錯誤目標下盲目設定事業，投入作業流程與預算。結果就是在政府高層的錯誤政策下，第一線執行人員被迫為「達成錯誤目標」而精疲力盡。此外，不合理的計畫KPI，也造成執行人員的疲於奔命與無力感。木下齊也觀察到不少大學教師帶著「大學社會責任」的計畫進入社區，但實質上只有「擾動」社區、造成困擾，對社區沒有實質幫助。

（三）過度投資造成地方資產的高度維護成本

為了強化地方資產與基礎建設，日本在許多地方以稅金建設許多公路物產中心，再以特定管理模式交由第三部門經營，很容易造出一般民間企業無法負擔的華麗設施，畢竟政府的財政負擔也是市民的負擔。這種讓民間社會不用承擔風險的做法，也會使承接者產生過度依賴政府的心態。「政府只要用稅金補助，地方就能輕鬆辦理事業」本身就是迷思。政府投資過多，反而降低地方的生產性、創新性，自然減低活化與自我修復的能力。

（四）政府承擔大部分風險，造成地方聯盟的寄生與「被依賴」

　　地方創生的參與者都有政府挹注的資源愈多愈好的迷思，若加上政府各部門缺乏橫向協調，很容易將地方創生目標做零碎切割，造成資源重複浪費。承包地方創生的聯盟或地方都可以在地方創生的政策或專案中分配到資源，這些資源可能脫離政府「投資」的原意而變成「薪資」。日本也有許多委由民間或非營利組織經營的公共資產因銷售與獲利不佳的案例，究其原因還是在於沒有承擔事涉風險與付出代價，是沒有辦法活化地方的，眞正的活化是透過大家共同參與符合事業規模的初期投資，並爲了更高利潤而不斷提升銷售能力與獲利能力的「正循環」（ibid: 90）。

　　地方創生與活化往往必須被包容在全方位、多元目標的政策或專案中，但承接單位如企業、NPO、大學、顧問公司，皆有自身的特殊理念、價值與專長，很難承擔此一重責大任，即使形成聯盟，彼此的互補程度也是成敗關鍵。就臺灣本土的地方創生政策而言，政府、承包地方創生業務的大學、顧問公司是最重要的鐵三角，政府角色主要是提供資源、支持與推動的角色，傳統是由上而下指導與分配資源，顧問公司、大學團隊積極去爭取獲得資源，再轉包給地方與各個產業，造成複雜的執行網絡，往往造成無法有效整合及重複浪費的問題（洪震宇，2021：42）。地方創生的主體是地方居民，這些執行網絡必須與地方業者、居民形成有效聯盟，串連整合，找出地方的特色產業加以創新與行銷。地方業者如果缺乏創新思維，貼近顧客需求，不斷撰寫計畫爭取資源也是徒然。地方創業與執行網絡若缺乏任何價值創造與創新，只能算是「找工作糊口」，就難以帶動原本就沒有創新精神的創業者。從政府、輔導單位、大學團隊、地方業者都可能成爲攀附地方創生政策中分食資源的人，地方增生的美意就會淪爲地方寄生，政府的「投資」就成爲各利害關係人的「薪資」了。

　　地方創生的案例是否是眞正的「創生」還是「寄生」？木下齊提出了五項檢驗的標準供參考（張佩瑩譯，2019：70）：

1. 初期投資是否不以國家資金或補助金爲核心，而是活用投資與融資？
2. 推動的地方核心事業是否成爲具體商品或服務，是否獲利？

3. 事業能否能持續五年以上，並累積成果？
4. 是否不強烈倚賴漂亮故事包裝，而是用數字說話？
5. 到當地做一日視察，是否令人感受實際變化？

　　總之，政府對地方創生所進行的地方增生措施，只能作爲一種策略性的介入與干預手段，地方必須視其爲可利用的槓桿支點，並以雇用角度看待外部專家，避免過度依賴，喪失地方創生的自主性。爲了不使地方創生政策造成地方寄生，臺灣地方創生國家戰略計畫推動策略在財務支援方面，爲避免過去補助經費停止即計畫結束之情形，特別強調該計畫之推動將有異於過去預算補助計畫方式，以「投資代替補助」爲原則，支援地方創生事業之推動，不過其效果仍有待觀察。

伍、推動地方創生的關鍵要素

　　行銷大師科特勒（Philip Kotler）曾指出亞洲除了香港與新加坡以外，地方發展計畫多由政府官員及外部顧問組成，地方企業組織代表較少參與，或在一開始的規劃時期就未參加，並力主地方行銷不同於一般商業產品行銷，需要公私部門、利益團體及市民的協力支持，這是亞洲地區國家地方發展的困境之一，並指出策略性地方行銷（the strategic marketing of place）的四個重點（羅漢等譯，2002：66-67）：
一、必須提供令市民、商業人士與遊客滿意的基本服務與基本建設。
二、有新的吸引點，以維持現有商業與公共支持。
三、透過生動的形象與傳播計畫，廣泛介紹地方特點與價值。
四、必須獲得市民與政府的支持，並對外開放，熱情吸引新企業、投資者與遊客的進入。
　　綜上所述，本文提出幾項影響地方創生成敗的關鍵因素，論述如下：

一、地方產業與城市形象塑造

地方創生重要的不是來自政府及外部的供給，而是了解自身的需求與創造價值。洪震宇提出了「風土經濟學」與「風土設計」兩大概念作為地方創生的新思維，所謂風土設計，是指先了解既有脈絡的內涵與意義，並了解潛在顧客感受及需求，重新組合各種要素後，再對社會大眾提案，即提出體驗內容的風土新意義，不同於傳統重視外表精美的「設計師」概念，而是擴大設計意義為「賦予事物意義」，可以從有型的建築產品、旅行、餐飲到無形的文化、生活、思想、服務流程與組織運作，鼓勵地方居民人人都可以成為「風土設計師」。另風土經濟學，是指先深入了解地方風土的生活、生產與生態（三生）狀況，接著運用創新思維與實踐能力，進一步活化地方風土的「三生」（2019：34-52）。地方創生成功的首要關鍵就是地方事業是否能經過商業市場的嚴峻考驗。「價值」的意涵是指「值得消費者付出一個價格去購買」，凡是有價值的商品、服務、風土文化、藝術都值得人們付出一定的代價去享受。如果這樣的代價是來自於外力的補助或其他優惠措施，這些優惠一旦停止，就是地方創生能否永續的最佳測試。地方創生一旦進入實際運作，政府持續經費補助的「公共性」思考就必須淡化。地方創生不論聚集多少人潮、吸引多少媒體報導，具有實質吸引人們的產業與「確實能夠長期」取得商業利潤才是關鍵。創造出在消費者心目中有價值的產業，一旦地方事業能產生利潤，居民有了收入，地方才能滿足「生存」與「生產」的需求。作為一種事業，地方業者必須以企業家精神投入資金等代價，共同經營、共同承擔風險，減少對政府補助的依賴，開始「積極面對賺錢這件事」（張佩瑩譯，2019：269）。

根據「愈是全球化，愈需要在地化」、「愈在地，愈國際」的邏輯，必須找出地方特別具吸引力的事業，透過健全商業模式的運作，最終建立品牌來繁榮地方經濟。地方由下而上的執行網絡必須以貼近消費者需求之敏銳度及對地方進行資源盤點，就現有產業予以創新或創建新事業，並思考如何善用政府由上而下的金錢補助，由「依賴」變成「善賴」。

　　克里斯汀生（C. M. Christensen）曾從產品的三任務型態來談產品創新：功能型、社會型與情感型（洪慧芳譯，2020）。地方創生的事業產品更適合從人際活動的「社會型」及情感連結的「情感型」去思索。地方文化、風土人情都是創意與活化事業的來源，例如深度旅遊、餐飲品嚐的體驗。理想的地方創生事業就是創造一個使人會積極主動前往的地方，一旦地方事業能夠滿足三項功能，終究會使「行銷」工作成為多餘，產品、事業本身就會自己行銷自己。

　　歐洲義大利的薩丁尼亞島（Sardegna）中西部的博薩（Bosa）小鎮將卡洛・戴爾拉（Giancarlo Dall'Ara）的「分散式旅館」（albergo diffuso）理念充分實現。傳統旅館的櫃檯、大廳、客房與餐廳等都集中容納於單一建築體，但「分散式旅館」利用重新收購、打造空屋與分散於整座城鎮的服務結合，讓全城鎮都是同一家旅館，以整座城鎮招待觀光客（林詠純譯，2020：60-83）。

　　地方是以文化為主體，確立地方文化產業也是地方創生的重要策略。文化產業是以社區居民共同承擔、經營與利益共享為主體，以社區原有文史、技術、自然資源為基礎，經過資源的發現、確認、活用等方法予以發展，並得以提供社區民眾及外來人士生活、生產、生命及生態等文化之分享、體驗與學習的產業。文化產業的特質與內容樣貌多元並有數種指涉：（一）重視創意與包裝；（二）以特殊感官經驗與心靈領悟為特色；（三）需服務業熱忱與需要一般商業行銷管理與知識學習內容；（四）多元產業面向：如生活、生態、生產、歷史、民俗；（五）多元產業內容：如音樂、戲劇、舞蹈、繪畫、雕塑、民俗、古蹟。此外，文化產業商品類型一般有：（一）實用型商品——如美濃紙傘；（二）鑑賞型商品——如阿里山山美社區達娜伊谷；（三）知識理解型商品——埔里桃米自然生態導覽；（四）體驗型——地方陶藝製作；（五）社造經驗型——湖本社區八色鳥保護運動；（六）哲學認同型——如日本之三島町特別町民制度；（七）特殊民風型——如北埔文化。

　　後現代主義精神瀰漫下，沒有第一，只有獨特與唯一，每個地方城市都必須卡位，取得專屬的人文價值與標章。地方城市行銷不只要有吸睛

的核心產品,更要有持續的競爭力。臺灣過去許多鄉鎮喜歡運用「房屋彩繪」的廉價策略,固然短期吸引遊客及網紅造訪,但一味模仿終究會失去特色,也會流於「辦家家酒」層次。臺灣更也不能自滿於夜市、檳榔西施、三太子、人(最美的風景)的刻板產品。

2021年9月份時代雜誌公布今年度100個最值得探索的世界非凡勝地,遍及世界各個國家或城市,甚至南極。北京獲選理由是「動感十足的大都會」、麗江為「冒險的起點」;日本有「展現北方文史」的北海道、「生動有趣」的大阪、「為奧運賽做準備」的東京;南韓慶州被喻為「歷史瑰寶」。泰國以「動感之城」的首府曼谷和考艾國家公園(Khao Yai National Park)入選;胡志明市被形容有「越南的味道」、富國島(Phu Quoc)擁有「田園詩般的天堂」;印度齋浦爾(Jaipur)是「天文的天堂」;菲律賓錫亞高(Siargao)適合衝浪;柬埔寨的暹粒(Siem Reap)富有野生動物和奇觀;新加坡則是「最高級的城市國家」。無疑地,在全球化中力拼一席之地的「在地化」策略,顯現的就是「愈是全球化愈要在地化」的弔詭[3]。可鼓勵地方居民人人都可以成為「風土設計師」,發揮「專一」的力量,創造家鄉「唯一」的特色,讓旅客感受「獨一」的魅力(洪震宇,2019:36)。

二、商業模式與地方行銷

地方創生工程一旦確立核心事業,接下來就是要發展健全的商業模式與創新行銷能力。策略是減少對政府補助金的依賴,讓這些有限的外來資源成為支撐地方行銷的有效手段,讓「少」變成「巧」,讓地方的求生欲轉化為「顧客導向」的動機。資源豐富時,人們通常會從表面看待資源,運用傳統方法,只有在當資源短缺時,才能運用較有創意的方式善用資源(薛怡心譯,2018)。資源的迷思就是未納入成本考量的外來資源愈多愈

---

[3] 網址:https://futurecity.cw.com.tw/article/2149,最後瀏覽日期:2021/11/8。鄭錫鍇,〈臺灣城市行銷怎麼做?寫在臺北市獲選全球「文化寧靜城市」之後〉,《未來城市Future City@天下》網站資源。

好。管理學者克里斯汀生在所著《繁榮的悖論：如何從零消費、看似不存在的市場，突破創新界線、找到新商機》中特別強調不能只靠外來者的指導，或透過單一活動式理念來創造地方的繁榮，他界定地方繁榮的意義為「一個地區愈來愈多人用來改善其經濟社會政治福祉的流程」。他尤其反對由上而下、由外而內地辦活動，給資源與捐款補助的方式，唯有地方具有由內而生的創業與創新能力，具有明確強烈的動機，才能活化資源，建立地方的市場與顧客群。

　　將地方創生視為事業的經營，就必須奠基於良好的商業模式套在地方創生上面，有四個核心要素（洪震宇，2021：70-75）：

（一）**價值主張**（**what**）：能為地方產業、顧客帶來何種價值？

（二）**顧客定位**（**who**）：地方創生事業主要滿足哪些類型顧客？如何與焦點顧客群溝通產品、服務、地方風土文化的價值？

（三）**獨特優勢**（**how**）：地方有何特殊價值傳遞與執行行銷工作的方式？例如獨特的地方風土、關鍵資源、策略夥伴、整合創新能力等。

（四）**獲利模式**（**why**）：如何針對前述三者進行精準定價來獲取利潤維持營運，簡言之，就是回答顧客為何要付費給你？什麼是這種價格？

　　有了這四種模式，地方創生就要與地方行銷（place marketing）接軌。地方或城市行銷是指以市長、市府行政單位、市民、企業、社區或NPO為主體，在共同的目標與策略指引下，以城市具有價值之民情、文化、風俗、歷史、文物、活動、建築、自然環境、商業活動、優質生活條件及政策等，向外界所進行之相關的系列性行銷活動，目的在於創造良好城市形象，吸引外人至該城市居住、旅遊、求學及從事商業活動。地方行銷相較一般商業行銷困難的主要原因為：一般企業行銷，老闆一聲令下馬上可以執行，城市行銷受制法令，牽涉太多參與者與利害關係人，如中央政府、市長、市府行政系統、居民、社區、地方團體、公共運輸、計程車……等，彼此鬆散連結協調困難，且常常缺乏共享願景又各懷鬼胎，故很需要全員參與及整合行銷工程，更有賴「政策企業家」（policy entrepreneur）或「創新家」從中穿針引線積極促成，如蔣勳先生對臺東地方行銷的努力。

另外，傳統商業模式上有一項關鍵流程，是確保企業可以透過模式化的運作，讓商業模式規律運作，使其能與顧客間產生持續性的價值交換，在地方行銷上是如何建立一套讓更多在地居民願意投入的創業與創新流程，而非少數人分配資源，多數人聽命行事。在這個開放的流程裡，可以透過回饋而源源不斷地創新，在地方創生與行銷的層次，優勢不是來自個別的商品、利害關係人、策略夥伴、資金、基礎建設、事件、故事、風土、景點、產品、技藝、企業、政策……等，而是能以系統流程的方式來整合、串聯這些因素，讓更多人捲入參與，發揮加乘效果（synergy）。

在日本一般稱行銷是一種「人間科學」，是與精打細算的消費者所進行的心理戰，在地方行銷的層次，就是為造訪的顧客創造有價值的體驗，超越單純購買功能性產品的層次，也包含在地方所體驗的人情味社會互動與心靈的感動。簡言之，就是透過健全商業模式與行銷策略，讓人有要去那裡消費的強烈動機與目標。日本商業作家山口周指出，我們活在一個「產品過剩、意義稀少」的時代（李瓔祺譯，2020），意義因為稀少而更具有價值了。地方的價值是藉由故事敘述、敘事（narrative）賦予意義，才能使價值觀與人的心靈連結，產生共鳴，這是屬於地方創生的創新力層次。將原本未能廣為周知的地方事業價值，透過努力，強化顧客對其之認知、情感及付出行動支持，就是地方需要的行銷創新能力，洪震宇稱之為「風土創新力」，具有五大內涵（2021a：78-129）：（一）故事力：有故事才能讓人印象深刻，地方的事業價值必須有與人、事、時、地、物連結的脈絡；（二）市場感受力：深入洞悉顧客的需求，不只滿足需求，還能創造附加價值；（三）美學力：賦予地方的生活、生產、生態美學，滿足顧客各種感官體驗，創造感動與驚訝的關鍵時刻（moment of truth）；（四）資源再生力：是指善用既有資源、聯絡資源、政府政策資源的再生能力，是一種盤點拼湊、整合創新，甚至「化腐朽為神奇」的力量；（五）風土設計力：是指融入上述四例，將地方風土人文、歷史風俗、生產製作、生活風貌、生態環境等，透過設計力，透過壓縮整合，在與顧客

互動的時刻，讓其感官經驗不斷被開啓、感受與記憶，讓地方風土烙印在旅人心中。

尤其故事行銷本身就是一種創造力的展現，是指賦予溝通內容意義、典故、歷史及人文意涵，使其與收訊者產生連結、想像與興趣，並引起共鳴，甚至心靈撼動，進而了解或接受發訊者的意念。故事可以美化，也可以創造，或是意念本身就是動人故事。人們多不喜歡聽大道理及深奧知識，卻都喜歡聽故事，因爲故事富有生命與感情，故事永遠是最好的溝通與說服的最佳工具，溝通過程若缺乏故事就會減損說服力。說故事行銷可以透過各種的媒介傳播，如口語表達、網路傳播、平面媒體、電子媒體等。

科特勒在《深探大亞洲》一書中強調地方設計就是賦予地方城市人格化魅力（羅漢等譯，2002：137），他也提出了增加地方吸引力的十種方法：自然風光、歷史與名人、購物商場、文化景觀、娛樂休閒場所、運動場所、節日慶典、建築紀念物或雕塑、博物館及其他。在建立地方形象時建議透過調查了解這些重要族群對地方的印象：當地居民、遊客、管理者、投資者、企業家、外國買家、地產專家（ibid: 137）。地方若能運用創新可以逆勢而上，甚至翻轉頹勢：後進無妨，很多落後地區、頹老社區也可以迎頭趕上，泰國在1997年金融風暴後提出「Amazing Thailand」，1999年吸引865萬遊客，於CNN打廣告後又陸續增加900萬遊客。安潔莉娜裘莉主演之《古墓奇兵》捧紅了柬埔寨的「吳哥窟」。此外，老舊區域也可翻轉成爲吸引重視原創風格與文化品位之消費者，例如新加坡的「駁船碼頭」（Boat Quay）改造成爲夜生活上班族與遊客天堂，「克拉碼頭」（Clarke Quay）改造成爲週末外出消磨時光的家庭娛樂中心。

三、整合行銷傳播的應用

整合行銷傳播（Integrated Marketing Communication, IMC）是傳播領域中的重要概念，欲避免投入的傳播資源過於分散或希望有效在消費者心中烙下品牌形象，將行銷工作予以單一化、整合化、集中化與密集化。凱

伍德（Clarke Caywood）、舒茲（Don E. Schultz）等學者在1991年對IMC
定義如下（引自許安琪，2008：24）：「整合行銷傳播是一種行銷傳播
規劃的概念，這種概念體認到一個全方位計畫的附加價值，所謂全方位
計畫是指該計畫會評估各種傳播專業領域（例如廣告、公關、促銷、直
效行銷等）的策略性角色，並將這些專業領域組合在一起，以便提供明
確性、一致性，以及最大的傳播影響力。故此定義包括四種基本傳播類
型：廣告、公關、促銷及直效行銷」。美國科羅拉多大學IMC研究所創案
人鄧肯（Tom Duncan）與莫里亞蒂（Sandra Moriarty）略修正IMC的定義
為（1997: 24）：「IMC是策略性地控制或影響所有收關的訊息，鼓勵企
業與消費者和利害關係人雙向溝通，以創造互惠雙贏的長遠關係」。同年
南卡羅萊納大學教授欣普（Terence A. Shimp）定義IMC為：「廣告主或
商品品牌透過不同媒體傳播管道，傳遞訊息給消費者，而且必須架構在
『一致的聲音』下（speaking one voice）」（引自許安琪，2008：24）。
綜合而言，IMC的意涵包括以下重點（劉美琪，2004：86-96；許安琪，
2008：25-27；鄭錫鍇，2013）：

（一）**傳達綜合形象，聲音一致（unified image, consistent voice）**：將
　　　所有行銷傳播工具及技術，以同一種聲音、形象、目標與做法，來
　　　與消費者溝通，避免在消費者心中留下模糊與支離破碎的印象，例
　　　如著名的「全家便利超商」強烈持續主打的「全家就是你家」的口
　　　號。對地方創生的運用啟示就是塑造地方統一的形象。

（二）**策略性影響行為（affect behavior）**：所有經整合的行銷傳播要素
　　　與工具，最終目標皆在於影響消費者行為，如對品牌形成深刻印
　　　象，樂於接受與購買。

（三）**以消費者觀點出發（start with the customer）**：IMC應該採「由外
　　　而內」（outside-in）的觀點，先洞悉消費者的需求，再量身制訂適
　　　合的溝通模式，以達雙向溝通的目的。

（四）**使用所有可能的工具（use all forms contacts）**：IMC主張不應迷
　　　信傳統主流媒體，如報紙、電視等，應主動開發非傳統且有效的行
　　　銷傳播工具，例如當代流行的電影行銷、置入性行銷、運動行銷、

新媒體行銷……等等。總之，只要是有效的，都是可資利用與開發的媒體。所以地方創生與行銷必須發展各種可能的傳播手段。

（五）**發揮綜效（achieve synergy）**：IMC主張策略性的整合將會比廣告、公關、促銷等個別規劃與進行的效果更好。整合的結果可以發揮一加一大於二的綜效。

（六）**建立穩定的關係（build relationship）**：IMC追求與消費者間建立長期穩定的關係與深遠的品牌形象，以強化消費者的品牌忠誠度，其衍生者即顧客關係管理（CRM）或關係行銷（relationship marketing）。對地方創生的運用啓示就是對外地人創造在地的感動。

總之，IMC是以企業所確立的企業識別系統（Corporate Identification System, CIS）爲基礎，包括統一的理念系統、視覺系統（如制服與logo）及行爲系統，並整合廣告行銷（advertising marketing）、公關（PR）、銷售推廣（sales promotion）、直效行銷（direct marketing）及事件行銷（event marketing）等做法，使其能與消費者及社會大眾建立良好的品牌認同與顧客關係，對地方創生的執行網絡與團隊而言，引進IMC觀念，有助發揮地方行銷成果，開啓建立地方品牌形象的新里程碑。

四、聯盟的形成與整合

地方創生是多元角色間的協力關係，爲了發揮一加一大於二的綜效，組建一個運作良好的策略聯盟非常重要，這也是執行任何公私協力必須具備的要件。地方組織（業者）、顧問公司（或大學團隊）與政府人員（中央與地方）是鐵三角，但各方也存在內部整合問題，包括以下重要議題：

（一）績效管理的問題：對政策目標、KPI的設定與評估的共識產生。

（二）對事業發展計畫的失敗、中止、撤退存有共識，並詳載於契約，作爲管理依據。

（三）夥伴關係與意識的建立：在合作過程中，以共享（sharing）及互信（mutual trust）爲互動原則。包括任何第一線資訊的相互分享，及

不計眼前利益的長久信任。

不過，形成具影響關係的策略聯盟的理想色彩下，仍然必須注意幾項議題，尤其是貫徹自行思考、自己行動的「自給自足主義」（張佩瑩譯，2019：222-229）。爲了避免淪入「地方寄生」的老路，地方的參與者要捨棄凡事依賴外部顧問專家與政府的習慣，擔起地方創生主要的風險承擔責任，自行思考、實踐與學習，必要的時候再求助外在助力。避免過度依賴外部專家顧問的原因，是因爲他們往往是擬定計畫的人，不是實踐者，此外，提案學者的動機也可能是想獲取政府預算，累積學術資料與試成爲地方創生的「實習生」。另外，是要避免共識的弔詭，形成共識是夥伴關係的重要基礎，但共識往往是個參與者間妥協的結果，失去地方創生應有的永續性與理想性。因此在協調的過程重點，不是強調過度照顧特定一方的利益，而是提醒各方忽略的風險，及勿忘地方創生的「初衷」。

五、先進形象與理念共享

地方創生重視永續發展，具理想色彩作爲指引的願景是必要的，強調生態環保經常作爲地方創生的永續發展策略，最重要的是，其本身就是「價值」，例如奧地利大瓦爾澤谷（Großes Walsertal）溪谷沿岸在2000年被聯合國UNESCO指定爲生物圈保護區（eco park），並在2009年以「歐盟最優質的永續觀光區」獲頒EDEN獎。北西班牙的畢爾包（Bilbao）附近的戈爾卡・伊薩吉爾（Gorka Izagirre）內有一座奧斯曼迪酒莊，打造了種子銀行「生態綠屋」，保存了400種以上的當地植物種子。以「森林的子民」自稱的芬蘭近年來孕育出「生物經濟」概念，再度聚焦自己最珍貴的森林資源，將社會狀態從仰賴石化資源的現狀，轉向以自己擁有的森林資源爲中心思維，來打造日後的產業結構及社會環境，並在許多小都市中實踐。聯合國於2015年公布的地球永續發展17項目標（SDGs），現在也普遍成爲各國社會部門組織、團體，甚至個人行動的指引。地方具有永續發展的高尚理念並且能夠獲得深度共享與共識，這種先進形象會產生巨大的正面循環效果，例如，奧地利的薩爾斯堡（Salzburg）就有了世界知名

運動飲料企業紅牛（Red Bull）進駐，促進地方就業與經濟發展。

　　後現代主義（Postmodernism）精神與全球化的共伴效應，讓原本的邊陲、偏鄉、死氣沉沉的地區擁有再生的機會，松永安光與德田光弘稱這是個從邊陲誕生的新時代，新創企業與觀光熱潮將紛紛從邊陲開始，最重要的是可以在邊陲看到文化多樣性（林詠純譯，2020：20-32）。地方應該把握從全球化到在地化的契機。

　　臺灣政府的加速推動地方創生計畫（110年至114年）主要工作項目：地方創生觀光旅遊環境營造，即設定「尊重環境，資源永續」、「整合特色，景點串聯」、「友善設施，優質服務」作為地方創生三大目標，透過協助地方政府發展以在地、生態、綠色、關懷、人本、永續等概念，由點而線而面發展整體區域觀光，以整合地方政府所轄觀光遊憩建設，塑造高品質之旅遊景點新形象，提升整體觀光遊憩品質，開創旅遊新契機。

六、地方凝聚力與城市認同

　　地方創生需要地方居民、業者及相同組織具備對地方發展一定程度的凝聚力與「愛鄉土」精神，為了具有對地方明確的認同對象，一個創建出來提供討論地方發展公共議題的「公共空間」（public sphere），以產生地方的城市認同，從新的角度認識自己生存的地方。地方創生的理念強調居民「由下而上」的參與才能產生「我也有一份」的認同感。為了地方凝聚與城市認同，地方居民適度節制自利，以「公共思維」（public mind）作為共同行動的指引也很重要（張佩瑩譯，2019：129）。「鄉鎮」（comune）在義大利語中具有「共同」（common）的涵義，義大利傳統就是小村里自治體活躍的國家，因為國內各地理區域氣候及文化差異甚大，中世紀以後北歐洲成立的多數都市國家，都各自擁有獨立政權與發展出不同特色的都市文化與產業，這也是各地方的共同體意識強烈，獨立性高的市鎮文化現象長期持續的原因（林詠純譯，2020：54-55）。

　　在地方創生的理念下，各地方的青年都應該擁有留在家鄉奉獻心力的選項，不應該被迫離鄉背井成為大都市裡面的小螺絲釘。各地水土所生養

的人才往往是最能展現各地特色的族群。例如蘭嶼本身僅是一個太平洋中央的小島，但因為有生活其中的達悟族人，及長久以來傳承的拼板舟與飛魚祭等特殊人文風情，蘭嶼才能真正成為不同於臺灣其他離島的存在。所以引導熟悉周遭環境的在地青年留鄉與返鄉，將會是地方創生的靈魂。創造地方新產值，在地人要先認同家鄉，想要地方創生，最能依靠的是「地方覺醒」，在地人對自己的家鄉感到光榮便會留下來創業，並且推動各種友善土地，以及友善當地企業的理念。再如有些地方縣市鼓勵在地消費：直接跟當地小農購買，只在非連鎖的咖啡店消費、只購買當地設計師品牌衣服等等，如此才可能把人流、金流鞏固在地方上，地方鄉鎮不至於消滅。

「社會資本」（social capital）對地方凝聚與認同也是重要的潤滑劑與催化劑，布赫迪厄（Bourdieu, 1986）定義社會資本為兩種社會資源的總合，一種是社會上真實存在的資源，另一為隱藏於社會中看不見的潛在之各種資源，前者是指公共造產、公共設施等可資利用的公共資源，後者是社會、組織中的人際網絡，共同規範和彼此信任等特性，這些特性促進了彼此互利的協調與合作（Putman, 1993），減少交易與互動協商成本。地方社區共同塑造出來的社會資本有助提升當地經濟和文化資本的累積（黃源協等，2010）。

在2006年世界銀行也對於社會資本做出定義說明，社會資本強調人與人之間人際網絡關係主導彼此互動，這些人際網絡關係有助於經濟與社會發展，能夠建立相關的社會與經濟制度、人際關係、人與人互動態度與價值（The Word Bank, 2006）。社區營造目的就是要把社區居民融合成彼此互信、互助、互惠、互賴的生命共同體，此然也是地方創生的重要基礎。臺灣先前社區總體營造政策的推動，就是要地方社區居民凝聚共識、共同參與，將地方營造成可以共同生活的有機體。在此基礎下可以成為推動地方創生或地方行銷的有效推進器。

七、地方資產與基礎建設

　　除了地方現有可以支援地方創生的資產盤點與利用外，政府也必須投入預算增設地方資產，但資產不能只是「耗錢的東西」，善用公、私協力的BOT模式也經常被運用。惟許多地方資產的利用礙於政府官僚過多的防弊思維以及過多禁令，法令鬆綁予以活用，對地方創生就顯得重要。

　　廣義的地方資產除了前面討論的無形社會資本外，最主要是指地方現有的交通建設、觀光設施與公共設施，在公共設施不足的地方，來自稅金的地方資產，若無法發揮效果的資產甚至會成為「蚊子館」，最後的負擔還是落在居民或地方政府。可以擺脫傳統由政府以稅金建設的方式，改採公、私合作的方式進行，日本政府在推動地方創生政策時曾運用此一模式，如岩手縣紫波鎮曾進行了「ORAL PROJECT」，在「既然政府沒錢，就轉為民間開發，從金融機構調度資金，共同開發出公共設施與民間建設」大前提下，做出「放棄由市公所開發，交由民間，作為公民合作事業來推進」的決策，制定紫波鎮公民合作基本計畫，這項計畫即由民間開發，再從金融機構調度資金，類似臺灣獎勵民間參與公共建設條例精神，興建咖啡店、市場、育兒支援設施、運動場、圖書館、旅館及新的鎮公所，甚至環保住宅。不過相關的開發設施多被評估為失敗，原因在於用開發公共設施的方法來建造民間設施，由政府開發者因為缺乏財務管控與投資者角色意識，而致使設施過於華麗，而由民間與金融機構開發者是以「償還計畫」為優先考量，訂出了與實力相符的規格（張佩瑩譯，2019：121-127）。

　　臺灣上一階段的城市行銷個案如高雄愛河燈會、宜蘭童玩節、綠色博覽會、屏東鮪魚季、風鈴季、新北八里左岸、漁人碼頭、南投清境之臺灣瑞士、臺北國際花博、高雄世大運、桃園與基隆的黃色小鴨等，有些靠不斷創新而持續，有些已式微，下一階段臺灣的城市行銷需要什麼努力？不斷創新才是王道，創新不只是「賊頭賊腦」的小伎倆，天下沒有白吃的午餐，策略性「下重本」是需要的。當代人的感官刺激與需求已被網路與科技推至極致，沒有令人心靈震撼、屏息而視，發自內心讚嘆的景觀，來

墊高文化地位,是無法吸睛的,國家攝影文化中心、臺北表演藝術中心被2021年9月份時代雜誌選爲世界最佳百大景點就是這個道理。

八、人流價值與吸引關係人口

　　地方創生的主要目的之一是希望愈多人來地方消費,例如觀光、旅遊、居住、求學、經商、購物等,以觀光旅遊爲例,最終觀光消費金額比觀光客數更爲重要;此外,如果地方的住宿容納量有限,過多的遊客過來也無法賺到他們的錢。故真正的重點不是愈多人來,而是誰來,地方創生追求的是能爲地方創造經濟利益的顧客族群。日本地方創生政策是以挽救地方人口流失與老化,故吸引年輕人到地方定居是最終目的,2018年日本總務省爲加強人口移居策略,提出了「創造關係人口」計畫,讓政策資源可以聚焦投資給潛在移居者,移居者增加才能減緩地方人口減少的問題。關係人口是指「交流觀光以上,定居未滿」程度者,日本民間也出現很多支持「移居」相關的服務平臺[4]。「移居」在人往地方移動的諸種目標中是屬最重要涉入的。考量的因素會比觀光旅遊、經商、求學更多,沒有更實質的誘因,如生活機能、就業、子女就學等,是地方創生成功與否最艱難的指標。最重要的工程是創造更多都市與地方連結的機制、居住體驗設計、讓人口更友善貼近地方文化與實況,或體驗地方風土文化的平臺,最好有臨門一腳的感動,讓關係人口跨越移居的心理門檻。

　　當代行銷的「NES模型」（顧客動態模型）強調根據消費者具體、外顯的購買行爲,把顧客區分成新顧客（New）、既有顧客（Existing）、沉睡顧客（Sleeping）三大類別。強調顧客是變動的個體,在乎的是顧客與品牌互動實際的消費行爲以及其現狀[5]。當不認真做好顧客關係管理的時候,既有顧客也會變成沉睡顧客,最後流失。以地方創生爲例,頹敗的地方最後會讓居民選擇「用腳投票」（vote by feet）遠離他鄉。最重要的

4　參見:https://island-square.com/migrant-lifestyle,最後瀏覽日期:2022/11/13。
5　參見:https://ezorderly.com/blog/2020/08/30/NES/,最後瀏覽日期:2022/11/13。

是找出重要關係人口讓他們成爲新顧客，甚至選擇在地方定居。所以地方
行銷的目標客群應該聚焦於促進與地方社會環境頻繁接觸的「關係人口」
的關係。人對於地方的情感設入、定居意願，會隨著購買地方特產、頻繁
造訪、參加在地活動等行爲，逐漸把地方當成是第二個故鄉，甚至移居，
例如前來地方打工的年輕人、經常來地方旅遊住宿、農村體驗者。地方要
廣泛建立所有可以促進與關係人口連結的「支持機能」，並且制度化，或
成立推動的協會或組織，甚至成爲公共政策[6]。

陸、結論

　　全球化造成的人口自由移動，加上少子化與老年化影響，地方人口流
失成爲普遍問題，日本與臺灣爲對應此一問題，接連制定了國家層級的地
方創生政策。本文以政策演繹法及演繹推理來論述日本地方創生的實踐經
驗，發現其地方創生推動成效普遍被社會與地方實踐者評估爲失敗，主要
原因是用傳統由上而下規劃與以補助金爲主要政策工具，反而會扼殺地方
自主創生的能力，甚至淪爲「地方寄生」。站在政策學習的角度，臺灣隨
後推動的地方創生政策應該避免重蹈覆轍，進入日本的政策演繹邏輯中。
應注重地方創生的濃厚實務色彩、創業與創新的實踐精神、永續的商業模
式、理念整合、地方凝聚與城市認同、前瞻思維與先進形象、具有共識的
執行聯盟、地方整合行銷等關鍵因素，政府的政策干預只能從旁作爲催化
劑與「增生劑」，以促進地方自主修復能力及孵化地方永續創生能力爲主
要政策目標。

---

[6]　參見：https://www.thenewslens.com/article/138533，最後瀏覽日期：2022/11/13。

參考文獻

李瓊祺譯（2020）。山口周著，成為新人類：24個明日菁英的嶄新定義。臺北：行人。

吳文琪、蘇玉清譯（1997）。Thomas L. Harris著，行銷公關。臺北：臺視文化。

林詠淳譯（2020）。松永安光、德田光弘編著，地方創生最前線：全球8個靠新創企業、觀光食文化，和里山永續打開新路的實驗基地。臺北：遠流。

姚惠忠（2009）。公共關係學：原理與實務。臺北：五南圖書。

洪慧芳譯（2020）。C. M. Christensen, E. Ojomo, K. Dillon著，繁榮的悖論：如何從零消費，看似不存在的市場，突破創新界線，找到新商機。臺北：天下雜誌。

洪震宇（2021a）。風土創業學。臺北：遠流。

洪震宇（2021b）。風土經濟學。臺北：遠流。

許安琪（2008）。整合行銷傳播引論：全球化與在地化行銷大趨勢。臺北：學富。

張佩瑩譯（2019）。木下齊著，地方創生：觀光、特產、地方品牌的二十八則生存智慧。新北：不二家。

黃源協、劉素珍、莊俐昕、林信廷（2010）。社區社會資本與社區發展關聯性之研究。公共行政學報，第34期，頁29-75。

劉美琪（2004）。行銷播概論。臺北：雙葉。

鄭錫鍇（2013/6）。公部門品牌與形象行銷的理論與應用策略。研習論壇月刊，第150期，頁8-19。

駱紳主編（2012）。創齡：銀色風暴來襲。臺北：立緒。

薛怡心譯（2018）。S. Sonenshein著，讓「少」變成「巧」：延展力：更自由、更成功的關鍵。臺北：新經典文化。

羅漢等譯（2002）。Philip Kotler等著，科特勒深嘆大亞洲：人潮、金潮與地方再造。臺北：商智文化。

Bourdieu, Pierre. (1986). The Forms of Social Capital, in John G. Richardson (ed.), *Handbook of Theory and Research for the Sociology of Education* (241-258). New York: Greenwood.

Putnam, Robert D., Robert Leonardi, and Raffaella Nanetti. (1993). *Making Democracy Work: Civic Tradition in Modern Italy.* Princeton: Princeton University Press.

第二篇

日本經驗

第四章
地方創生與聯合國 SDGs 鏈結治理之日本經驗啓示

李長晏

壹、前言

　　20世紀中葉以降，科技的急遽進步帶動人類社經活動蓬勃發展，人們生活型態隨著物質的豐裕轉而朝向大量製造、消費、廢棄的方式兼顧經濟動能，然而，這樣的模式對環境的影響遠超過其自然復原能力，致使在短短幾十年間，人類就面臨到環境污染、資源銳減以及相關衍生性的社會與經濟問題。永續發展（sustainable development），是近年爲緩解上述問題所新興的概念，其核心訴求是在滿足當代人們生活所需，以及避免債留子孫，兩個目的間取得平衡。最早針對永續發展的國際性討論，可追溯至1992年聯合國在巴西召開的環境與發展會議（The United Nations Conference on Environment and Development, UNCED），並在後續20年間持續深化永續發展框架。2015年聯合國推出的永續發展目標（Sustainable Development Goals, SDGs），將全世界永續發展的關注議題聚焦在17項目標（goals）及169項次項目標（targets）上，可說是代表永續發展框架準備好邁向下一個20年的里程碑。SDGs推出至今也作爲全球政府、民間企業、非營利組織及大學法人機構訂定長期目標與永續發展使命之重要依據，而上述各公私機構面臨SDGs應有的關注，以及架構在SDGs目標下之社會責任（Social Responsibility, SR），將作爲未來至少在2030年以前人類永續發展最高指導原則（盧俊澄、林聖崎，2016）。

　　由於SDGs同時兼顧了「經濟成長」、「社會進步」與「環境保護」

等三大面向，政府在推行市政規劃與願景治理時，常會藉由SDGs來定義其核心價值，一方面達到與國際接軌的目的，另一方面則積極尋求與在地發展緊密串聯的價值。林宇廷、許恆銘、黃敏柔（2016）指出永續發展與地方創生皆是當代城市治理最重要的課題，前者是面對環境破壞與社會問題的回應，後者則是試圖解決高齡化及少子化的當代社會深刻課題。由此可知，永續發展目標的落實，地方創生是很重要的一項實踐管道，根據聯合國提出的17項共同目標，各城市可以根據在地需求找到合適的目標，制定符合城市需求、生活、文化的發展方式。而基於SDGs的在地化地方創生方案，同時也能與國際保持連結，一來交流彼此的問題與解決方案以強化治理的方向，二來共同拼湊未來全球永續發展的藍圖。永續發展與地方創生，兩者皆是強調地方分權與公民賦權的原則，以及都市競爭力的提升，與「全球都市」（global city）的概念實無二致（孫文臨，2019）。

目前，臺灣社會面臨嚴峻的人口老化問題，國發會2018年發表「中華民國人口推估」指出，臺灣人口將在10年內轉為負成長，人口結構大幅轉變，呈現高齡化與少子化的樣態，進而影響臺灣產業的發展，造成人口分布不均，若這個問題持續惡化，將成為國家安全重大課題（李永展，2019）。因此近年，臺灣積極展開地方創生計畫的推動，並以2019年為地方創生元年，藉由振興在地產業創新設立或擴增規模，帶動地區的全面性發展，期盼藉由人口移居、人力返鄉來留住地方逐漸流失的人口，以均衡健全臺灣的發展與改善調整社會結構。有鑑於此，本文目的在於析探地方創生與SDGs兩者間的介面關係，雖然理論上兩個概念有著相當的契合度，但若要進入實務應用環節，仍有許多問題有待釐清。本文主要透過文獻分析法，分析地方創生與SDGs的價值對接關係，並收集與我國境遇相似，同樣聚焦於人口結構問題的日本地方創生經驗，整理並汲取其結合SDGs的策略與方法。另外，本文亦透過焦點團體座談法，廣泛收集專家學者觀點，結合日本實務經驗，提出以SDGs連結地方創生治理模式的策略，作為未來政府制定與推動地方創生政策之參考。

貳、研究設計與方法

一、研究設計

　　聯合國2015年提出SDGs促使全世界永續發展進一步聚焦於17項目標，而同樣著眼於地方永續發展議題的地方創生，理論上可以作爲SDGs落實於地方的重要管道，本文目的在於探究聯合國SDGs與地方創生的對接方式，除了基本以SDGs作爲地方創生目標設定的參考之外，地方創生治理模式應可以與SDGs有更緊密的連結關係，除避免SDGs淪爲單純推動地方創生的口號，也使得地方創生方案可以有更多國際交流機會，並眞正達成永續目標的落實。爲了達成此一目的，本文首先針對聯合國SDGs與地方創生的背景文獻進行收集與分析，初步探討兩者的連接關係。接續研究以日本地方創生，作爲汲取國際對接SDGs與地方創生的經驗來源，同時透過焦點團體座談法，廣泛收集國內專家學者觀點，透過國際經驗與國內觀點的交互分析，歸納SDGs連結地方創生的方法，並提出具有在地價值的地方創生治理模式研究成果，研究架構如圖4-1。

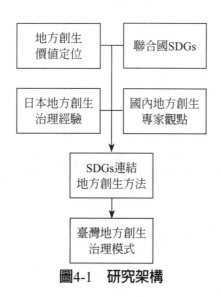

圖4-1　研究架構

二、研究方法

　　本文主要採用「文獻分析法」與「焦點團體座談」完成研究所需之資料收集與分析，在文獻分析法的應用部分，主要針對聯合國SDGs與地方創生的背景文獻進行必要的整理分析，分析內容爲基本概念與價值面文獻，在聯合國SDGs文獻部分，包括SDGs的起源與發展、具體的推動情形，以及國內應用SDGs推動永續發展的相關作爲。在地方創生文獻部分，則包括地方創生的內涵與價值定位，以及目前世界各地運作地方創生的主流模式。此外，針對日本地方創生經驗的分析，同樣藉由文獻分析法進行，研究將聚焦於日本地方創生文獻中關於SDGs的連結經驗，並收集日本實際的地方創生案例文獻進行剖析。

　　由於地方創生強調與在地需求、生活、文化的連結性，爲確保研究成果能契合於本土脈絡，除了基本理論與國際經驗之文獻分析，本研究亦辦理一場「地方創生焦點座談會議」。焦點團體座談相較於其他資料收集方法，具有一次性的在短時間內收集大量與會者的意見，進而獲取各種對立觀點的資料和洞識（insight）的優勢。本文以連結SDGs的地方創生治理模式爲題，共邀集八位專家學者代表（編號A1-A8），以及五位地方業者代表（編號B1-B5）一同針對本文關注的議題，進行充分的交流討論。會後研究團隊將交流過程的錄音紀錄謄打爲逐字稿，進行文本分析，對本次焦點團體座談各方的意見進行統整，並歸納出三大重點，包括「地方創生推動主體」、「對接SDGs的關鍵」和「治理模式的思考」。

參、聯合國 SDGs 與地方創生模式的鏈結

一、地方創生模式與價值定位

　　臺灣地方創生的推動，源自於我國總人口減少、高齡少子化的人口結構趨勢，以及人口過度集中致使城鄉發展失衡……等問題。政府希望能根

據地方特色，發展在地產業，吸引人口回流與青年返鄉，並於2019年開始全面展開地方創生的相關計畫擬定與試點工作。然而，這樣的地方創生行動，與過去實施的「社區總體營造」、「地方特色產業輔導」、「形象商圈改善」等計畫之發展模式頗爲雷同，到底地方創生與過去的相關政策有何不同，使地方創生可以有效改善上述社會問題。研究首先透過地方創生與「社區營造」及「農村再生」的比較分析，析探地方創生與過去相似概念的異同。接續針對地方創生的內涵、價值定位，以及運作模式進一步做文獻分析，從各個面向釐清地方創生的面貌。

（一）地方創生概念

論及地方發展，社區營造（community building）是非常重要的概念，過去多以「故鄉之愛」來作爲驅動力，號召在地居民以實際行動來共同經營社區生活。社區營造政策最初是由中央政府提出，民間社團響應，可惜一直未能建立企業投入社造的機制，以至減少了民間鮮活的資源。曾旭正（2018）指出，社區營造最核心的關鍵是地方的認同與光榮感，與地方創生最主要的共同點在於強調在地性、自發與集體行動。但地方創生政策更聚焦於人口與產業問題的解決，這種結構性的問題，就必須要有更大尺度範圍的共同行動，至少是一個鄉鎮、城市，或是縣市的層級，同時要廣邀社會各界產官學社的參與，尤其強調引導「企業投資故鄉」、協助地方產業的活化與創新。因此在政策規劃當中，縣市政府與鄉鎮公所都必須提出地方創生計畫，設定清楚的關鍵績效指標（Key Performance Indicators, KPI）來推動。

與農村再生的比較方面，首先兩者資源雖多是投入農村，但所被賦予的政策涵意卻不相同。陳玠廷（2019）指出，對農村再生來說，所要解決的問題是農村在現代化過程中所面對的困境；而地方創生也是處理現代化過程所浮現的種種社會問題，但其所處理的不只是地方層級的困境。從臺灣、日本關於地方創生的政策論述來看，基本上都是定調在「國家人口戰略」的層次；再者，農村再生解決問題的方式，是以凝聚社區共識爲

核心，並透過在地資源尋求發展；而地方創生比較傾向，需要重新向外求援或創造出能夠吸引人口移居的產業型態或要素；第三，農村再生是環繞農業相關產業；地方創生對於地方發展的想像並無預設限制。但兩者都認同，產業的創新或推動，應以讓地方保留主體性的前提下永續發展。

　　綜而論之，地方創生涉及宜居性、經濟振興、創新創業、產業競爭力等議題，其政策推動內容與執行方式未必是全新的，就像是地方創生往往被拿來與社區營造、農業再生等計畫相比擬，但是其實行的架構、經濟與社會利益和可用資源是具有創新性的。另一方面，地方創生的治理系統及其策略的推動，在很大程度上會受到特定環境因素的影響和制約，也需要更完整的政策整合與策略協調。

（二）內涵與價值定位

　　根據曾旭正（2019）對於地方創生政策的觀察，其提出三項地方創生獨有的內涵，包括：1.問題意識明確針對特定社會問題；2.尺度更大更廣的社會動員；3.從整體觀思考支持系統。首先，地方創生通常聚焦於處理階段性社會課題，例如應對地方因人口老化衝擊而衰落的危機，並傾向透過支持在地自發行動，鼓勵有志者積極動員產官學界，深刻認識在地、建立共識、發想行動、匯聚公私部門資源來達成目的；其次，地方創生可說是更大尺度的社區營造，其關注的範圍更大、積極引入企業力量、激勵公所知能，且更加深廣地動員社會各個層面的力量；其三，地方創生從整體觀思考讓人回來與留下的支持系統，不僅是創造工作機會、提升地方經濟，教育資源、交通便利性、休閒娛樂、長照資源與環境保護，一連串與生活支持相關的系統建置與安排，都是地方創生關注的要素。

　　在價值面的探討上，地方創生的價值定位，會因其驅動力與影響目標有所差異，根據文獻可區分為地域營造（placemaking）以及地方振興（regional revitalization）兩種類別。地域營造關注於生活空間及對「在地」的連結，建構並培育人與環境的相互關係，提升共享價值、社區能力、跨域合作的地方品質。Eleonora Redaelli（2016）認為地域營造是以

創新方式思考社區的營造方式，而關鍵是環境驅動性，每個社區都會有不同的創造力展現方法。而地方振興則是一種以經濟手段驅動地方產業發展的模式，以新經濟地理理論來說，當一個市場足以吸引企業進駐，將會帶進就業人口，而新的就業人口則提供了當地新的消費貢獻，而此擴大的消費效果，又會再進一步吸引其他企業進入，因此形成一個產業聚落（Krugman, 1991）。

　　由此可見，地方振興明確地以經濟途徑價值爲核心定位，強調透過市場開發、企業進駐與基礎設施提升，創造出新經濟循環。而地域營造著重於社會途徑價值，透過人文與社會元素創造人與地域的和諧共生。其目的並非以解決經濟生產等問題爲優先，而較著重於社會面向的品質提升，其建構的地域可以是任何需要創新的場域，而非若地方振興通常侷限於邊陲或經濟機能蕭條的地域。

（三）地方創生模式

　　地方創生的具體運作模式，可能因涉及的規模、主導者、策略手段，而有不同的運作模式，以下依不同的規模與驅動特性分就較成熟的地方創生模式進行析論。

1. 依創生規模區分

　　地方創生的規模尺度依地區發展、都市化程度不同可將創生尺度區分成鄉村型態與都市型態。鄉鎮的地方創生雖是目前政府重視的主流，然而都市（或都市與鄉鎮的交界）也有許多地區需要重新活化，讓可能消失或即將消失的聚落、社區、歷史建物，能延續新生命。由於兩者面對的問題不同，成本結構不同，原生資源亦不同，因此地方創生的運作模式必然有所差異，本文將兩者之比較分析如表4-1。

表4-1　鄉鎮與都市地方創生型態比較

規模尺度	鄉村型態	都市型態
地域特性	空間成本低，可實踐更深厚的創生概念，惟不能只提倡理念而缺乏商業邏輯。	空間成本高，需有更為商業性的操作氛圍，才能符合經濟效益，獲得長久支持。
創生概念	社會樣貌商業化：天空的院子將竹山在地風貌商業化，融合地方特色，保有當地人文風情與歷史意義的同時，讓更多人進入在地體驗。	商業樣貌社會化：審計新村跳脫貨櫃市集般的純商業操作，加入在地文化與文青氛圍，吸引青年朋友到訪。
運作模式	• 自營服務（旅館、民宿、特色餐飲）。 • 在地特色產品銷售（特色農產）。 • 顧問服務知識輸出（小鎮文創）。	• 空間再造招商經營（文創園區、綠光計畫、審計新村、光復新村）。 • 聚落策展（華山藝文跨界展）。 • CSR、USR跨域協力。

資料來源：洪大倫（2019），作者自行整理。

2.依主導者區分

　　目前地方創生模式可依驅動的主導者不同，分為不同的模式，最常見為政府驅動以及市場驅動兩類。政府驅動模式即由政府部門為地方規劃未來發展與願景，以投資建設帶動地方經濟發展。顏聰玲、張志銘、李長晏（2018）歸納政府扶植地方產業振興與成長，推動所謂的地方創生策略可分為二大類型，分別是由中央或地方政府政策主導產業發展類型與規模，並配套減稅或輔導機制來整合發展產業聚落，即由上而下的產業輔導發展模式；另一類由下而上的模式，則是由地方政府、鄉鎮區、社區主動發掘在地特色，進而形成在地產業。

　　市場驅動模式則是由從民間創新帶動政策創新的商業模式，由業者主導建立組織共同投資地域，若聚集愈多魅力商店，當地吸引力提升，希望進駐的人增加，透過良性循環，使業者回收投資，同時也帶動地方經濟發展（Kinoshita Hitoshi, 2017）。而在此市場驅動的模式中，行政機關也應思考如何完善基礎公共設施，共同提升地區的收益，再將收益部分回饋地方。另一種更為積極的做法，為實質出資或多元活化，例如以合作或委託

方式辦理國有財產改良利用，協助推動地區產業與都市發展，創造整體綜效。

3. 依策略手段區分

除了上述基本的地方創生模式類型，近年許多專家學者紛紛提出不同的地方創生模式類型，觀察這些類型大多依照地方創生的策略或手段來做區分，以下將日本幾個較成熟的地方創生類型整理如表4-2。

表4-2 日本地方創生模式

文獻來源	創生模式	模式說明
Kinoshita Hitoshi（2017）	社區改造和市場開發	以當地商人、財產持有者和其他利益相關者對空間閒置或未充分利用的商業地產進行合作開發。
	公共空間商業化	放寬有關公共土地使用規定，社區向私人供應商和活動組織開放城市街道和其他公共設施。
	區域範圍設施管理	由公部門出面與物業公司簽約，成為全物業管理代理人，以公私部門與非營利組織合作方式，降低商業建築維護成本。
	公私合夥模式	委託私人公司以代理人身分管理公共資產，公共資產所有人並就其租賃私部門之所得作爲投資報酬，此則類似於BOT的概念。
增田寬也（2014）	招攬產業型	藉由招攬（或原有）工廠或大規模商業設施，追求財政基礎的穩定化，帶動居住環境整備及人口遷入。需要企業、地方政府、居民密切溝通，整合的過程相當重要。
	衛星都市型	利用大都市及地方主要都市近郊的地利之便，重點性地進行居住環境整備，來吸引人口移入。此模式會隨依附都市而興衰，且容易有快速高齡化風險。
	學園都市型	藉由聚集大學及高等專門學校、公私立研究機構，讓年輕人口持續遷入，維持地方經濟的活絡。此模式以歐美居多，也是日本地方創生的重要模式。
	小巧城市型	在預期未來人口會減少的情況下，將以往整個城鎮的機能集約於中心地帶，以提高本地經濟圈的效率。此模式的關鍵在於藉由聚集化提高的都市機能，是否能成功吸引人口移入。

表4-2　日本地方創生模式（續）

文獻來源	創生模式	模式說明
	公共財主導型	藉由國家級大規模設施的建設，改變區域樣貌、安定財政基礎，來減緩人口減少的模式。此模式欲長期發展，不能只仰賴國內資金，也需招覽國際性計畫。
	關鍵所在的產業開發型	透過活用區域特色資源，達成產業振興、增加雇用機會及居民定居目標。這個模式也稱自立型，是地方創生的理想模式。
木下齊（2017）	鄉鎮公司模式	從創生主體的角度提出「鄉鎮公司」的概念，將鄉鎮當成一個事業體來經營。依據公司治理理論運作，具不依賴政府與補助、自負盈虧、利潤再投入……等特性。

資料來源：作者自行整理。

二、聯合國永續發展目標

　　聯合國永續發展目標（SDGs）源於2015年舉辦的聯合國永續發展峰會，有鑑於世界面臨日漸嚴重的各種環境及社會問題，各國領袖共同規劃出相對應的17項永續發展目標，希望在2030年前，各國可以針對此一永續發展方針規劃國內的永續政策與行動。本文透過文獻分析進行SDGs發展脈絡的釐清，以及國內永續發展的推動情形，析探SDGs概念內涵以及其於實務政策與行動的應用狀況，並據以探索SDGs與地方創生之間的互動關係與連結點。

（一）聯合國永續發展目標的演進

　　由於人類活動對自然環境的影響日漸加重，環境問題對人類的衝擊與威脅已由地區性轉為區域性與全球性，人們開始體認到經濟發展和環境問題的不可分割性，經濟發展消磨了地球環境及資源，而環境惡化則限縮了經濟發展的動能。為了調整此一惡性循環，為人類的福祉謀取一條最適宜的道路，永續發展的理念應運而生（孫志鴻、林冠慧、劉彥蘭、江映

瑩，2006）。永續發展理念出現時適逢冷戰結束和蘇聯解體的時空背景，
國際間散布著合作溝通氛圍，為了調整國際間的經濟秩序、修正各國政
策及加強國際間的約束及規範等，1992年聯合國首度在巴西召開聯合國
環境與發展會議（UNCED），同年12月通過設立聯合國永續發展委員會
（The United Nations Commission on Sustainable Development, UNCSD），
陸續完成制定21世紀議程（1992年）、約翰尼斯堡永續發展宣言（2002
年）、世界高峰會永續發展行動計畫（2002年）、聯合國永續發展指標
（第1版至第3版，1996、2001、2007年）……等（王麗珍，2018）。顯
示聯合國近年對推動永續發展不遺餘力，持續整備架構及組織，並以具體
行動落實全球永續發展進程。

　　2000年，來自189個國家的領袖於聯合國高峰會共同發布「千禧年發
展目標」（The Millennium Development Goals, MDGs），期盼在15年內
落實八項目標：消滅貧窮飢餓、普及基礎教育、促進兩性平等、降低兒
童死亡率、提升產婦保健、對抗病毒、確保環境永續與全球夥伴關係。
2015年，聯合國再針對MDGs未能達成的部分提出檢討方針，這次由193
個國家共同制定「2030年永續發展議程」，其中的「永續發展目標」
（SDGs）即針對所有國家共同面臨的問題而設計，涵蓋環境、經濟及社
會三大面向，關注議題詳見圖4-2。聯合國將SDGs定位為2030年前會員國
跨國合作的指導原則，並揭示期待各國透過立法途徑及預算核准，促進
SDGs的管理與實踐（陳芳毓，2019）。由於聯合國希望透過SDGs致力推
動實現三個創舉：消除極端貧窮、戰勝不平等與不公正與遏制氣候變遷，
以實際行動落實全球永續發展（林宇廷、許恆銘、黃敏柔，2016），因此
在規模與目標上均較MDGs有所提升，兩者差異見表4-3。

圖4-2　聯合國永續發展目標（SDGs）

表4-3　MDGs與SDGs內涵比較

	千禧年發展目標（MDGs）	永續發展目標（SDGs）
計畫年分	2000～2015	2016～2030
面向	以社會層次為主	兼顧社會發展與環境永續
內容	8目標、21細項目標、60指標	17目標、169次項目標、232指標
適用對象	開發中國家	全部國家
討論思維	由上而下	由下而上
制定架構	聯合國總部的專家制定	70個開放工作小組、公民社會組織、專題與國家研討會等，各界多元參與

資料來源：新北市政府地方自願性檢視報告（2019）。

（二）臺灣永續發展目標推展

　　臺灣雖然非聯合國會員國，惟行政院為因應全球永續發展趨勢，於1997年成立行政院國家永續發展委員會（以下簡稱永續會），依環境基本法第29條規定，該會負責國家永續發展相關業務之決策，交由有關部

會執行。永續會自成立以來，已依聯合國相關會議決議及宣言，陸續完成21世紀議程——中華民國永續發展策略綱領（2000年）、永續發展行動計畫（2002年）、臺灣永續發展宣言（2003年）、永續發展指標（2003年）、永續發展政策綱領（2009、2016年）等，其中永續發展行動計畫、永續發展指標等均定期滾動檢討修正，每年並由永續會評量執行成果並對外公布（王麗珍，2018）。另永續會爲具體回應聯合國SDGs，落實國家永續發展，於2017年3月調整組織架構，並於2017年9月發布我國落實SDGs之首部國家自願檢視報告（Voluntary National Review, VNR），說明我國近年落實SDGs執行情形及下一階段措施將參照17項SDGs，透過公民參與等程序研訂我國SDGs等，期加速達成永續發展願景，並逐步與國際接軌。

而在地方政府部分，SDGs同樣成爲全球各大城市發展的共同語言，新北市政府於2019年7月在市政會議上公布「新北市永續發展目標地方自願檢視報告」（SDGs-Volunrary Local Review, VLR），主動公開新北的永續發展目標進程，也期許與中央展開縱向溝通。除秉持公開透明原則，新北市府強調以市民參與機制，協助持續修正，爲在地化SDGs的發展貢獻心力。繼新北市之後，臺北市也於2019年9月舉辦「永續發展2030＋國際論壇」時同步發表臺北市VLR，並邀請洛杉磯、光州、雪梨等城市的永續發展推動者交流彼此經驗。其中VLR報告內容主要盤點臺北市既有的城市規劃政策，並搭配合適的聯合國SDGs，以確保健康福祉、永續水管理、可負擔能源、永續城市、永續消費與生產、氣候行動及全球夥伴關係等七大目標爲主。隨著新北與臺北相繼編制VLR，其他城市也開始相關行動，如臺中市府爲深耕各區公所地方創生事業運作模式的永續性，嘗試導入聯合國SDGs，深化地方創生導向社會責任，讓SDGs和地方創生示範區目標相對接，規劃具有永續發展導向的地方創生事業提案。

三、SDGs與地方創生的連結

根據聯合國經濟社會事務部人口局的預估，到2050年之前，都市人

口比率將增至68%，尤以亞洲為最，增加原因主要來自鄉村人口遷移的加速。同時，聯合國亦主張永續的都市化是未來城市發展的關鍵（United Nations, 2018）。換言之，永續發展是都市治理的主旋律，透過地方活化的方式，提升在地經濟且維持人口規模的地方創生政策隨之興起（呂昆樺，2014）。事實上，源於日本的地方創生概念，其目的就是為了改善人口結構、縮短城鄉發展差距等問題，而地方創生架構中的「人、地、產」概念，與聯合國SDGs關注的社會、環境、經濟三大面向相互相呼應（李永展，2020）。在日本的地方創生策略中，亦不乏導入聯合國SDGs的嘗試，例如日本岡山市地方創生由民間和政府共同努力，為了接軌國際，岡山縣內的市、町、村政策目標都和環境生態有關係，共同以聯合國SDGs中的目標15（陸地生態）方向邁進（趙文俊，2019）。由此可見，聯合國SDGs與地方創生確實有著許多連結點。

　　進一步解析聯合國SDGs架構，其各目標間的中堅項目是以「人」作為核心（如圖4-3），目的為營造一個公平、公正且包容的世界，並致力合作，以促進永續且包容的經濟成長、社會發展與環境保護，進而造福所有的人，尤其是孩童、青少年及下一代。同樣地，地方創生期待透過提供適切的就業機會、高品質的生活環境、公民參與的社區營造，以及認同在地魅力等因素，以地方自主自立的創生政策培育在地生機。因此，地方創生相當重視「人」的要素，無論是人口的流出或流入、嬰兒的出生、老人的照顧、就業的機會、居住的品質、年輕女性的比例……等。

　　此外，強調「可持續性」（sustainability）的聯合國SDGs涉及生態系統、生產方法，以及生活樣式的平衡，因而公部門難以總攬全盤事務，而需要民間的參與，包含政策的擬定、事務的執行，以及績效的評估等面向。換言之，聯合國SDGs重視民主因素，無法脫離私部門、第三部門（third sector）的支持。而地方創生同樣著重在地思維與公私協力，在生態、能源，以及保育等既定的環境議題之外，也更進一步關注經濟、社會，以及政治面向上的可持續性發展，並收斂於永續社會與永續民主的理想。因此，無論是聯合國SDGs抑或是地方創生，兩者均強調公部門、私部門與第三部門之間三方的協力合作，同時亦著重垂直層面的國際、中

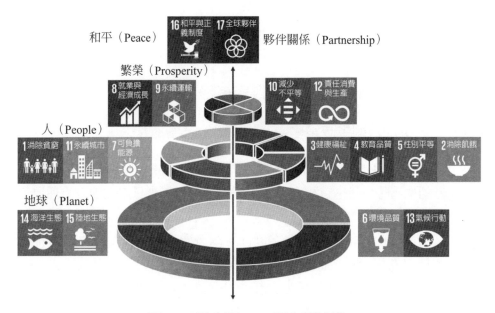

和平（Peace）　　　　夥伴關係（Partnership）

繁榮（Prosperity）

人（People）

地球（Planet）

圖4-3　聯合國SDGs同心圓結構

資料來源：行政院永續發展委員會，2019，《臺灣永續發展目標》，頁5。

央、地方的互動協調。

　　綜而論之，聯合國SDGs與地方創生兩者的共同目標，不僅落實各種
環境治理的法制與措施，同時亦嘗試藉由社區培力與公民賦權的方式進行
權限下放（devolution）與權限分散（deconcentration）之改革，從而轉變
過去由公部門單方主導的統治模式，以尋求低碳社會與永續民主之實現。
地方創生有必要依據SDGs擴展其規劃範疇，以構築更高層次的全球永續
發展都市。在具體方法上，地方政府在研提地方創生計畫時，爲了避免不
切實際的樂觀主義，應將地方創生計畫及事業提案連結到SDGs的目標、
次目標與指標，並了解到地方創生是一個全面且跨層級的統合工作，不只
需要中央、縣市及鄉鎮各自扮好自己的角色，更需要彼此之間形成分工合
作的統合協調夥伴關係。

肆、日本地方創生經驗與訪談分析

一、日本地方創生與SDGs的鏈結策略

（一）日本地方創生政策變遷

　　日本自2014年開始推動地方創生政策後，主要經歷兩次變革，第一期地方創生爲時任日本首相安倍晉三提出，是近年來日本在地方治理上最大型的策略，其目標在解決日本整體人口減少與鄉村人口流失導致的地方衰退之危機。政策主要先讓地方自行規劃發展計畫，再由中央政府提供包含「地方創生交付金」（地方創生分配款）在內的各種財政、人才、資訊支援，以達因地制宜與地方自主的發展策略。此外，另成立「地域おこし協力隊」（地域活性協力隊），由政府提供約20萬日幣的月薪，補助人力進入地方，與地方政府合作促進產業發展、生產、觀光宣傳與教育文化……等（品淨，2017）。綜觀第一期地方創生策略，可分爲三個推動階段。第一階段是「地域資源魅力向上」（attraction），針對各地的農產品、觀光資源或傳統文化強化發展，藉此提升地域魅力。第二階段是「內外市場架橋」（bridge），將已強化的地域資源，以高評價的方式導入外部市場（喚起消費）。第三階段是「地域全體承諾構築」（engagement），以地域永續發展承諾爲核心，確立地方自治團體的跨域治理與中央政府支援體制，並以地方經濟圈的發展爲主軸。

　　第二期地方創生始於2019年，策略偏向由中央與地方政府以政策手段引導的地方振興，變革的主因係考量第一期創生策略對於提振在地經濟發展與刺激人口回流效益有限，故提出以「地方經濟樞紐[1]」及「廣域都市圈」重現地方繁榮的新策略（神尾文彥、松林一裕，2018）。以「地方

---

[1]　所謂地方經濟樞紐，意即能讓地方成爲和世界接軌的城市，就是以地方的獨特資源帶出足夠的國際競爭力，並成爲能穩定賺取外匯（包含人才、資源）的地方據點城市（神尾文彥，2015）。

經濟樞紐」再造城鎮的概念，係由中央政府培植地方核心城市，達到城鎮再生的功能，當地方經濟樞紐成爲擁有和世界接軌的機能（hub），便有能力吸引全球利基型企業進駐，因產業鏈群聚效益，也會帶動中小企業、新創企業等共同發展來拓展國際市場。同時因應產業發展需要，中央與地方政府共同協力提供完善公共設施、交通設施等基盤建設，在地大學與研究機構亦能整合研發能量，提供產業發展所需要之人才與人力，在地經濟發展將直接帶動人口流入，達成地方創生目的。

（二）日本地方創生鏈結SDGs經驗析探

2015年聯合國通過SDGs後，逐步成爲世界各國推動永續發展的準繩。而日本也在SDGs推出後，迅速地進行組織面的連結，例如內閣府地方創生推進事務局將「環境未來都市構想推進協議會」改組成爲「地方創生SDGs官民連携プラットフォーム」（地方創生SDGs公私協力平臺），藉此促進地方創生與永續發展，可見日本政府認爲地方創生的SDGs實現，與「環境未來都市」，以及其基礎的「環境示範都市」密不可分，具體架構見圖4-4。地方創生SDGs公私協力平臺主要有三個任務：1.匹配支援，資訊交換與成立課題解決社群；2.召開小組會議，透過跨部門與跨分野的小組會議，創造新的價值觀、促進共同課題的公私協力，以及創出能夠促進地方創生的計畫；3.普及促進活動，透過各種學術研討會、會議、展示會等的方式進行普及宣傳，或是在網頁上列舉優良個案與相關政策的宣導。2020年，由日本內閣府與地方創生SDGs公私協力平臺共同主辦的「地方創生SDGs国際フォーラム（國際論壇）」當中，即強調地方創生與SDGs爲共通語言，政府、地方自治體、民間團體應透過達成SDGs的途徑，促進地方的資金回流與再投資、形成「自律的好循環」，並討論各個利害相關人的角色與課題，進而連結國內外的發展。由此可見，日本的地方創生實與SDGs相輔相成。

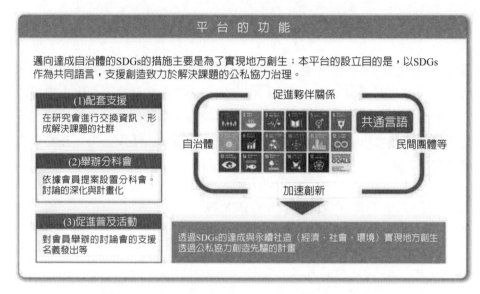

圖4-4　日本地方創生SDGs公私協力平臺架構

資料來源：日本內閣府地方創生推進室（2020）。作者自行翻譯。

　　日本地方創生政策正式與SDGs的串聯，主要是在第二期地方創生策略中實踐，第二期地方創生主要有兩個重要的橫跨目標，分別為「推動多元人才活躍」與「轉化新時代潮流為助力」，後者是以Society 5.0與SDGs為軸心。其中，「實現地方創生的SDGs永續社區營造」子目標，即是整合經濟、社會、環境等跨域議題，重視「每一個人」的永續、多元且包容的地方社會。其重點在於中央政府與地方自治體，能夠最大幅度地反映在經濟、社會及環境的整合提升的各種方式。因此，在推動永續社區營造或地方活化的同時，應遵循SDGs的理念，透過最適合地方發展的政策，進而充實且深化地方創生（日本內閣府，2019）。換言之，日本在進行地方創生目標的同時，將以SDGs為原動力，視其為地方創生的上位指導原則。

　　伴隨著SDGs的公布與地方創生的推動，日本內閣府在2019年8月訂定了《地方創生SDGsローカル指標リスト》（地方創生SDGs地方指標列表），以輔導地方自治團體導入SDGs的措施。日本政府在整合了SDGs

各種指標後，將其分爲全球性、國家性、地方性三個層級（圖4-5），並提出「地方創生SDGs地方指標」，此指標將地方性層級的措施分爲兩個類別，第一類爲可持續對應永續指標，由中央統籌整合，提升地方政府對國家的義務性政策；第二類爲自治市自主性指標，爲選擇性措施，應遵循地方條件以推進地方創生爲基礎訂定。當地方自治團體推動地方創生的SDGs設計時，可以參照這兩種類別（日本內閣府地方創生推進室，2019）。除此之外，地方自治團體必須遵守共通指標與自訂指標的優先順序，這樣SDGs的細分化工作，可協助地方在進行地方創生時，充分了解SDGs的必要性與優先性，並得知明確的資料收集來源與方法。

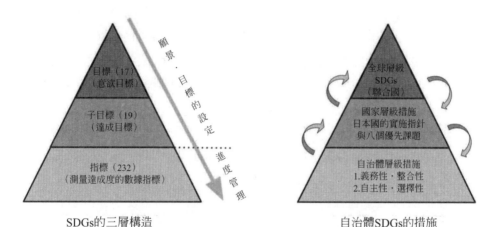

圖4-5　地方自治團體的SDGs導入措施

資料來源：日本內閣府地方創生推進室（2019）。作者自行翻譯。

二、日本地方創生鏈結SDGs個案分析

　　日本地方創生導入SDGs的案例頗多，依據內閣府地方創生推進事務局在2020年公布的《地方創生に向けたSDGｓの推進について》（有關朝向SDGs推動的地方創生），日本目前共有60個「SDGs未來都市」與「自治體SDGs示範事業選定都市」。本文挑選與目前臺灣地方鄉鎮狀況較爲類似的案例進行分析，分別爲里山形式的岡山縣西栗倉村、城郊形式的新

潟縣佐渡市以及老城區形式的愛知縣名古屋市西區。

（一）岡山縣西栗倉村案例

　　西栗倉村是位在偏遠山區的小聚落，以單獨自治體形式運作，並面臨地方消滅問題。2008年起，該村提出「百年森林構想」，以林業為主軸，希望扭轉地方困境。2016年，透過跨域合作的方式，成立地方風投推進協議會，開始啓動地方創生事業（西栗倉村，2019）。西栗倉村的自治體SDGs示範事業主要是透過森林基金與森林RE Design的「百年森林構想2.0」，森林基金是籌措政府與民間的資金來源，而森林RE Design則是將荒野山林，重新規劃爲自然環境林（環保、防災）、經濟林（計畫管理、生質能源等）、里山林（短期多樣生產）三種（西栗倉村，2019）。實際上，自「百年森林構想」提出以來，西栗倉村已經完成半數私有林地的長期契約，而「百年森林構想2.0」則是要透過森林基金完成「村有林化」的目標。

　　這個人口僅有1,500人的小村莊，頑強地著手地方創生事業推動，其首先透過六級化林業的產業培育與再生能源的舉措，以「就業與移居」的經濟配套，減緩人口流失。復次透過森林基金與林地重劃的方式，擴大村管森林面積，達到森林資源價值多樣化與資源利用安定化的目標，並以此爲契約，增加當地人口的移入。圖4-6爲西栗倉村的自治體SDGs示範事業分布狀況，其中分別對應到經濟面向的「8.就業與經濟成長」與「11.永續城市」；社會面向的「3.健康福祉」、「4.優質教育」與「11.永續城市」；環境面向的「7.可負擔能源」、「13.氣候行動」與「15.陸地生態」等SDGs指標。

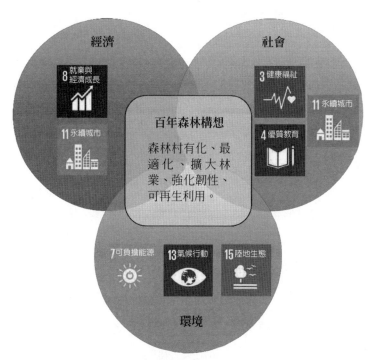

圖4-6　岡山縣西栗倉村SDGs示範事業分布

資料來源：作者自行整理。

（二）新潟縣佐渡市案例

　　佐渡市是位於新潟縣外海的島嶼，在戰後人口超過12萬人，目前僅有5萬2,000人左右，人口流出嚴重。然而，歷史文化悠久的佐渡市卻在2011年，因朱鷺共生的農業生態，而被日本農林水產省指定為「世界農業遺產」。整個島上，以「車田植」的方式，在水田培育朱鷺或泥鰍等生物，進行生物培育農法，並用最低量農藥及化學肥料來栽培稻米，加上山腳河溪的清澈軟水，使佐渡具備釀酒的兩項關鍵原料。

　　2010年，被譽為「日本最美麗的夕陽小學」的西三川小學，因日益嚴重的少子化而廢校。在地製酒公司尾畑酒造於是推動「學校藏計畫」，希望將此地再生為製作清酒的場地，目標是製造以百分百材料源於佐渡而

生產的「學校藏」，並希望百年後依然保有地方創造的精神。這個地方創生事業的雛型從2014年開始，以「釀酒」、「學習」、「交流」、「環境」作為四大主軸。在「學習」方面，推動為期一週的釀酒課程；在「環境」方面，與東京大學合作，採用太陽能發電，邁向能源的地方內循環；而「交流」則與芝浦工業大學、在地社群、高中、民間企業等進行交流。每年6月，學校藏會舉行一年一度的「學校藏的特別授業」的工作坊，邀請產官學界的有識之士進行研討，議題涵蓋從佐渡到日本的未來。

　　事實上，學校藏在一開始，並非完全符合法律規範，因日本與臺灣同樣對於釀酒採特許制度，尾畑酒造雖有執照，但學校位置與原來製酒工廠距離甚遠，不能視為同一個許可範圍，最初只能以利口酒的名義製作。直到2019年12月，日本政府修改「構造改革特別區域法」，在第27條當中新增「酒稅法」特例，在經內閣總理大臣的認定下，擁有製作酒類執照者，可以提供釀酒體驗的機會。同時，在構造改革特別區域內增設的清酒釀造體驗設施，視為與既存的製造場所為同一的製造場所。換言之，學校藏可以堂堂正正地製作清酒。2020年5月開始，學校藏正式取得「清酒特區第一號」許可，這個地方創生事業從構想到實現，總共花費了10年的時間。圖4-7為佐渡市的自治體SDGs示範事業分布狀況，其對應的SDGs指標為經濟面向的「11.永續城市」與「12.責任消費與生產」；社會面向的「4.教育品質」與「11.永續城市」；環境面向的「6.環境品質」、「7.可負擔能源」與「15.陸地生態」等。

圖4-7　新潟縣佐渡市SDGs示範事業分布

資料來源：作者自行整理。

（三）愛知縣名古屋市西區案例

　　名古屋市是本州中部最大的都市，也是日本第三大都市（除東京都之外），然其老城區面臨兩個課題：空店鋪增加與缺乏吸引外國旅客的特色店鋪。位於西區的圓頓寺商店街，爲了促進店鋪的活性化與消費的國際化，集結了店家、建築師、經營顧問等成立「空店鋪對策組織」，其主要的工作爲：媒合房東與店家、融合出展社與地方、空店鋪活用的策劃、店鋪的維持與改善的提案、地方活性的店鋪招攬等。換言之，空店鋪對策組織並非僅有進行店鋪房東與新開業店家雙方的溝通，亦會協助新開業店家融入地方社群，從根本解決空店鋪的問題。

　　其中最有名的案例爲透過中小企業廳的補助事業，改裝一間老式喫茶店，將一樓改爲咖啡廳與餐廳，而二樓的和式房間與膠囊房間則改爲吸引

外國旅客的特色民宿，並登記在Trip Advisor網站中，增加民宿在國外的曝光率。在活動上，串聯本町商店街和四間道[2]，每個月的第一個週末在老店林立的老街上，舉辦「著物日和」，也就是穿和服逛街可以享有各個店鋪的折扣活動。到目前為止，圓頓寺商店街已經成功解決至少15間的空店鋪問題，並創造吸引外國旅客的特色店鋪，逐步增加外國人觀光客，達成活絡在地經濟的目的。圖4-8為名古屋市西區的自治體SDGs示範事業分布狀況，其對應的SDGs指標為經濟面向的「8.就業與經濟成長」、「11.永續城市」與「12.責任消費與生產」；社會面向的「11.永續城市」與「17.全球夥伴」等。

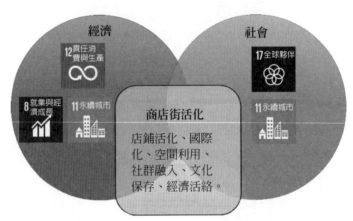

圖4-8　名古屋市西區SDGs示範事業分布

資料來源：作者自行整理。

三、對接SDGs的地方創生治理模式

地方治理模式的實踐與深化過程，需要為地方資源尋求創新的詮釋，形塑地方創生的主體，形成具備永續性的社會發展模式，並與在地需求、生活、文化緊密聯繫。本文基於以SDGs連結地方創生的思路，邀請八位

2　四間道是指江戶時代為了防止火災時火勢蔓延，為受害範圍控制到最小，將道路擴寬到四間（約7m）。且為了有效地防止火災時火勢蔓延，為了讓它具有防火牆功能，因此，形成了現在土藏建築連接的獨特街景。

專家學者與地方業者代表共同參與「地方創生焦點座談會議」，透過理論與實務的交流，針對SDGs地方創生模式產出具體的見解。以下將討論成果整理爲「地方創生推動主體」、「對接SDGs的關鍵」和「治理模式的思考」三個項目呈現。

（一）地方創生推動主體

與會專家認爲，在討論SDGs之前，更重要的是先釐清地方創生的推動主體。過去臺灣的社區營造、農村再生乃至於當前的地方創生，始終圍繞一個根本問題：「回鄉的年輕人可否取得足夠的溫飽」。倘若過去的各種政策、計畫以及各部會在地方投入的資源有效，地方創生的推動就容易水到渠成，反之亦然。因此，地方創生必須以不同於以往的思維和方法，爲「地方」尋求創造性的詮釋，形塑地方創生的主體，據以找出地方的意義和價值，此乃目前臺灣推動地方創生的關鍵議題。

坦白說社區居民還是關心能不能先填飽肚子，如何讓年輕人覺得家鄉是可以回得來的。（A1）

過去讓各部會在地方做過那麼多事了，因爲沒有成功，所以才有地方創生的產生。如果地方創生執行的方法跟思維都跟以往一樣，成功的可能性也就更看不出來。……地方創生成功的關鍵是必須對「地方」兩個字，要有創造性的詮釋跟整合性……規劃的方法跟文化思維的模式如果沒有根本的改變，可能就是在政策指標打滾而已。（B1）

同樣地，民間的實務觀點也有類似的建議，對長期投入在地發展的組織來說，地方創生和過去的政策並沒有太大差異，均是資源分配的不同形式。與會專家憂心，創生的投入若未能改動地方生態系統，資源就會在地方政治的結構下進行分配，對於提升公共服務遞送品質和促進整體偏鄉發展難收宏效。事實上，若將社會作爲一個整體（society as a whole），地方投入創生行動涉及多層級利害關係人，公私部門憑藉不同的職能與資

源，透過分工與協作，在足夠時間的醞釀與磨合下，方能開展出可解決在地問題和創造發展條件的創生生態系統。

> 基本上地方創生就是地方政治，如果沒有去認清這個事實，我們就只是演一齣戲，換了政策又重來，……對地方長期下來會是一個很消耗的事情，對於我們想要在地方長期扎根的團隊來說，就會面對到各種輔導團來，……對我們來說沒差，反正我們事業體發展的OK的話，配合演戲也是額外收入，但這對於公共整體來說是不健康的。（B5）

> （地方創生）主體其實不是一個單位，是怎麼去建構一個生態，……一個非常流動的生態……地方創生基本上是有人扮演土地、土壤的角色，有人是澆水的角色。……有人扮演風的角色，可以帶來一些新的想法、新的種子，所以那些種子才會慢慢長出來，……而政府扮演陽光的角色，提供光合作用的養分。（B2）

（二）對接SDGs的關鍵

在地方創生的生態系統中，參與的行動者如何在框架下開展協作，SDGs為此提供一個價值與評量指標，方便協作得以在17項目標的引領下彼此對話、聚焦與形成共識，舉凡和在地利害關係人的溝通、與USR/CSR資源的對接，或是提案單位和縣市政府共同評估社會、經濟與環境價值如何維護和展現的過程，都能讓地方創生的推動同時作為永續發展的火車頭。

> 我們看重的是如何去發展對地方比較好，有一個（SDGs）價值在那裡，至少有一個評量的指標，……地方參與的話，通常地方會有很多不同的意見，……怎麼樣能讓他們有共同的想法，……這在推動時是很重要的。（A4）

輔導單位應該要有辦法去做指標落實的評估，以及他可能在達成SDGs的期程評估，我認爲比較重要的是把SDGs轉譯，讓提案單位或縣市政府了解並評估，另外一個部分是鼓勵跨部門的合作，過去很多學校在做USR時，……比較像是各做各的。……透過縣市政府一個具體的方向，統合在SDGs底下，……是比較有可能（達成）的。（A3）

國發會這次新的，他可以把SDGs綁進來，如果要做地方創生的提案，必須要有幫助地方永續發展的概念，……在共識凝聚上會有更多的幫助。（B4）

　　不過，與會學者提醒，當SDGs成爲計畫的對應標的，在執行上能否真正落實？爲了避免地方創生連結SDGs成爲論述包裝，在推動符合永續概念的創生議題時，必須設定運用原則，即先掌握鄉鎮發展的關鍵課題及其與SDGs對應，羅列優先順序，再和CSR和USR的資源對接。更重要的是，在落實SDGs與在地發展接軌的過程中，來自「在地人的詮釋」，將會相當程度地決定永續概念能否「內化」於地方創生脈絡，若是由外部專家學者或公部門來界定，恐因未能反映在地人感受、不接地氣，而無法誘發出在地社群的參與和認同感。

SDGs當然是一個很大的理想，也是世界潮流。但地方還是有地方要面對的問題，……兩方需要不斷來回地確認，……一個公部門的計畫管理上，其實有很多是藏在細節裡，……重點是在執行的行動、短期解決問題的細節上。（B2）

用永續的觀念去思考是絕對正確的方向，但是17個主題耶，……對應來對應去，到最後變成形式化了……（地方創生）如果要去對應SDGs的話，要重新回到地方、鄉鎮，全面盤整自身的課題，先掌握鄉鎮的課題，再策略性地盤點課題的優先順序……然後再用課題導向去連結CSR和USR。（B1）

過去我們都太習慣學者、專家和公部門去代言一個地方，但現在手機、網路等普及工具，我認為讓在地人拿回自我的詮釋……居民們臥虎藏龍，但這些人往往是疏離於社區的，……我們能不能有個機會去讓這樣子合作和平臺建立起來，我相信作為一個企業高階主管，他可以把企業的任務和在地的社區結合，我們需要更多的時間與經驗，並把經驗的論述承接出來。（A1）

（三）治理模式的思考

針對連結SDGs的地方創生治理模式，與會專家也提出許多在實際運作上，可能遇到的問題。例如臺灣既有地方創生運作，在對應SDGs時可能遇到無法完全契合的限制，以及目前臺灣過度強調經濟產業發展，而忽略SDGs中同樣強調的社會與環境構面，長期而言，可能導致發展失衡的問題。

提案的單位本身有一些先天上的限制，或是早已在發展的地方事業、社區營造的目標已經有一些成效，所以讓它們對應到SDGs，在某種程度上有些困難。（A3）

我們的國發會在一開始已經把地方創生界定就是要產業，就是要讓地方可以發展，……換言之，我們從SDGs來講，特別著重在經濟層面上，相對環境跟社會生活就完全忽略。（A5）

另外與會學者建議，政府應跳出來擔任引導的角色，包括本土化的指標及細項的建立、指導手冊的編制……等，讓地方創生與SDGs的連結更為順暢。此外，引導SDGs作為資源妥善分配移轉的平臺，也是適合由政府來統籌規劃與執行的工作，因為就地方創生與永續發展的議題中，有許多項目並不適合以傳統強調產值取向的標準來評估，而應考量更長遠的地方效益。

指標和細項的成立，我覺得是政府應該去做的，雖然有學者說可

能有限制，但我覺得制度的一些做法引領了某種作用，讓很多提案單位知道可以怎麼做，特別是像指導手冊的製作，協助他們能更容易上手，我覺得這是滿重要的。（A6）

SDGs就成為一個資源移轉的平臺。那這個平臺，坦白說，就必須由公部門扮演這個移轉的角色。在目標面，永續的概念包括生活、生產、生態，但是我們過去太強調生產。……要重視地方創生所產生的微產值，……表面上不值得投資，……但是它對於地方帶動促進的效益是很高，……這種低產值的標的，應該是要協作的方向。（A8）

伍、結論

一、地方創生與SDGs具互補特性

本文從地方創生與SDGs文獻的探討中，發現兩者不論在概念上或實務運作上均具有明顯的互補性。地方創生雖與社區營造同樣強調在地性、自發與集體行動，但地方創生更聚焦於結構性的社會問題，例如人口減少、高齡化、產業凋零問題的解決，這種結構性的問題，必須要有更大尺度範圍的共同行動，廣邀社會各界產官學社的參與，才有可能解決。而聯合國SDGs旨在解決貧困與饑餓等的國際間問題，並逐步擴展到人權、經濟成長、氣候變遷等21世紀的關鍵議題，以求生活、生產、生態三生並重，永續發展的未來。前者注重城鄉之間「人」的結構與流動，後者則強調「所有」（all）與「包容性」（inclusive）。比較兩者可以觀察到，地方創生是刻不容緩的急性病灶，而SDGs則是長期存在的慢性疾病，彼此之間並無衝突，反而在很大的程度上具有潛在因果關係。

地方創生具有較高的戰略層次，強調外援與創新，且不預設地方發展

的產業型態或要素。因此地方創生首先必須有明確的問題意識，針對特定社會問題的緩解目標。且須有在地的自發行動，配合外部公私資源的積極引入，更加深且廣地動員社會各個層面的力量，方能支持較高的目標與戰略層次。最後是從整體觀點思考的支持系統，地方創生策略必須以永續運作為依歸，而非短期KPI的達成。明確的目標、永續的發展，均符合SDGs運作核心理念，不積跬步，無以至千里，聯合國推動SDGs背後的動機，就是希望世界各國能藉由關鍵目標的聚焦，付諸實際行動，實現全球兼顧社會發展與環境永續的願景。為了不讓SDGs淪為口號，由下而上地與實際政策作為進行連結，已成為目前各國推動SDGs的主要模式。而探究地方創生架構中的「人、地、產」概念，其實就剛好呼應到SDGs關注的社會、環境、經濟三大面向，且兩個概念都以「人」作為核心，SDGs致力於謀求下一代的福祉，地方創生則以培育在地生機為初衷。基此，本文認為SDGs和地方創生具高度互補特性，讓兩造的目標互相對接，規劃具有永續發展導向的地方創生事業提案，是政府實踐SDGs與國際接軌的最佳策略之一，亦是翻轉地方消滅、緩解人口老化等問題的良方。

二、日本地方創生SDGs的經驗啟示

日本的經驗告訴我們，地方創生與SDGs為共通語言，政府、地方自治體、民間團體應透過達成SDGs的途徑，促進地方的資金回流與再投資，形成「自律的好循環」，並討論各個利害相關人的角色與課題，進而連結國內外的發展。在進行地方創生目標的同時，應以SDGs為原動力，視其為地方創生的上位指導原則。為了讓SDGs更快速且全面地落實於地方創生政策之中，日本政府在基礎政策環境的營造上下足功夫，在組織層面，日本設立「地方創生SDGs公私協力平臺」，致力於SDGs結合地方創生的概念推廣，並在執行面支援相關公私協力團體的資源媒合與計畫擬定。在資源層面，日本政府賦予地方三支箭，包括資訊支援、人才支援，以及包含地方創生補助款、企業版故鄉納稅、地方創生據點整備金等在內的財政支援。在土地利用上，也多以「國家戰略特區」或「地方創生特

區」的方式實現法規的鬆綁與優惠措施，反觀臺灣的地方創生政策，無論中央或地方政府都僅以財政補助為主要手段，欠缺多樣性與法令上的彈性，實務上難以獲得更進一步的整合。

在落實SDGs的執行面，考量其指標繁複，日本政府將SDGs的各種指標，區分為全球性、國家性、地方性三個層級，地方創生只需專注於地方性層級的目標，並由中央統籌規劃，將「地方創生SDGs地方指標」區分為義務性及自主性兩類指標，地方創生只需在義務性指標之外，依據其在地特性選擇自主性指標即可，換言之，當地方自治體推動地方創生時，其搭配的SDGs議題會更為明確，除了在目標達成的優先順序上有全國統一的一致性，地方也能省去耗費過多的規劃設計成本在摸石過河。此外，日本政府採取每年滾動式檢討的模式推展SDGs政策，並逐年公布行動計畫，積極作為掌舵手，引導地方朝相同的方向努力。日本地方創生SDGs的經驗在此一項目上，著實值得臺灣學習，無論中央或地方政府，皆須盡快釐清我國SDGs的優先課題，才能讓國內有限的資源做最有效率的運用。

三、臺灣地方創生連結SDGs治理模式

本文透過文獻分析、焦點團體座談等方式廣泛收集資料，分析地方創生如何與SDGs有更明確的連結方式與治理模式，以下本文根據臺灣地方創生發展與SDGs的應用系絡，歸納出三項治理重點。

（一）制定SDGs之於地方創生的應用原則

以SDGs作為地方創生目標設定的參考，是目前地方創生與SDGs最常見的連結方式，但事實上兩者應該需要更緊密的連結關係，本文認為SDGs應作為地方創生計畫執行之共識凝聚與運作管理的關鍵引導工具。為達成此一目的，同時避免地方創生連結SDGs成為論述包裝，中央與地方政府必須設定相關的運用原則，提供各地方創生計畫，在實際執行上有所依循。本文認為此一應用原則可強調透過SDGs進行目標聚焦、策略制定、行動、管理與評估的一系列步驟，研究將其概分為三大面向。第一面

向爲鑑別SDGs的優先順序，以決定符合SDGs之行動和報告內容；第二面向著眼於如何設定創生目標、選擇揭露內容和分析績效；第三面向爲提供相關行動報告和改善SDGs績效的提示與指引。

（二）政府擔當掌舵手引導適當連結

　　由於SDGs內容包羅萬象，當以此爲目標推動地方創生時，容易發生政策失焦、形同具文的狀況，因此地方創生在連結與應用SDGs指標之前，有必要對於這些目標、次項目標和指標進行重新確認，擬定適合當地的目標。有鑑於這是一項繁複且曠日廢時的工作，參考日本的經驗，本文認爲政府應跳出來擔任掌舵手，作爲一個上位的引導角色，進行諸如共通目標的統一、指標的本土化、細項的建立、優先順序的安排，以及指導手冊編制……等工作，其中國家級目標的統一尤爲重要，觀察目前臺灣地方創生發展，大多過於著重經濟面的產業復甦，若由政府做上位的共通目標擬定，可避免忽略SDGs中同樣強調的社會與環境構面，落入長期發展的失衡問題。此外，引導並搭建以SDGs指標成果，作爲資源妥善分配移轉的平臺，也是適合由政府來統籌規劃與執行的工作，讓資源分配從永續發展的觀點出發，考量更長遠的地方效益，避免過於重視短期可量化的產值。

（三）保有在地脈落詮釋的重要性

　　雖然前述提到共通目標以及政府掌舵的治理模式，然而必須強調的是地方創生的主體仍是在地的需求、生活與文化，因此在落實SDGs目標與在地發展接軌的過程中，如何強調「在地人的詮釋」，將永續發展概念「內化」於地方創生脈絡，就非常的關鍵。此外，從日本地方創生經驗中，研究發現其地方創生的推動，往往強調市區町村優先原則，然而臺灣地方自治以縣市爲基本單位，鄉鎮區的自治能力相對低下，財政與人才缺少，在推動地方創生上殊爲不利。因此，相對於日本的市區町村，臺灣的鄉鎮區的權能較小，比起日本需要更仰賴上級地方政府的協助。地方政府在輔導與推動地方創生連結SDGs策略時，應避免一味地尋求統一標準，

而以不同於以往的思維和方法、藉助在地多元的協力網絡，爲「地方」尋求創造性的詮釋，釐清地方創生的主體，據以找出地方的意義和價值，發展可解決在地問題和創造發展條件的創生生態系統，並基此制定出眞正有益於地方發展的創生行動方案與評估指標。

參考文獻

日本內閣府（2019）。第2期「まち・ひと・しごと創生總合戰略」。https://www.kantei.go.jp/jp/singi/sousei/info/pdf/r1-12-20-senryaku.pdf。

日本內閣府地方創生推進室（2019）。地方創生SDGsローカル指標リスト。https://www.chisou.go.jp/tiiki/kankyo/kaigi/h30lwg1/shiryo1.pdf。

日本內閣府地方創生推進室（2020）。地方創生SDGs官民連携プラットフォーム。https://www.city.matsudo.chiba.jp/shisei/keikaku-kousou/sdgs/sdgsplatform_nyuukai.html。

王麗珍（2018）。國家永續發展推動之審計。審計部建制90週年特刊，第1期，頁27-37。

本下齊（2017）。地方創生：小型城鎮、商店街、返鄉青年的創業10鐵則。新北：不二家。

西粟倉村（2019）。SDGs未来都市計画。http://www.vill.nishiawakura.okayama.jp/wp/wp-content/uploads/2019/09/c674e8eb955336df2b011b2c2e2f7889.pdf。

呂昆樺（2014）。創意城市競爭力指標建構之研究。遠東學報，第31期第2卷，頁69-84。

李永展（2019）。因應「城鎮收縮」的地方創生。經濟前瞻，第183期，頁41-45。

李永展（2020）。地方創生：從「樂觀偏見」到「向SDGs學習」。https://opinion.cw.com.tw/blog/profile/255/article/9047。

林宇廷、許恆銘、黃敏柔（2016）。世界正在翻轉！認識聯合國永續發展

目標。https://npost.tw/archives/24078。

品淨（2017）。日本擋得住人口減少特快車嗎？全民總動員的地方創生計畫。http://www.worklifeinjapan.net/2017/04/chihososei.html。

洪大倫（2019）。2019是地方創生元年嗎？。https://meet.bnext.com.tw/articles/view/44827。

神尾文彥、松林一裕（2018）。地方創生2.0。臺北：時報文化。

孫文臨（2019）。北市發表「永續發展目標自願檢視報告」盼成全球夥伴城市。https://e-info.org.tw/node/219986。

孫志鴻、林冠慧、劉彥蘭、江映瑩，（2006）。何謂永續發展。科學研習月刊，第45卷第4期，頁4-14。

陳玠廷（2019）。地方創生與農村再生有何不同？創造更整體的移居支持系統。https://www.newsmarket.com.tw/blog/117420/。

陳芳毓（2019）。什麼是SDGs永續發展城市？為何臺灣愈來愈多縣市在做。https://futurecity.cw.com.tw/article/837。

曾旭正（2018）。「地方創生」跟「社區營造」有何不同？是舊瓶新裝的灑錢計畫嗎？。https://www.thenewslens.com/article/102651。

曾旭正（2019）。地方創生是更大尺度的社區營造需要更深廣的社會動員。https://www.newsmarket.com.tw/blog/117418/。

新北市政府（2019）。新北市地方自願性檢視報告。

趙文俊（2019）。讓細膩的創生深入地方，日本政府做了些什麼？。https://www.thenewslens.com/article/123531。

增田寬也（2014）。地方消滅。東京：中公新書出版。

盧俊澄、林聖峪（2016）。從聯合國永續發展目標（SDGs）談企業社會責任之落實與挑戰。綠基會通訊，第43期，頁19-25。

顏聰玲、張志銘、李長晏（2018）。在地經濟與地方創生商業發展策略模式規劃。Paper presented at the 2018第十屆公共治理國際學術研討會，國立中興大學。

Hitoshi, K. (2017). A market-driven model of regional revitalization. Retrieved from https://www.nippon.com/en/in-depth/a03803/a-market-driven-model-of-regional-revitalization.html.

Krugman, P. (1991). Increasing Returns and Economic Geography. *The Journal of Political Economy*, 99: 483-499.

Nations, U. (2018). World Urbanization Prospects: the 2018 Revision, Key Facts.

Redaelli, E. (2016). Creative Placemaking and the NEA: Unpacking a Multi-level Governance. *Policy Studies*, 37(4): 387-402.

第五章　日本地方創生的光與影

林淑馨

壹、前言

　　根據內閣府資料顯示，日本的出生率從1970年代中期以後持續減少，2005年開始出現人口負成長的情形，而2008年（約1億2,808萬人）以後更是顯著減少，預估到了2060年約只有8,674萬人，比全盛時期減少32%，2110年甚至僅剩4,286萬人（小林篤史，2015：2）。如此一來，不但全日本的消費和經濟實力下降，更衝擊國家整體的發展。「地方創生」一詞即是在此背景下由日本前總務大臣增田寬也所提出。他在2013年12月號的《中央公論》中提到，2040年的日本恐會面臨部分地方出現無人居住困境，隔年出版的《地方消滅論》一書更指出，日本人口過度集中都市圈，其他地方高齡化、少子化情形嚴重，未來將有896個市町村因無法維持社會生活的基本機能而面臨消滅的命運。換言之，這一連串的言論除了再次呼籲日本長期以來存在的高齡少子化問題始終未見改善外，還指出東京、名古屋、關西三大都市圈的人口數占超過日本總人口數的半數，高達51.38%，過度集中大都市圈導致城鄉差距問題嚴重，引發社會大眾高度的關注與討論（井上武史，2017：60）。基於此，為了因應「地方消滅」問題，日本政府於2014年9月正式提出「地方創生」的概念，11月通過地方創生相關法案，開始推動第一期五年（2014～2019年）的「城鎮、人、工作創生總合策略」，並於2020年正式邁入第二期五年（2020～2024年）的創生總合策略。

　　事實上，臺灣也和日本相同，面臨高齡少子化、地方人才外流、地方產業空洞化與資源不足等問題，不但弱化國際競爭力，也造成國家發展重大危機。根據國發會的資料顯示，我國2020年人口自然增加率開始由正轉負，2026年即將進入超高齡社會，預計65歲以上人口數會占超過全部人

口數的20%（劉芷宜，2019：45），2065年總人口推估將減少至1,735萬人。這不僅衝擊臺灣的人力資源，更影響整體經濟、社會與文化發展。為解決上述問題，行政院參酌日本的地方創生經驗，希望藉由產官學共同合作，由國家發展委員會為辦理單位，於2016年委託中華民國工業設計協會辦理推動「設計翻轉、地方創生」示範計畫，陸續補助各縣市推動地方創生，甚至在2018年5月的「行政院地方創生會報」第一次會議中，宣布將2019年訂為「地方創生元年」，並選定全國134個鄉鎮市區作為地方創生的推動重點區域（陳盛彬，2019：38）。本質上，地方創生強調是創造生計和生活，且有生計才有生活，因此地方創生對「事業」的開發格外重視（紀俊臣、陳俊湘、許憶琳，2018：10）。然而，在人口老化、經濟衰退的地方要創造出事業並非易事，而且該事業必須要能永續經營，才能真正創造穩定就業機會，維持固定人口。如檢視日本的地方產業發展政策發現，該國自1980年代即陸續推行地方發展策略，例如在地方創生政策之前有「故鄉創生」政策，提供1億日圓給地方政府做建設，但成效似乎有限。倘若如此，地方創生政策與過去的地方發展策略有何不同？是否又是新瓶裝舊酒？地方政策需要長期投入，才能使地方再生，初期內閣府所揭櫫的成功案例至今是否真如政策目標所期待，達到創造就業機會並引發人口回流的目標？儘管日本推動地方創生的時程並不是很長，成敗尚難以定論，但藉由日本的推動經驗，或許可以提供我國參考與借鏡。

貳、日本的地方創生政策

一、政策背景與目的

　　地方創生可說是安倍政權最重要的政策之一。事實上，日本的地方振興始於田中角榮政權的日本改造計畫，而成為日本經濟、社會結構的課題，雖然持續提出許多改善措施，也有某種程度的成果，但整體而言，卻

無法阻止地方經濟、社會的衰退、凋零（小林篤史，2015：1）。

　　2014年9月第二次安倍政權為解決前述日本的社會問題以及因應經濟產業結構改變，提出「地方創生」政策。在內閣府創設了負責地方政策的「城鎮、人、工作創生總部」，同時設置「地方創生大臣」，頒布「城鎮、人、工作創生法」，企圖將議題拉高到國家政策層級，以微型地方、跨域、多樣性共生為主軸，建立「地域、人才、工作」三者正向循環，從中長期的策略觀點出發，徹底解決影響日本國家競爭力的棘手問題。同年12月，政府提出「城鎮、人、工作創生長期願景」和「城鎮、人、工作創生總合策略」，並要求地方自治體也須提出地方版的願景和總合策略。此乃希望地方能跳脫過去依靠中央補助的思維與依賴，由於不採取國家主導撥款方式，以地方政府、企業、學校、非營利組織等四位一體的主體性，依國家制度之四項策略，以及各地方現況選擇合適事業計畫，創造就業機會，吸引優質人力回流，達到城鎮、人、工作的良好循環，以展現地方獨特的地產資源及特色（紀俊臣、陳俊湘、許憶琳，2018：10）。

　　如參照內閣府的資料發現，日本推動地方創生之目的，主要是希望改善因人口減少所帶來消費、經濟力低落，進而對社會所造成的沉重負擔，甚至面臨存亡危機的「限界集落」[1]問題。因此，如何尋找偏鄉的地方特性，整合內外在資源，創造地方永續發展機制，使地方居民生活及產業能夠正向發展，就成為地方創生的首要任務。

二、政策內涵

（一）內容

　　日本地方創生推行至今共分兩期：第一期自2014年到2019年，中央是以「在2060年確保維持1億左右的人口」作為長期願景，搭配地方來維持日本社會的活力，而地方的人口願景，則是提出各地區人口動向、未來

---

[1]　是指該村落65歲以上的高齡化人口超過人口數的一半。

人口估計分析或中長期的未來展望。換言之，地方版的總合策略是根據各地區的人口動向或產業實況，制定第一期的政策目標與措施。第二期地方創生同樣也是為期五年，從2020年到2024年。無論是國家或地方的願景、總合策略，大抵來說，第二期地方創生幾乎都是延續第一期的政策內容而加以充實強化，希望能達到無縫接軌。

　　當初日本制定地方創生政策的目的是為了解決地方少子化、產業衰退等問題，為避免各地方政府沒有因地制宜，不考慮各地區域特性而採全國一致的手法，或是沒有具體客觀查證就任意亂撒錢，甚至只是追求短期性、表面的成果，地方政府對該政策的認知與執行力就顯得相當重要。基於此，為了解決傳統政策的缺失，確實達成政策目的，地方創生強調自立性、將來性、地域性、直接性和結果重視五項原則，以及為了達成城鎮、人和工作所列的四項基本目標，而中央和地方根據此原則和目標分擔職能，分別說明如下：

1.五項原則

(1) **自立性**：各項政策不僅是解決傳統問題，也需因應結構性問題。目標是政策效果必須要能更直接對應不同區域的企業、民眾的不同需求，即便沒有中央的支援，地方或區域事業仍能繼續維持運作。

(2) **將來性**：地方應將策略重點放在援助獨立，堅持夢想、正向，具有主動性的主體。

(3) **地域制**：應視各區域現況採取策略，而非僅依賴中央單一手法或是「垂直分割」性支援。

(4) **直接性**：為了在有限的財源或時間內能創造最大的成果，應集中資源對於實施人口的移轉、工作的創造、社區營造者直接性支援。不僅只有地方公共團體，透過促進住民代表、產業界、大學、金融機關、勞動團體共同合作，以提升政策效果。為了執行順利，有必要整備包含民間在內的合作體制。

(5) **結果重視**：不再採用沒有檢驗成效的任意撒錢策略，在明確的PDCA（Plan-Do-Check-Act）系統下，設定短、中期的具體性數值目標，藉

由客觀性指標檢視政策效果，從而提出必要性改善策略。

2. 四項基本目標

(1) 工作創生：在地方創造就業機會，能夠安心工作

由於人口往東京圈移動會受到經濟、就業形勢懸殊的影響，而農村地區的就業創造將導致東京地區的集中度得到修正。具體而言，如提出區域經濟雇用策略的企劃、實施體制的整備，地方產業競爭力強化的執行，或是區域活性化、地方人才回流、地方人才養成、地方雇用對策等政策。

(2) 人的創生：創造新的農村人口活動

為了改善每年有超過10萬的人口流向東京，使東京圈和地方人口流通達到均衡，可以提出推動地方移住、強化企業的地方據點、擴大企業的地方雇用與就業、地方大學的創生等做法。

(3) 人的創生：達成年輕世代結婚、生子、養兒育女的希望

為了維持人口，2.07的出生率被視為是必要，但非正式雇用比例的增加導致未婚率上升，出生率也停滯在1.43的低水準。因此，為了給年輕世代安心結婚、生子的援助，應提出實踐工作與生活平衡的政策包裹。

(4) 城鎮的創生：打造與時俱進的區域，守護平安生活，攜手共進

為了因應區域的維持、活性化以及大都市因高齡化、單身化而衍生出的醫療、照顧服務需求的擴大，提出以「小據點」的整備、「區域聯合」的推行為目標，在山區建構多世代交流、多機能型據點、地方都市的袖珍化、確保大都市圈的安全生活、人口減少，強化庫存管理，「聯合、中樞都市圈」的形成等政策。

3. 地方創生三支箭

為了讓地方能確實掌握國家總合策略的關鍵目標與要點，從資訊、人才和財政三方面提出支援政策，也就是「地方創生三支箭」。各項說明內容如下[2]：

---

[2]　資料來源：內閣官房まち・ひと・しごと創生本部事務局「まち・ひと・しごと創生　長期ビジョン　總墻戰略」，https://www.kantei.go.jp/jp/singi/sousei/info/#an6，最後瀏覽日期：2021/6/10。

(1) 資訊支援

　　由政府建置「區域經濟分析系統」（Regional Economy Society Analyzing System, RESAS），用以統一人口、產業、人流、醫療、財政等地方大數據，提供地方全方位的資訊，以此作為提高地域競爭力的工具，用以協助中央地方與民間企業建立共同的溝通基礎並做成決策。

(2) 人才支援

　　根據日本多年地方發展經驗，地方發展能否永續，公務人員扮演關鍵性角色。因此為使地方自治團體在擬定相關策略時有可諮詢和執行的人才，在了解人力需求後，內閣府採取一連串的人才培育與運用計畫，透過增設地方創生學院，設立諮詢窗口、人才支援制度、專家派遣制度、實習生制度以及地方振興協力隊等提供相關支援行動。

(3) 財政支援

　　日本國會透過追加預算和發放緊急交付金方式，由地方政府制定「地方版總合策略」，所提供的財政方面支援包括：A. 地方創生推動交付金；B. 據點整備交付金；C. 地方創生事業費用；D. 地方創生應援稅制（企業版的故鄉納稅），也就是捐款給地方創生事業的企業可享有稅賦優惠或減免，用以吸引企業加入地方創生事業，與政府共同振興地方經濟；E. 地方據點強化稅制，乃是鼓勵地方振興、促進企業移往地方的制度。只要企業本部位於東京以外的地區且欲擴張事業，或是公司本部位於東京以外地區，且欲將一部分事業移轉到東京以外地區時，即可以獲得財政支援。

參、日本地方創生的個案

　　地方創生不是短期性政策，目前尚無法對推動成果進行評估。因此，在本小節中，作者以日本內閣府地方創生推行事務局於2017年所整理出的《地方創生事例集》中所介紹的成功個案為基礎，加上較頻繁出現在論文中者進行後續追蹤，以了解地方創生的推動現況。

一、島根縣海士町[3]：活用在地資源，小鎮品牌化

（一）地理環境

　　海士町距離日本本島大約60公里，是位於日本海的離島，隱岐諸島中的一個小鎮，面積約33.54平方公頃。該鎮周圍有對馬海流，帶來豐富的漁業資源，與本島及離島的主要交通工具為高速船和渡輪，搭乘時間高速船要1小時40分，而渡輪則花費近3小時，主要產業為漁產、牡蠣、隱岐牛的培育。1950年代小鎮人口有6,986人（木村隆之，2020：79），到了2021年5月，只剩下2,303人，而且嚴重失衡，年輕人口僅占一成，但高齡人口卻高達40%。小鎮的就業機會少，教育、醫療機構等生活環境不健全，幾乎所有的高中生都是畢業後就離開該鎮到外地謀生，也鮮少回來，故人口流失為該鎮的一大課題。

　　儘管海士町有著離島固有的先天困境，如高齡化、少子化，以及財政嚴重惡化等缺點，但卻也因為擁有豐富的海產、乾淨的水質、自給自足的稻米和當地特有農產品而成為該鎮後來翻身的資產，從而吸引年輕族群的移居，替小鎮注入活力，成為地方創生的成功典範。

（二）創生做法：將危機視為轉機，振興小鎮產業[4]

1.開發人氣商品，全鎮品牌化

　　海士町雖受惠於自然環境，有優質的海產，但由於離島交通不便，無法以保鮮的方式迅速將產品送到廣大的消費區，而影響售價與獲利。為了解決此問題，該鎮導入冷凍食品新技術CAS（Cells Alive System，是指以電磁波震動水分子，不破壞海產的細胞直接冷凍的技術），並由小鎮出資九成，以第三部門型態成立故鄉海士股份公司，設置CAS冷凍中心。而小

3　〈海士町創生總合戰略人ロビジョン〉，http://www.town.ama.shimane.jp/topics/pdf/amaChallengePlan2015.pdf，最後瀏覽日期：2021/6/19。
4　相關資料請參閱內閣府（2017）、嶋田曉文（2016：17-18）、木村隆之（2020：80-85）。

鎮也因導入最新冷凍技術，大幅克服運送過程中可能出現的保鮮問題，並藉此機會，建構CAS冷凍魚類或水產加工品，順利將小鎮的海產做成真空包裝推廣到全國各地。

該鎮在解決完產品運送不便的交通與保存問題之後，接著就是開發人氣商品，並不斷推陳出新，而蠑螺咖哩便是其中之一。在小鎮上，人們習慣以蠑螺肉代替普通肉品加入咖哩之中，由於口感新鮮頗受好評，故順勢推出了蠑螺咖哩調理包，而成為第一項熱賣商品。又如岩牡蠣的研發，小鎮在研究全國各地的岩牡蠣後，率先推出初春時精心挑選之高品質岩牡蠣，取名為「春香」以作為小鎮特產，同時將其商品化，銷售到單價高的築地市場，或是接受餐廳的直接訂購，以爭取較高利潤，成功開拓出全新的販售通路。另外，隱岐牛、天然鹽、福木茶等也都是小鎮開發出來的高人氣商品。

2. 提高商品附加價值

小鎮雖受惠於海島自然環境，有岩牡蠣、隱岐牛、蠑螺、稻米、天然鹽、福木茶等產品，然而其他縣市也都有類似的商品，故如何做出市場區隔，並提高商品的附加價值，就成為攸關商品能否永續的重要因素。基於此，該鎮以鎮長為首設置經營會議，每周召開會議並投入研發，例如強化岩牡蠣的養殖技術，目前全鎮已經有15名專門養殖業者，每年可以保障生產50萬顆岩牡蠣；又如過去小鎮出產的隱岐牛，雖然和松阪牛、神戶牛齊名，同屬高級和牛，但受限於昂貴的運輸成本和畜牧環境，只能出售小牛卻無法販售成牛，嚴重影響獲利。後來因畜牧環境改善和運輸成本降低，還申請成立「海風農業特區」專門飼養隱岐牛，同時發展酪農產業，目前已經達到年產1,200頭成牛的規模，且開拓超越既有的物流技術販售通路，直接將隱岐牛販售到東京的肉品市場，從而提高獲利，增加生產者所得。另外，透過研發，甚至進一步開發將隱岐牛的堆肥和牡蠣殼製成特殊土壤，種出品牌稻米「認真的海士」。不僅如此，由於考慮鎮上的漁夫高齡化，加上冬天浪高出海危險會影響收入，因而成立新的海產事業機構，將捕獲的海產加工製造成乾貨（如曬乾的海參、魚乾），以增加漁夫新的

收入來源。

3. 創立商品開發實習生制度

　　小鎮深知，隨著人口高齡化日趨嚴重，單靠鎮內既有人口難以突破現況，故需要獲得全體鎮民的理解和協助。由於年輕人口少，出生率低，為了保存鎮上唯一的島前高中，該鎮推出「島留學制度」，開始對日本全國的高中生進行招生活動。小鎮對於凡是到該校就讀的高中生，除了提供住宿和每個月2萬日圓的飲食補助等獎學金制度外，還加碼給返鄉探親的交通補貼[5]。不但如此，為了吸引高中生來就讀，成立「特別升學課程」，針對每一位學生給予個別指導，同時設立「隱岐學習中心」，聘請大型補習班的講師來指導，試圖建構一個不輸本島的學習環境。在小鎮努力強化求學的環境下，原本高中生人數在2008年僅剩下89人，到了2015年不減反增，達159人，增加將近一倍，其中有約三成的畢業生還進入國公立大學就讀。

　　另一方面，海士町為鼓勵成立新事業所需的人才，設置「商品開發實習生制度」。所謂商品開發實習生制度，是以鎮公所的臨時約聘人員身分來雇用，每月提供15萬日圓薪水和家電設備完善的住宿（每月補貼房租2萬日圓），期限為1年（契約可以更新），每年接受2至3人。這些實習生可以利用鎮上資源進行商品或觀光服務開發，目的是希望藉由外來者的眼光來找尋和開發鎮上的原有資源並賦予新的價值，而鎮上的人氣商品──蠑螺咖哩調理包、福木茶都是該制度下的產物。值得注意的是，截至目前為止，有9名實習生在研修期滿後繼續留在小鎮定居，此乃該制度的另一項意外的收穫。

5　http://www.town.ama.shimane.jp/topics/4000-1/post-27.html，最後瀏覽日期：2021/6/13。

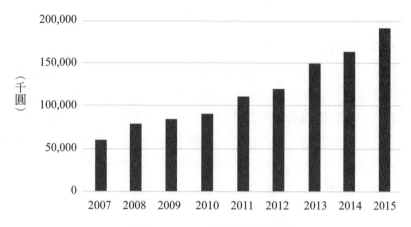

圖5-1　CAS商品銷售情形

資料來源：內閣府地方創生推進事務局（2017：50）。

4.召開經營會議，制定明確的KPI指標

　　為了達到創生目標，該鎮鎮長每周召開營運會議，針對CAS商品、岩牡蠣、隱岐牛等相關商品，訂定清楚的生產目標或銷售額，以及具體明確的創生KPI指標（如5年內的出生人數、社福人力的確保人數、社福科系學生的招收、稻作農地面積、旅客住宿人數、隱岐牛的出貨數、新的農林水產品的加工商品開發數目等）。另外，為建立友善的長期居住環境，還設立新的部門（3課）作為小鎮來訪者或有定居意願者的協助單位，積極給予外來者主動援助，以爭取外來人才或居民。

二、青森縣田舍館村：地景藝術[6]

　　青森縣田舍館村的地景藝術也是近期經常在地方創生研究中被提到的著名案例。青森縣的面積雖居全國第八位，但人口卻僅占全國的1%，其中，田舍館村的總人口數僅有7,663人（2021年2月止），每平方公里的人

6　請參閱林淑馨（2019：14-15）。

口密度只有329人，人口老化、人力外流問題嚴重，稅收相對短缺。在此
背景下，田舍館村的地景藝術有下列特色。

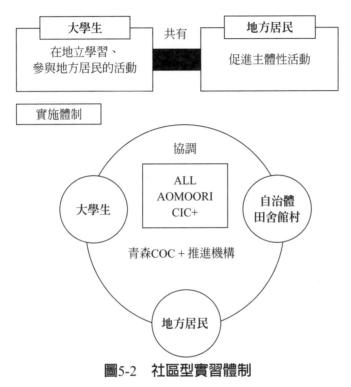

圖5-2　社區型實習體制

資料來源：內閣府地方創生推進事務局（2017：50）。

（一）不僅是「可看」的藝術，還強調「可體驗」的藝術

　　地景藝術是日本獨有的藝術，將田地比擬成畫布，用不同顏色、品
種的稻米來作畫，種植出所欲呈現的巨大圖繪，以達到振興當地觀光之目
的。田舍館村初期運用當地三種顏色三種品種的稻米來種植地景藝術，至
今已增加至綠色、黃綠色、深紫色、黃色、白色、橙色和紅色共七種顏色
十二種品種。剛開始種植的時候，完全看不出圖案，隨著稻子的成長，圖
案和文字逐漸浮現明顯。為了吸引民眾的認同與新鮮感，稻作的種植全部

都是由當地學生和居民共同參與完成的，同時還提供參訪團體體驗收割的行程。該村每年規劃的主題雖都不同，但卻是大家耳熟能詳，國內外的電視（如阿信）、電影（如星際大戰）、卡通（如桃太郎）或名勝風景（如富士山）等。由於該地景藝術強調不僅是「可看」的藝術，還能體驗與參與，故與當地大學（弘前大學）合作，從區域振興的觀點著手，鼓勵大學生參與地景藝術的稻作栽培，因此，從圖案設計到稻作的種植，全都是由當地學校的老師、學生、居民、自治體透過社區實習共同合作完成的。除此之外，還設計參訪團體一起體驗收割行程，提供民眾接觸農業的機會。

（二）擴散效應：財源增加與冬季雪景藝術

由於田舍館村的田地畫作的技術純熟，為當地創造很高的話題，每年約吸引30萬人次的訪客參觀。如是的成果對一個人口不到8,000人的小村落而言，無疑是一大鼓勵，而每人300日圓的入場費，對該村來說更是一筆為數不小的財源。因此，地景藝術乃成為各縣市爭相學習、模仿的對象，同時還成為地方創生研究或內閣府用以宣傳地方創生成效的成功個案。另一方面，由於青森縣位於日本本州的最北端，冬天常下著大雪，為了增加冬季的觀光人數，田舍館村的年輕公務員提案，延續夏季地景藝術的熱潮與話題性，將其推行經驗援引到冬季，也就是以「雪景」為主題在雪地上創作藝術的新構想。因此，該村自2016年起邀請英國的雪景創作藝術者到日本進行雪地創作，同時招募縣內縣外對此藝術創作有興趣的民眾進行專業訓練，學習雪景創作和藝術維持技術。在歷經兩年的技術傳承與訓練後，目前已經可以由當初受培訓的藝術創作者獨立完成雪景作品並進行後續的維護。

然而，值得注意的是，作者查閱相關網路資料或新聞報導發現，幾乎所有訊息都停留在2016年，也就是地景藝術參觀人數最高峰的階段，當時約有35萬人，之後就沒有新的訊息。為了了解該政策的實施現況，作者乃寫信給該村企劃觀光課詢問，得到相關的統計數據並整理成表5-1。由表5-1可知，地景藝術的參觀人數在2016年以後逐年下降，到了2019年僅

剩下不到21萬人，減少幅度約41%。作者認為，主要的原因是地景藝術在創造話題之後，由於容易模仿複製，故成為各地學習的對象。雖然該村每年在選取主題上花費相當心思，試圖繼續創造話題和吸引民眾參訪，但因會場位於郊區，附近缺乏其他關聯性觀光遊樂場所，以至於當地民眾在「看過」和「體驗」之後由於新鮮感降低，加上外地民眾可能因附近即有類似場景不會專程驅車前往，在參觀人數上難以回流成長，連帶也影響整體收入。至於冬季地景藝術，更因沒有收取門票，全是由居民自主性參與，雖能暫時性創造話題，但因雪景藝術維持不易，以及受氣候影響參訪人數有限，是否能達到地方創生的目的仍須觀察。

表5-1　田舍館村地景藝術的參觀人數與營收（2013～2020年）

年	參觀人數	收入（日圓）
2013	251,320	39,208,200
2014	291,768	52,411,400
2015	344,488	63,834,900
2016	354,626	94,563,000
2017	278,240	72,786,000
2018	269,668	70,690,000
2019	209,622	53,795,000
2020	0	0

資料來源：作者整理田舍館村的網頁製作而成。
註：2020年因新冠肺炎而停止該活動。

肆、地方創生的成果與課題

上述兩例都被認為是近期地方創生的成功個案，因而被收錄於內閣府的地方創生案例集之中。若仔細觀察發現，兩個案例雖都成功找到自身獨特的DNA（海士町的岩牡蠣、隱岐牛、蠑螺；田舍館村的夏季稻米和冬

季雪景），也都透過創意提高附加產品的價值（海士町的蠑螺咖哩、高級和牛；田舍館村的稻作地景參觀門票），促進產業活化，但是否能真正達到地方創生的政策目的則是值得探討。以下乃以這兩個案例，分析地方創生的課題如下：

一、創新事業若缺乏具有「生產力」的產品，則地方創生的持續力有限

　　如前所述，推動地方創生政策的目的是希望解決人口過度集中都市圈，並為地方帶來創新事業、穩定就業機會與促進人口回流，因而政策本身不求表面性、短期性成效，同時強調要能解決結構性根本問題，以及需有將來性。若從這幾項基本指標來觀察上述兩個案例，可以發現海士町個案藉由「島留學制度」，克服小島原本出生率低、人口流失的缺點，在強化學習環境與升學口碑的推廣下，成功吸引從本島前來就讀的高中生，就學人數有顯著的成長。此外，「商品開發實習生制度」更是為小島注入活水，透過「局外人」的視野來協助檢視與開發小島既有資源，賦予當地產品新的價值，從而解決小島人口老化、工作機會少等結構性問題，創造穩定的工作機會並提高收入，因而能成為成功個案。

　　反觀田舍館村的地景藝術，雖然藉由稻作能夠達到提振觀光的目的，同時透過門票收入彌補該村的財政困境，事業本身滿足創新與創意的需求並發揮其功能，但由於稻作藝術所能提供的就業機會相當有限，難以提高年輕人口回流或移居永住的意願，也不易解決該村人口老化或提高事業收入等結構性問題，加上藝術創作容易被複製模仿，一旦缺乏新鮮感與話題性就無法延續觀光人潮，從而影響門票收入與該村財源的穩定，這些都可以從2016年後參觀人數和收入逐年降低而得到證明。

　　誠如神尾文彥（2018：21）所言，從微觀成果層面來看，在促使地方政府個別投入的含意上，日本地方創生已帶來一定程度的成果。然而，若從地方創生的首要目標——抑制人口減少和矯正人口過度集中東京地區等大都市來看，海士町藉由多元配套策略來吸引年輕人才與提供就業機會

的做法，或許可視爲是該個案正朝向此目標邁進的一種表現。而田舍館村的地方創生雖然在實施初期頗具創意與創新，甚至還將地景藝術延伸至冬季雪景藝術，卻因爲延續力不足（雪景藝術不收門票，維護困難且參觀者有限），無法進一步提升爲具有生產力的商品，只能停留在「叫好不叫座」的階段。此外，該個案雖然嘗試與地方大學合作，提供大學生參與地方事務，創造出年輕人與當地居民連結的管道，最終仍因就業機會有限，產品附加價值力不足，生產力難以提高，即使符合地方創生政策所提示的五項原則中的地域性、直接性，但在自立性、將來性和結果重視上仍有相當努力的空間，這點和鍋山徹（2018：63-66）所提到的攸關地方創生成敗的四項要件之一，也就是自立性（事業主體）是相符的。

二、地方創生無法僅靠單一事業，需有研發、推廣、人才培育等多元配套措施，才能達到政策目標

　　由上述兩個案例可知，田舍館村的地景藝術雖然在初期成功創造話題吸引人潮，並成爲各地爭相模仿的對象，但靠單一事業且缺乏研發與人才培育等整體配套措施，加上稻作栽培技術門檻較低，藝術性雖高，但卻非「事業」，對於振興偏鄉經濟與活力的成效有限，致使創生的能量日益降低、枯竭。地景藝術的推動雖然與在地大學合作，卻也僅止於學生對稻作栽培的參與，屬於單次性的體驗活動，參與者難以對當地產生深度的歸屬與認同感，更缺乏在地鏈結而較難以持久。而該村在發展地景藝術之外，並未積極整合和串聯在地文化與鄰近資源，加上稻作本身缺乏上下游產業而難以形成產業鏈，故無法建立新的商業模式或人氣品牌，當然在增加人口或留住人才方面較難以看到成果。

　　至於海士町所採取的策略雖難以在實施之初就看到立竿見影的效果，但隨著制度與口碑的建立，以及根本性問題的逐步解決，例如離島交通不便，需先解決無法保鮮的運輸問題；又如小島高齡人口多、創意不豐沛，故成立商品開發實習生制度；甚至是爲了吸引年輕人力，而設立島前留學和特別升學課程以鼓勵青年人口到島上來就讀。除了增加年輕人口的流入

之外，透過至少三年以上的居住體驗以對小島產生認同感與歸屬感，即便日後到外地求學工作，仍可創造回饋小島或定居的機會。從海士町地方創生的策略來看，其著眼的不是單一事業的成功，而是小島整體事業的共同發展，因此採取人才培育、研發、推廣等制度的設計，希望經由長期策略建立小島的特色與品牌形象，拉大和其他偏鄉地方的差異性。若從該制度實施七年後高中生人數增加近一倍，而有9名實習生研習期滿後選擇在小島定居的結果來看，應可以證明上述的推論，同時也與鍋山徹（2018：64-66）所提到的判別地方創生成敗的另外三項要點——重點性、開放性、長期性是有高度相符。

伍、結論

　　整體而言，由於地方創生的推動需要相當的時程，本文並無意評論該政策的成敗，但該政策實施至今，試圖打破過去地方發展策略都是中央在無視成效的情況下直接提供補助的亂撒錢做法，強調地方的自立性和重視結果，以找尋地方的獨特性並規劃出自身的具體改善機制。作者認為，就政策思維與實施方式而言，該政策的推行藉由政府提供資訊、人才與財政支援，跳脫傳統地方過度依賴中央財政援助卻未思考其合適性，促使地方檢視本身產業的獨特性與不足，帶給人口老化、經濟衰退的偏鄉離島新的發展契機與方向，某種程度已經和傳統地方發展政策有所差異，值得肯定。

　　然而，地方創生也非解決地方問題的萬靈丹。地方的工作機會少，整體生活環境建構不完全，都是造成年輕人口卻步的主要因素，同時也阻礙創生政策的進行。畢竟創生需具備創意、創新與創業三項要件，缺一不可，若只是基於理想或模仿複製他人成功經驗，地方是無法創生與再生，也難以永續發展。由前述的兩個案例得知，在地方創生推動的過程中，創生的素材應基於在地的自然特色或物產而延伸、發展、整合，如何激起地方自發性找出根本問題，並積極規劃整體發展策略是相當重要的事情。其

中，又以人才培育與研發整合更是攸關地方創生能否延續的關鍵因素，而非僅靠單一事業或人氣商品、景點，創造一時性的短期經濟效益，這點應值得今後我國在推動或檢視地方創生的參考。

參考文獻

小林篤史（2015）。地方創生の取組みの概要と課題。KPGM insight，第13期，頁1-5。

山崎朗（2017）。地方創生の政策課題と政策手法。経済学論纂（中央大学），第57期，頁375-385。

木村隆之（2020）。ソーシャル・イノベーションの実現において固定化された地方自治体の役割に関する考察。経営哲学，第17卷第2期，頁75-89。

井上武史（2017）。地方創生の意義と課題についての一考察―従来の主要な政策との比較から―。ふくい地域経済研究，第24期，頁49-67。

西村君平、工藤裕介、小寺將太（2017）。共育型地域インターンシップのホテル構築―田舎館村における事例研究を通して―。弘前大学教養教育開発実践ジャーナル，第1期，頁71-83。

吉澤裕葵（2019）。中央政府における「地方創生」の政策過程と政府間関係。政治経済学研究論集，第4期，頁1-20。

金井利之（2016）。「地方創生」の行政学。都市社会研究，特集，頁19-34。

林淑馨（2019）。地方創生與公私協力：日本經驗之啓示。T&D飛訊，第259期，頁1-26。

神尾文彥（2018）。日本地方創生政策的展望和培育創造價值據點（地方樞紐）的重要性。臺灣經濟論衡，第16卷第4期，頁20-27。

紀俊臣、陳俊湘、許憶琳（2018）。離島發展與地方創生：馬祖生態之構想。中國地方自治，第71卷第11期，頁3-26。

陳盛彬（2019）。社企力帶動創生力—地方創生發展的關鍵契機。臺灣經濟研究月刊，第42卷第8期，頁38-44。

曾宇良、許微倩、湯國榮（2019）。日本地方創生與支援青年就農對策分析。農業推廣文彙，第64期，頁73-82。

嶋田曉文（2016）。海士町における地域づくりの展開プロセス—事例でも標本でもなく、実践主体による反省的対話の素材として—。自治総研通 ，第456期，頁1-34。

劉芷宜（2019）。社會變遷驅動創新法制研析。科技法律透析，第31卷第10期，頁44-71。

鍋山徹（2018）。地方創生の事例とその評価—成功事例と失敗事例を判別する4つの要件—。日経研月報，第8期，頁60-69。

第六章
日本農業一村一品運動到
地方創生的制度發展與變革

壹、前言

　　「日本創成會議」主席增田寬也於2014年出版《地方消滅》一書，出版後隨即造成全日本震撼，該書不僅暢銷，而且引發全日本政治圈、輿論界等各界的討論。該書所用的分析研究方法，主要是用20歲至39歲在2010年至2040年之間年輕女性的「減少率」作為判斷標準；如果某市町村年輕女性的人口減少50%，這就被該書歸類為「可能消滅的地方」。目前全日本計有47都道府縣，合計1,718個市町村，23個東京特別區。而可能消滅的地方，竟然高達近896個；這其中有523個自治體的人口剩下不到1萬人。這個情形被該書歸類為「高度」可能消滅的地方（增田寬也，2014：208）。這其中，以農業為主力產業的市町村為多數可能消滅的對象。

　　該書主張，就需要挽救面臨地方消滅危機的市町村來說，政策上應該要積極地去鞏固地方經濟基礎；例如在農業為主力的地方，就應該振興農林水產，讓失業都市年輕人到鄉村地區務農（或回鄉務農），此舉可化解人口「東京一極集中」[1]的非均衡發展，同時又可充補農村青年勞動力不

1　「東京一極集中」所指人口、產業及就業機會高度集中於日本首都「東京都」，2022年的人口約為1,400萬人；尤其在核心區23區，這塊區域轄區面積約為630平方公里，但人口超過960萬人，等於每平方公里人口超過1萬5,000人。而此現象，雖然造就了東京的繁榮，卻也讓多數的道府縣人口流失，即便是日本經濟第二大城「大阪府」，自2010年之後，大阪的人口也呈現微幅減少的情形。

足的窘境（增田寬也，2014：64-65）。然而，政府的公共資源有限，而且從都市到農村的人力亦非無限，所以必須經過「選擇」，然後再將資源集中於數量有限的特定地區（增田寬也，2014：48）。特定地區即為「中樞都市」，其與周邊地區的合作與整合，即為「連攜中樞都市圈」。而就農村來說，重點並不是在於公共設施完備化，諸如大型醫院、圖書館、殯葬設施、育樂場所，甚至各級公立學校未必都要配置，只要做好「連攜中樞都市圈」的區域計畫與跨域整合，則周邊地區的鄉村就可免去昂貴的資本投入，並且可專心於主要的農業產業，如農耕漁牧等產業（中山徹，2016：80-81）。

　　而就農業的項目來說，因地理環境的條件與特質不一，所以各都道府縣乃至於數百個農業城鎮，其主力的農產項目也不盡相同，而且每一個地方，都可整理出核心的農產項目，如葡萄、茶葉、稻米（越光米）、蘋果、和牛、鰻魚等，甚至出現○○農產品之鄉（或城鎮）的稱號。而在日本九州的「大分縣」，約在1979年之時，時任該縣「知事」（縣長）平松守彥[2]有感於農村人口流失，尤其留不住年輕人，深怕陷入人去樓空、經濟持續不振的負面（惡）循環。對此，平松守彥知事以強化縣內各農村的農產競爭力，推動所謂的「一村一品」（one village one product）政策，該政策類似於我國「一鄉鎮一特色」的概念；也就是說，大分縣所轄58個市町村，應該致力於開發屬於地方的「亮點產品」，藉以振興地方產業，創造從業人口，並讓年輕人選擇在大分縣成家立業。

　　本文謹就日本關於農村的地方創生措施，就其施行制度乃至於個案進行分析，並就其創造的就業機會乃至於人口是否成長等議題進行討論，從而或能作為我國農村地區地方創生推動的參考。

2　平松守彥知事，大分縣大分市人，1924年出生，畢業於東京大學法學部。大學畢業後進入「商工省」（後改稱為通商產業省、經濟產業省）擔任中央政府公務員，該省主導日本產業政策大權，運用的政策工具多為行政指導、金融融資、技術革新、產業輔導、情報資訊、國際通商與補助金制度等等的工具。而平松守彥多年職司「產業發展」的公務經驗，使得他對於產業的開發與經營非常熟稔。平松守彥擔任26年中央文官之後，1975年出任大分縣副知事，並於1979年當選大分縣知事。平松守彥就任該縣知事之後，隨即推動大分縣「一村一品運動」。

貳、日本當前農村所面對的課題

日本農村長期以來存在三個主要課題，分別為因高齡化導致農業人力不足、廢棄農耕地增加，以及國際農產品輸日將導致農產價格競爭的問題等。以下分別說明之。

一、高齡化導致農村農業人力不足

「農林水產省」網頁的調查報告指出，自2001年以後，日本基幹農業從事人口維持下降的態勢，2001年為236萬人；2011年為186萬人；2020年為136萬人。也就是說，近20年的光景，日本基幹農業人口減少了100萬人，減少的幅度超過四成以上。

人力不足除了農業人口流失的因素，還有「高齡化」的問題。茲以65歲當作高齡的標準。在2000年之時，65歲以上的農業從業者，比例為51.2%；2005年之時為57.4%；2010年之時為61.1%；2015年之時為64.9%；2020年之時為69.6%。一樣是20年的光景，65歲以上的農耕從業人口就增加了18.4%，若換算成人數，等於是2000年之時的122萬8,000人，到2020年之時為94萬9,000人。這其中，2020年75歲以上的農耕者有43萬2,000人之多。

就39歲以下的青年農夫來看，2000年之時有13萬4,000人，2010年之時為9萬6,000人，到了2020年為6萬7,000人。約20年的光景，39歲以下的農夫，減少了50%。農耕活動是耗力且費時的產業，但日本農村當前的主力，卻是高齡者；而且農耕人力不足與缺工的情況，每況愈下。日本各級農政單位其實老早就意識到農村人力不足的問題，長期以來致力於招募農耕人士，但就招募的情形，所謂的「新規就農者人數」，每年都差不多是6萬人上下。2010年為5萬5,000人，2015年為6萬5,000人，而2020年為5萬3,000人[3]。承上所述，減少者眾，但增加者有限。正因為如此，日本農耕

---

[3]　以上參閱日本農林水產省農業調查報告網頁資料，最後瀏覽日期：2022/7/3。

人口的問題愈來愈嚴重。

二、廢棄耕地增加

　　基於前述，當農耕人數大幅減少，很自然地就會造成廢耕的農地增加。尤其高齡者的農夫當他無力農耕時，而子女都在都市地區從事工商服務業的工作，這樣老農無法勝任多年來所耕種的耕地時，就幾乎僅有廢耕一途。

　　從數據來說，1995年全日本廢耕的農地為16.2萬公頃，2000年為21萬公頃；2005年為22萬公頃；2010年為21.4萬公頃；2015年為21.8萬公頃。廢棄的耕地，若沒有轉作他用，或是透過農耕機械化，讓周圍的農家擴大耕種面積，那將是土地資源的浪費。不僅於此，廢棄的耕地若超過一年未予耕種，這將使該土地要回復為耕地的狀態愈形困難。而且，廢耕農地一多，將會造成地域治水乃至於環境系統維持的課題；最後，廢耕土地有不小的機會將產生病蟲害，有可能會波及周邊農地，地域的景觀也會受到影響，這都是廢耕地所屬農村深刻而且必須積極面對的課題。

三、國際農產品輸日導致農產價格低落的問題

　　隨著貿易自由化的推展，如TPP（Comprehensive and Progressive Agreement for Trans-Pacific Partnership）等多邊自由貿易協議，日本可能被迫廢除農產品的關稅，在日本的農林水產業，合計有2,594項的農業品目，這之中將有約八成也就是2,135項農業品目的關稅將遭廢除。屆時，國外便宜的農產品大舉進入日本農產市場，將導致日本農產品的獲利率降低，影響農產的利基。

　　針對以上三種不利情勢，目前日本農產水產省及各級地方政府的應對的做法大致為，導入智慧農業讓農作物的生產「效率化」、引進外國農耕者（如東南亞及南亞地區人士）、大規模經營以降低農耕生產成本，或用

農產品牌化以及六星產業化的方式增加農產品的附加價值。

參、日本大分縣一村一品政策的推動緣由與措施

　　日本農村問題不是今日的問題，自從1950年代後期，日本工商業復興急速，人口快速流向各地的都市，諸如遷移到關東都市圈（東京、橫濱）、中部都市圈（名古屋）乃至於近畿都市圈（大阪、京都）。在1955年至1970年之間的人口流動，大抵為城市消化農村的人口剩餘；但1970年代，農村陸續發現農耕人力不足，青年人口大舉流向都市地區。所以約在1970年代中期，日本就開始出現農村振興、地方復興、地域活性化、過疏地區自立促進、一村一品運動等等的農村復興政策措施。

　　所以，雖然「地方創生」一詞是安倍晉三內閣於2014年所推出的政策，但究其理念與相關措施，其實與前述所述及的政策措施相距不遠。所以，吾人翻閱日本相關地方創生專書、專文或報導，不少名為「地方創生」的經典案例，其實是早於2014年就已獲得各級政府挹注相關資源所推動的個案。總括來說，不外乎透過資源投入來振興在地產業，產業若能獲利，自然可以創造出就業職缺，並使在地子弟於自身家鄉工作，甚至吸引外地人士到該地工作與定居。

　　如前所述「一村一品」的政策起源於九州大分縣知事平松守彥，一般來說，一村一品可以說是2014年地方創生運動的前身。1979年平松知事認為，大分縣每一個農村，都應該依照自己的條件、稟賦，選定主力經營的農產品。而且，該農產品必須「自立」走向精緻化與特色化，以農產提高附加價值，力求能夠外銷到其他的都道府縣，甚至能夠外銷到國外；第三，地方必須進行在地研發，發揮創意，才能將自身的農產品有別於其他地方的產品；第四，地方農村必須持續培養在地人才，這樣才能保持自身農產品的競爭力，以持續創造地方農產品的產值（城戶宏史，2016：3）。

一、實踐做法

就推動一村一品運動的實際做法來說，平松守彥知事最重視兩個理念，一為人才養成，二為自立營運（不靠上級政府金錢補助）。就前者而言，平松知事認為沒有人才，一村一品運動將難以為繼，所以平松知事在全大分縣設立達12間的「打造豐盛之國私塾」（豐の国づくり塾）[4]（松井和久，2006：17），活動進行之始，每一期的學員約為30人，學習時間期程達兩年。

推動期間，平松守彥知事以身作則，親自擔任私塾主任及教師的工作。授業的時間，因為農會的職員與基層地方政府公務員都要上班，所以上課的時間都在晚上。私塾開辦之初，沒有教科書，主要是靠多位成功事例的主事者到班上親授實務經驗，學員通常會學到多樣農產品的成功個案。就第二年的課程來說，主要是實踐性質，由學員自行選定活動及產品，並將該縣內的農產品推銷至大分縣以外的地方，此為人才養成的做法。

而就自立營運來說，一村一品運動並非國家政策，而係以大分縣廳（政府）主導的政策；值得注意的是，這項政策並未設有「補助金」，主導為各市町村基層自治體。而大分縣廳的主要職責為行政基礎設施的整合，例如打通物流系統以降低運輸費用，抑或是透過技術傳遞與知識交流來改良各市町村農產品的品質，又或是農產品的行銷工作（許文志、張李曉娟、吳俊賢，2020：30-31）。

二、實施成效

一村一品政策推動之後，其施行的成效如何？大致上可以由三個面向來探討，分別為大分縣縣民平均所得、一村一品的農業營收，乃至於大分

---

[4] 這個私塾日後更發展出更具專業性質的專班，如「豐盛之國肉牛飼養塾」、「21世紀大分農業塾」、「豐盛木業塾」與「觀光交流塾」等十數種地方特產專班（許文志、張李曉娟、吳俊賢，2020：32-33）。

縣的人口數，以分析其當時所用措施的成效。

　　首先，茲就整個大分縣的縣民平均所得來看，表6-1整理1980年至1999年之間九州地區縣民的平均所得進展情形。

表6-1　九州地區縣民平均所得進展情形

	1980年	1985年	1990年	1996年	1997年	1998年	1999年
福岡	166萬圓	192萬圓	254萬圓	280萬圓	278萬圓	277萬圓	270萬圓
佐賀	144萬圓	176萬圓	223萬圓	262萬圓	259萬圓	256萬圓	260萬圓
長崎	126萬圓	162萬圓	210萬圓	239萬圓	236萬圓	234萬圓	230萬圓
熊本	145萬圓	183萬圓	224萬圓	257萬圓	258萬圓	246萬圓	246萬圓
大分	140萬圓	174萬圓	239萬圓	271萬圓	279萬圓	276萬圓	271萬圓
宮崎	126萬圓	154萬圓	115萬圓	255萬圓	257萬圓	257萬圓	259萬圓
鹿兒島	127萬圓	162萬圓	206萬圓	229萬圓	228萬圓	230萬圓	230萬圓
九州	146萬圓	177萬圓	231萬圓	261萬圓	261萬圓	259萬圓	255萬圓
全國	171萬圓	221萬圓	292萬圓	319萬圓	217萬圓	311萬圓	306萬圓

單位：萬日圓（萬圓以下作者四捨五入）

資料來源：松井和久（2006：16）。

　　就大分縣縣民的平均所得來看，1980年之時，也就是在「一村一品」政策推動的第二年，該年大分縣縣民平均收入為140萬日圓，遠低於福岡縣的166萬日圓（差了26萬日圓），也比九州的平均要少了6萬日圓之多。但是到了1990年，也就是政策推動的第十二年，大分縣的平均收入成長到239萬日圓，已超越了九州的平均，更與福岡縣差距略為縮小。而到了1999年，也就是政策推動的第二十一年，大分縣的縣民收入已達到271萬日圓，已經超越九州地區最富裕的縣分，也就是福岡縣（270萬日圓）。

　　但是，在1980年到1995年之間，這段期間全日本的經濟全面起飛，47都道府縣大概都是成長的情形，所以這並不能證明大分縣的一村一品運動的政策得宜，因為當年大分縣也積極引導企業投資大分縣，有可能是工商業部門從業人員的成長，讓大分縣縣民的平均收入連帶增加。

　　再者，就大分縣的「農業營收」來看，其力推的「一村一品」農產品
項目，其營業收入也大致呈現穩定成長的情形，如表6-2所示。

表6-2　大分縣推動一村一品運動後縣內各項農產品營業額整理

年份		1980年	1985年	1990年	1996年	1997年	1998年	1999年
營業額（億圓）		359億圓	734億圓	1,177億圓	1,308億圓	1,372億圓	1,363億圓	1,416億圓
農產品品項數		143項	247項	272項	295項	306項	312項	319項
各品項依營業額分類	1億圓以下	74項	148項	136項	169項	170項	173項	187項
	1-3億圓	34項	53項	68項	60項	68項	79項	70項
	3-5億圓	16項	14項	21項	31項	30項	24項	28項
	5-10億圓	15項	17項	27項	20項	21項	18項	15項
	10億圓以上	4項	15項	20項	15項	17項	18項	19項

資料來源：城戶宏史（2016：2）。

　　如表6-2所示，一村一品政策約在1979年開始推動，而在1980年之
時，大分縣全縣的農產品營業額為359億日圓，事隔五年，整體營業額就
成長到734億日圓，隨後幾乎都是逐年成長的情形。到了1999年，已成長
到了1,416億日圓，就營業額來說，成長了將近四倍之多。而就推動的農
產品品項，也由143項成長到了1999年的319項。而各營業額的項目，也差
不多都是穩定成長的情形。
　　第三，以下依照日本「人口問題研究所」的統計資料，整理大分縣與
相關都道府縣於各年份的人口增減情形，如表6-3所示。

表6-3　全日本、東京都、福岡縣與大分縣1955年至2000年人口增減情形

	1955年	1960年	1965年	1970年	1975年	1980年	1985年	1990年	1995年	2000年
全日本	90077	94302	99209	104665	111940	117060	121094	123611	125570	126926
東京都	8037	9684	10896	11408	11674	11818	11829	11856	11774	12577
福岡縣	3860	4007	3965	4027	4293	4553	4719	4811	4933	5016
大分縣	1277	1240	1187	1156	1190	1229	1250	1237	1231	1221

單位：千人

資料來源：本文作者基於「人口問題研究所」統計資料進行整理，https://www.ipss.go.jp，
最後瀏覽日期：2022/7/4。

如表6-3之整理，1955年到2000年之間，「全日本」的總人口基本上是逐年成長的情形；而就「東京都」的人口來說，其人口成長的「比率」，遠甚於全國人口還要高。1970年之前，東京都大量地吸收農村縣分的「農村人力剩餘」，而在1970年代之後，更因東京都經濟條件卓越，有大量工作機會，以及較高薪給的前景，所以吸引大量的外地人口到東京找尋安身立命的機會。

同表中大分縣各欄位人口數據顯示，1960年之後，日本都市地區人口飛漲，但以農業為主要產業的大分縣，卻由124萬人減少到1965年的118萬7,000人，1970年之時，更減少到115萬6,000人，這段期間更被日本中央政府歸類為「過疏地區」，須採取應對措施因應地域空洞化的走勢。表中我們看到，福岡縣與大分縣為日本九州北部地區的兩個縣，兩縣轄區緊鄰，福岡在西邊，大分在東邊。但是1960年以後，福岡人口除1965年之時略為減少以外，其餘都是穩定成長的情形。但隔壁的大分縣自1955年之後，就逐年人口減少。所以必須在1980年前後力圖振興，除了引進製造業與服務業之外，必須強化自身的農業生產。

就「附帶成效」來說，日本大分縣以外的偏鄉縣分，因一村一品政策確能有效改善該縣的農村營收，所以其他地方紛紛開始學習並推出類似的政策措施，例如北海道的一村一品運動（1983年）、廣島縣的故鄉一品運動（1983年）、宮崎縣的打造「日向」[5]運動（1983年）、鳥取縣的耕耘故鄉運動（1983年）、熊本縣的打造日本第一運動（1984年）、福島縣的打造故鄉產業運動（1984年），以及京都府的故鄉產品開發（1984年）。整體來看，約在1980年前半，全日本各地燃起了一村一品運動的熱潮（松井和久，2006：8-9）。除此之外，大分經驗更外銷到了國外，成為諸如臺灣（一鄉鎮一特色）、中國大陸（一鄉一寶、一人一計）、韓國（新農林再造）、菲律賓、馬來西亞、蒙古等國政策學習的對象，甚至英國及法國也派農業相關人士到日本大分縣進行考察。

5　「日向國」為九州「宮崎縣」的舊稱。

三、成果評析

　　經過以上諸如大分縣縣民平均年收、大分縣農業收入，以及人口的比較與分析。雖然大分縣的縣民平均年收在1997年至1999年之時，一舉追上了九州經濟首富福岡縣，但仍在全日本人平均年收之下，當然更在東京、大阪都民或府民的平均年收之後，所以大分縣在人口流失的防制作為上，只能微幅增加居民的「定著力」，難謂可以增加都市地區民眾前往大分等偏鄉地區的「吸引力」提升。

　　在日本經濟穩定成長的期間，「城市化」（都會化）的腳步只會加速，地方青年多數會選擇工商業發達的地方遷移；相對地，屬於農村型態的大分縣，自然人口流失嚴重，1980年以前，全縣四分之三的市町村甚至被指定為「過疏地域」。而就大分縣在1980年代以降所力推的「一村一品運動」，從農產品的營收來看，雖然大幅提升，大分縣的縣民平均年收，也曾追平了九州首富之縣福岡縣。但本州地區諸如東京、大阪及名古屋三大都會圈對於大分年輕人的魅力，恐怕遠遠甚於大分縣。承上分析，大分縣所力推的一村一品政策，固然難以有效阻止該縣青年往都市遷移，但至少增加了「黏著度」，讓該縣人口流失的程度減緩，或讓有志於農業的青年，或對農業不排斥的人們，願意留在自己成長的鄉村從事農耕工作。

肆、從 1979 年一村一品運動到 2014 年的地方創生政策（農業部分）

一、日本推動地方創生政策的緣由

　　日本前首相安倍晉三[6]於2012年12月26日第二次擔任日本內閣總理大

6　安倍晉三內閣總理大臣（第90任及第96至98任內閣總理大臣），出生於1954年東京都新宿區，為日本政治世家，外祖父為岸信介（第56任及第57任內閣總理大臣），其父為安倍晉太

臣。上任之初，力推「安倍經濟學」（Abenomics）三支箭政策，主要內容概爲量化寬鬆的金融政策、擴大政府財政支出以及解除管制促發民間投資等。該項政策推動之後，因日幣幣值大貶，日本外銷到國外的貨品競爭力增強，遂使得大企業或外銷企業確實有賺到錢，企業經常利益達推動之前的最高水準，失業人數及企業倒閉的情形都有減少。

　　但是，日本內閣也感受到日本基層及非都市地區民眾並沒有感受到安倍經濟學所帶來的經濟果實，甚至認爲企業部門並沒有將新增的獲利轉化成基層員工所得的提升，或擴大支出投資以創造出新的就業機會。也因此，安倍晉三內閣於2014年9月3日推出「地方創生」政策，這個政策也被稱爲「**地方版的安倍經濟學**」，希望政策的視角能從地方著眼，從人民的需求出發，並期待能夠有效改善偏鄉與農村的境遇，並且適度化解「東京一極集中」的不均衡發展。

二、日本地方創生政策的核心旨趣：營造地方經濟系統「善的循環」

　　安倍晉三內閣爲推動地方創生政策，於2014年11月28日公布「城鎮、人、工作創生法」（まち・ひと・しごと創生法），此爲該項政策的「母法」（準據法源），而究該法主要內容的意義來說，人口快速減少的偏鄉，像是「中間山地域[7]」的農村或是沒有鐵道線路的地方，因爲這些地方的經濟發展較爲落後，或因人口走向高齡化，或讓青壯年人口在地方找不到具有發展前景的工作，因此選擇離開家鄉到外地去找尋安身立命的機會。而當青年在自己的故鄉上有了工作，且能有安定的生活，有這樣的條

郎，曾任外務大臣、官房長官及通商產業大臣等職務。安倍晉三先後擔任四任內閣總理大臣，並於任內力推「地方創生」政策。安倍晉三卸任內閣總理大臣職務之後，仍繼續擔任眾議院議員職務。但不幸於2022年7月8日於參議院議員選舉助選時遭人槍擊身亡，享年67歲。

7　日本「中間山地域」指的是平地的周邊地區到山地的範圍，而且該等地區平坦地區不多。這樣的地方，占全日本土地面積七成，但人口比重僅有全日本人口的七分之一，人口密度也通常較少。這些地方人口流失嚴重，難以留在年輕人，生活機能低下，日本從中央到地方設有多種政策扶助這些區域，以防土地空洞化以及地方消滅的情形。

件，才能促使他走向婚姻，並且育兒生女。而當多位在地居民在地方有了下一代，這樣已拉下鐵門的商店才有可能重新營業，並讓消失的商店街恢復往日榮景。從此以往，將可形成「善的循環」。相反地，倘若地方經濟走向衰敗、工作機會日益縮減、各年齡人口流失，那在地商家沒有營利基礎，地方的經濟自然更加衰敗，日積月累將形成「惡的輪轉」。而營造地方經濟系統善的循環（木下齊，2016：99-100；增田寬也，2014：59-61），正是日本推動地方創生的核心理由。

三、地方創生主要政策內容與其KPI指標

　　依據日本內閣於2018年改訂的地方創生總合戰略計畫的內容[8]，日本地方創生的「長期目標」年份訂於2060年，希望能夠在該年之前達成以下四個長期目標：（一）日本人口維持1億人水準；（二）為防止人口減少，所以新生兒的出生率須維持1.8%的比率；（三）化解東京一極集中；（四）經濟成長率維持1.5%到2%的成長率。而為達成以上長期目標，2020年先期目標就必須先行布局。其所制定的2020年先期目標內容如下：

（一）**打造地方就業、安心在地工作**：1.支援地方中核企業（3年間支援2,000家地方企業並支援地方企業先導型計畫，5年間支援1,000間企業，營業額5年間達60億日圓）；2.強化觀光業構築連攜體制（訪日外國人消費達8兆日圓，2017年之時已達到4.2兆日圓）；3.農林水產產業化（2020年之時，輸出額達1兆日圓；2017年之時輸出額為8,071億日圓）。

（二）**人往地方流動**：1.企業的地方據點強化（增加4萬個地方雇用職缺；2017年之時已增加了16,000個職缺）；2.促進青年在地方就學與就業（如地方在地就學比率為36%，2017年之時的成果為

32.7%）；3.充實學校學童農山漁村生活體驗（2024年小中高校生合計170萬人次的體驗，2016之時為84萬人）；4.推進地方移住（一年移住件數訂為11,000件；2017年之時已達9,800件）。

（三）**讓青年勇於結婚生育子女**：1.推動少子化對策（降低每週加班60小時比例減少到5%；2017年為7.7%）；2.青年世代經濟安定（青年就業率79%；2017年為78.6%）；3.支援婦女受孕與養育（高齡產婦的支援100%；2016年已達99.9%的水準）。

（四）**打造合於時代的地方環境**：1.形成連攜中樞都市圈（希望達成30個都市圈；2017年之時已打造28個都市圈）；2.打造1,000處的小據點（2017年之時已達1,069處）；3.解決大都市醫療、介護與少子化問題。

　　以上可以看出，日本的地方創生政策，基本上是一個「政策包裹」（policy package），並非單一目標的單一政策，而且範圍遍及內閣各省廳的各種施政政策。再者，總括這些政策，有些是針對農村的措施，有些或許不是，但政策跟政策之間牽一髮動全身。以「連攜中樞都市圈」的政策措施來說，有了完善的中樞都市與周邊鄉村自治體間的跨域合作體制的話，這樣資本門的建設就可集中於中樞都市；相反地，偏鄉的市町村就只要辦好「窗口行政」及「服務遞送」等等的事務，透過彼此之間能力的截長補短、資源整合，因公共支出減少，或有可能化解偏鄉地區地方消滅的危機。

四、支援地方投入地方創生的三支箭

　　「安倍經濟學」設有三支箭政策，用來帶領日本對應於「全球」的「宏觀」經濟情勢；而面對地方發展困局，日本的地方創生同樣設有地方創生三支箭，針對「在地」的「微觀」情勢，給予地方必要協助。而協助地方投入創生活動的三支箭內容如下：

（一）情報支援

　　日本內閣府內職司地方創生的事務單位，在其所屬網頁開發設計了「地域經濟分析系統」（Regional Economy and Society Analyzing System, RESAS），在該系統內提供地方自治體各式各樣的情報與數據（如自治體內各項產業優勢、人的流動情形，以及人口動態發展等等的資料），而且這套系統的設計非常人性化，任何人都可以利用操作。這套系統可以讓地方自治體（或一般民眾），基於數據資料來把握現有地方情勢，而且該系統尚產生「可視化」圖表，有利於使用者對於地方的研析與判斷。

（二）人才支援

　　在內閣府的地方創生推進事務局設有地方創生學院、地方創生的專門接待人員，以及地方創生人才支援制度。在內閣府的地方創生網站上，設有各種專家的人才專門庫，有農業專家、有農藝業者、有產品行銷專家、有土特產專家、有製造業業者、有農產品加工業者等各行各業專家，可供地方選任到地方進行現場實作教學。

（三）財政支援

　　對於獲准推動地方創生的自治體，日本內閣設有地方創生推進補助金、地方據點整備交付金、地方創生事業費，以及故鄉納稅等等的財政補助及優惠的制度措施。

　　總括以上對於地方的支援，相較於大分縣的一村一品運動，支援的面向較為廣泛；另外，一村一品與地方創生，兩者都強調「自立性」的觀點，也就是不依靠中央政府或是上級政府的財政支援（如補助金），就可強化在地農產品的競爭力。進一步說，一村一品並無設置補助金，但地方創生有補助金制度。地方創生希望地方拿到了補助金之後，能夠善加利用，促其走向自立；也就是說，補助金是一時的，期待3年至5年後能夠達

到創生事業盈虧自負、永續經營的水準。

五、大分縣一村一品運動與地方創生政策之比較

　　如前所述，一村一品運動是大分縣於1979年開始推動的政策，而地方創生政策是日本內閣的政策，並於2014年推動。前者的推動背景自然是大分縣當時所遭遇的狀況，如人口密度太低、留不住青年人口，而且當年的大分縣縣民平均收入確實相對較低。而就地方創生政策的推動背景來說，主要是2014年之時，全日本因為人口減少所引發的地方消滅危機。就人口對策來說，一村一品運動並沒有強調人口的增加或是人口的移入；但就地方創生政策來說，強調全國的出生率要達到1.8%的水準，以及透過創造就業機會，以留住在地人口或吸引外來人口。

　　就產業來說，一村一品運動主要推動的產業為農業，僅有非常少數的產業為工業製品；而就地方創生來說，推動的產業類別，並不限於農業，工業、農產加工業、旅遊業、科技服務業等等的產業都可適用。而就農業附加價值來說，主要針對當年大分縣既有的農產品來進行一次性簡單的生產加工，或是透過農業技術，改良既有的農產品種，以強化農產品的價值，並期待在日本市場或是國際市場上獲得較高的評價以及較高的產品售價；而就地方創生政策創造農產品價值的方式來說，已進化到「六級產業化」[9]，強調已非傳統的一次性農產品加工，希望在地的農產能夠「產業化」；除此之外，更強調產品的行銷與通路，可由產地直接連結到消費市場或是顧客手中。

---

[9] 所謂的六級產業化指的是基於第一級各項農產品，延伸各項農產品的產業鏈，結合第二級的製造加工業，並串連第三級的行銷與物流，透過農業產業鏈的前後整合，以創造最大農業產值。為何名為六級產業，其為各級產業的整合1+2+3=6或是1×2×3=6，故而名為六級產業化（財團法人農村發展基金會，2020：24）。

表6-4　大分縣一村一品運動與地方創生制度之比較

	大分縣一村一品運動	日本地方創生政策
政策推動背景	大分縣內人口過疏 青年人口高度流失 縣民年收相對較低	偏鄉的地方消滅危機 緩解東京一極集中問題 強化偏鄉及農村的發展
人口動態對策	較無強調	人口移入 創造就業 生育及育兒支援
主要推動產業	以農業爲主	依照地方特性自主提出地方創生案 （不限產業類別）
農產附加價值	1.5級產業化	6級產業化
專業人才取得	培育地方人才	培育地方人才 外部引進專家
財政支援方案	無支援地方政府的補助金	設有補助金制度

資料來源：本文作者基於城戶宏史（2016：8）之文所編撰的表格資料進行改編而成。

　　而就產業人才來說，一村一品運動除了希望打造市町村的明星農產品外，更希望透過前述之「打造豐盛之國私塾」，在地方上培養出更多的農業專業人才；而就地方創生來說，人才是不是在地沒有關係，黑貓白貓只要能夠捉到老鼠就是好貓，有在地人才最好，地方上若是沒有，則向外地借將，或直接商請中央派員到地方來進行專業協助。以上爲一村一品與地方創生之比較，整理如表6-4所示。整體來說，從一村一品到地方創生，兩者之間並沒有出現價值上的翻轉，制度上有相當的延續性；總體來看，或可說是簡易版的地方創生與完整版的地方創生的差異。

伍、結論

　　他山之石可以攻對，也可以攻錯，重點是這些攻對或是攻錯的經驗能否轉化成爲我國因應同樣政策問題的參考，並有助於我國政策的推動與施行後的成效。日本的農村人口仍在流失當中，而面對這樣的結果該如何

去評價前述之一村一品運動，乃至於以農業爲主力產業的市町村？就「過程」來看，兩項政策都要求地方必須針對問題，自行研提應對之道，而非全靠中央或上級政府的扶助。而從「結果」來看，若沒有這兩項政策的介入，是不是代表農村地區的人口流失問題將會更爲嚴重。本文認爲，若是經過地方創生相關措施的協助，讓農業產值有所提升，甚至能夠達到自立營運的水準，那就已達到地方創生的原始目的，並且讓地方在未來能有進一步發展與繁榮的可能。

參考文獻

みずほ総合研究所（2018）。キーワードで読み解く地方創生。東京：岩波書店。

木下齊（2016）。地方創生大全。東京：東洋経済新報。

中山徹（2016）。人口減少と地域の再編：地方創生・連携中枢都市圏・コンパクトシティ。東京：自治体研究社。

井上繁（1989）。地域づくり診断：活性化を先進地に学ぶ。東京：同友館。

日本內閣府地方創生總合網站，https://www.chisou.go.jp/sousei/index.html。

日本國立社會保障人口問題研究所，https://www.ipss.go.jp。

日本農林水產省農林業センサス報告書，https://www.maff.go.jp/j/tokei/census/afc/。

松井和久（2006）。日本の地域振興の展開と一村一品運動，一村一品運動と開発途上国。千葉：日本貿易振興機構アジア経済研究所。

城戶宏史（2016）。一村一品運動から紐解く地方創生。日経研月報，第7期，頁1-9。

財團法人農村發展基金會（2020）。農產品加工不只醬：開箱地方創生的風土way。臺北：蔚藍文化出版股份有限公司。

許文志、張李曉娟、吳俊賢（2020）。地域產業OTOP的未來。臺北：五南圖書。

增田寬也（2014）。地方消滅：東京一極集中が招く人口急減。東京：中公新書。

第三篇

個案應用

第七章
創生型生活事業建構：
鹿港囝仔的創生經驗分析

徐偉傑

壹、研究背景與動機

2019年為臺灣地方創生元年，地方創生政策旨在「協助地方發揮特色，吸引產業進駐及人口回流，繁榮地方，進而促進城鄉及區域均衡適性發展。因此地方創生要超越社區總體營造、文化創意、甚至農村再生的層次⋯⋯地方創生則是在統合這些計畫。」（國發會，2018）「地方創生國家戰略計畫」指出，地方創生的推動主要依地方特色發展地方經濟，緩和人口過度集中於六都，讓人口回流、青年返鄉，達成「均衡臺灣」的目標。在此脈絡下，「加速推動地方創生計畫（110年至114年）」提及，在前述目標引領下，「秉持以人為本精神，結合新創觀念，復興地方產業，創造就業，促進人口回流地方」。

如前所述，作為國家安全戰略層級的地方創生政策，存在兩個值得探究的脈絡。其一是立基於「經濟主導」思維的解方設計——發展地方經濟、增加就業機會，就能促進人口回流。然而，許多偏鄉正因為長期面臨人口老化、產業欠缺發展、工作不易創造的困境，所以才需要創生資源的挹注，地方創生政策期望在缺乏經濟發展條件的環境裡找尋帶動創生效益的經濟模式，此舉如何可能？其二，地方創生既是超越既有相關政策的統合性方案，代表過去相關政策執行過程遭遇的困境或限制，也將形成地方創生政策推動的阻礙，如何加以超越克服？

針對第一個脈絡，已有學者提出反思。盧俊偉（2020）經由實證分

析，發現若要降低地方的人口老化比率，促進「薪資成長」的政策效果優於「創造就業機會」的政策方案，這代表著地方需要的是能夠帶來薪資成長的產業活動，而不是創造更多就業機會的產業投資。再者，即便是促進薪資成長的政策，投入十年以上的長期政策資源對於降低人口老化的效果並不大，是以「經濟因素並非解決人口老化問題的唯一解方，地方創生政策目標……不宜把解決人口問題的期待，完全鎖定在振興地方經濟的單一藥方上。」（盧俊偉，2020：42-43）另外，陳玠廷（2021）分析農村作為地方創生政策實踐的核心場域，其「人力資源」和「產業活動」的連結方式亦需謹慎，必須透過制度性的策略設計，建立具有在地認同、尊重農村主體性的關係人口。於是，在經濟手段以外，地方創生可以且有必要思考社會手段的使用需求及效益。

李長晏（2020）提出地方創生的兩種執行路徑，即反映出前述關懷。地方振興（local revitalization）型態係以經濟手段驅動地方產業發展，以企業進駐帶動就業人口，提供消費貢獻、擴大消費效果；而地域營造（placemaking）型態則著重於社會途徑，關注生活空間營造及對於所在地的連結，建構與培育當地人及其所處環境的相互關係，打造共享價值、社區能力，創造人與地域的和諧共生。設若地方創生內含經濟與社會手段的運用，我們應該如何理解此一相互建構的歷程？

對於第二個脈絡，張志乾、游春桃（2020）指出，政府在過去二十多年投入社區營造、農村再生、地方特色產業輔導、城鄉風貌等諸多攸關地方基礎建設和文化發展的政策，皆是對於「地區」發展的關切，「但地方特色未能全面性發展成為可永續經營與變現的產業，仍無法有效解決鄉村人口外流的問題。」（張志乾、游春桃，2020：99）以社造為例，監察院曾於「推動社區總體營造工作之成效與檢討專案調查研究」中，直陳社造成效不彰的主要癥結，在於未能深入思考攸關社區組織存續的問題，包括：一、沒有深入了解結社（公益型社區民眾組織）的架構；二、公益型社區民眾組織該如何與地方利益團體互動，從而建立起現實上可行的地方發展共識；三、公益與私利之間的平衡與辯證關係；以及四、地方政府相關預算不足，難以編列配合款，多數依賴中央補助款，需統合民間

企業經濟協力（監察院，2005：130-131）。再以農再爲例，呂詩婷等人（2018）針對臺中市46個農再社區的研究，發現農再政策的若干執行問題，包括補助經費配額有限、自籌經費來源不足；人口老化、年輕人力未能回流；且居民生活忙碌、缺乏合作共識等。

　　顯然，政府長期以來透過計畫和經費補助引領地方發展，仍存在補助依賴、地方自主發展能量有限、公益和私利失衡、青年回流力道有限等困境。現行地方創生政策提出「以投資取代補助」概念，擬於長期欠缺發展的偏鄉或農村裡找到值得投資的創生事業，這類事業是既有企業的擴展、新商機的發掘，抑或是青年回鄉打造所需產業？我們如何理解以返鄉青年爲主體，而非以企業發展爲主體的創生樣貌？

　　在前述兩大脈絡下，本文從地方創生作爲「經濟與社會共構的複合體」角度，藉由探討彰化縣「鹿港囝仔」個案，梳理臺灣地方創生的多元樣貌。雖然鹿港未被國發會列爲地方創生優先推動區，然而其在地團隊的創生實踐經驗仍值得梳理和借鏡。本文透過文件分析和深度訪談，了解一群鹿港年輕人如何透過長達十年的地方參與，以在地運動吸引社區關注，利用藝術文化建構在地認同和吸引夥伴，最後透過創生事業的營造，開展商業機制和社會參與共構的創生模式。

貳、文獻回顧

　　爲了提出合適的分析架構，本文首先檢視多樣經濟、社會企業、授粉企業、解方經濟等概念，用以研析與反思地方創生的社會經濟性格。

一、多樣經濟概念

　　在資本主義發展體制下，人們以熟悉的營利企業、勞動薪資、產銷市場等元素形構了主流的經濟世界觀點，這些經濟活動的投入和產出都能換算成爲勞動力統計、國民所得與生產會計帳上的數據。

　　但是，如同Gibson-Graham（2006）以冰山形容經濟（如圖7-1所示），露出水面的資本主義發展元素僅是人類經濟社會活動當中的一小部分，許多有價值的經濟活動形式如自雇、家戶生產、志願勞動、以物易物、技能分享、社會交換等，並無法納入資本主義的發展數據計算範疇，使其成為「市場邊緣」的課題，或根本被主流市場排除。這類被體系排除的經濟活動，規模不大且深具在地屬性，其運作因為「產值」不高，故不易納入國家經濟政策。但是，這些非主流或另類的市場和勞動，卻能藉由社會資源的移轉和建構，為偏鄉帶來活力與幸福。如同胡哲生、李禮孟、孔健中（2015：70）所述，只看到大型企業、高科技產業與都市經濟體的國家政策，只能創造傳統經濟學統計數據，卻失去實質的社區生活品質與國民總體幸福感。因而，鄉鎮、社區的發展需要新的治理尺度，利用其既有在地條件，以創新思維克服既存限制，據以發展新的解決途徑。

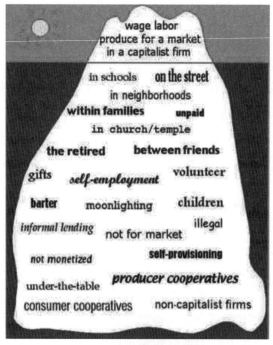

圖7-1　經濟冰山圖解

資料來源：J. K. Gibson-Graham, Diagram of the Economy as an Iceberg, A Postcapitalist Politics (2006).

　　所謂多樣經濟，不同於現有資本主義論者所謂的經濟模式，而是面向資本主義之外的經濟世界，觀照非屬於資本主義體系的商品生產服務系統，強調根據當地資源來重新評價地方經濟，藉以取得更多的經濟創新（請見表7-1）（Gibson-Graham, 2008）。此一經濟模式主張應著重被忽視的非市場取向的經濟活動及其行動者，大量的自雇者，如家庭主婦、

表7-1　多樣經濟之主要構成

交易方式（Transactions）	勞力結構（Labor）	事業（Enterprise）
市場（**Market**）	薪資（**Wage**）	資本論者（**Capitalist**）
另類市場（**Alternative Market**） 出售公共財 Sale of public goods 規範式自由交易市場 Ethical "fair-trade" markets 當地交易系統 Local trading systems 替代貨幣 Alternative currencies 地下市場 Underground market 以物換物 Coop exchange Barter 非正式市場 Informal market	另類支付（**Alternativ Paid**） 自雇 Self-employed 合作 Cooperative 契約型 Indentured 互惠勞力工作 Reciprocal labor In kind 以工作換取福利 Work for welfare	另類資本論（**Alternative Capitalist**） 國有事業 State enterprise 綠色資本論者 Green capitalist 社會責任公司 Socially responsible firm 非營利 Non-profit
非市場（**Non-Market**） 家務流動 Household flows 禮物給予 Gift giving 就地交易 Indigenous exchange 國家分配 State allocations 國家專用 State appropriations 收拾莊稼 Gleaning 林漁聚集 Hunting, fishing, gathering 用不正當手段 Theft, poaching	未支付（**Unpaid**） 家務勞動 Housework 家庭顧護 Family care 鄰里工作 Neighborhood work 自願服務 Volunteer 自主勞動 Self-provisioning labor 奴役勞動 Slave labor	非資本論（**Non-Capitalist**） 聚落的 Communal 獨立的 Independent 封建的 Feudal 奴隸 Slave

資料來源：Gibson-Graham (2008: 4).

自給自主、以物易物來換取生活所需的生產分配活動等（Gibson-Graham, 1996）。

多樣經濟模式認為，應以社會經濟（social economy），或稱「社區經濟」（community economy）為主軸重構經濟活動，可使用市場和非市場策略，把不同形式的活動和事業重新連結，並重新界定地方的角色和重要性。而支付方式除了市場運作模式，更應發掘當地自雇人力，亦可採用合作和契約型等互惠勞力工作支付方式。在人力支付系統上，強調在家務勞動人力、家庭照護、鄰里互助工作、自願服務自主勞動和奴役勞動等。至於企業模式，除了兼顧採用市場取向但著重在環境友善和社會責任等事業體外，應重視當地原有的族群和聚落，進而了解城鄉關係之連結。

胡嘉明、盧燕儀（2013）反思Gibson-Graham（2006）提出以社區經濟回應資本主義危機的方法，認為資本主義的發展遮蔽了人類經濟活動中存有的社會關係。找尋資本主義以外的出路，必須重視經濟活動的社會關係及其存在的社群本質。此處指稱的「社區經濟」並非對應特定地理範疇的社區，而是指涉社會分配制度與制度革新，讓「私有化」或「個人化」的公共成本或利潤能以社會分配方式還給公眾。在此過程中，除了國家或傳統官僚，企業、社會團體和一般社會大眾亦可參與決策，而分配標準不因人而異，而是以社會整體利益作為最大考量。

總的來說，多樣經濟模式的核心重點，在於社區經濟係連結地方上的個人和組織形成的空間和網絡，可以使用任何尺度構成，包括被主流資本主義經濟排除的個體和組織，如被資退的工作者、失業年輕人、失婚者、女性工作者、單親家庭和農村勞力等（Cameron and Gibson, 2005; Gibson-Graham, Resnick, and Wolff, 2000）。對地方創生來說，亟需創生的場域大多位居主流經濟的邊陲，故重視創意思考的多樣經濟模式可以引領思考如何活絡地方資源，在實務上必須連結多方人力、資源和勢力形塑「跨結構化」（cross-structuring）（Smith, 1973），或者「跨專用」（cross-appropriation）（Spinosa, Flores, and Dreyfus, 1997）或「延伸」（extension）（Varela, 1992）等方法，來整合多元需求，達成多樣經濟活動。

二、社會企業作為多樣經濟載體

　　由於營造多樣經濟不易創造亮眼的GDP，難以成為政府施政的核心目標，也不是一般企業願意投入的獲利場域，傳統第三部門受限於觀念或能力也鮮少參與，於是多樣經濟的可能樣態長期未獲重視。近年來興起的社會企業，正為多樣經濟的營造提供新的載體。所謂社會企業（social enterprises）係兼具公益目標和商業機制的組織，為了創造某種社會利益、實現某種社會使命或社會目的而存在（Dees, 1998; Ducci et al., 2002）。社會企業更可扮演另類公共服務的載體，為主流經濟發展模式做出重要補充（林麗玲，2013）。如表7-2所示，與主流經濟相較，社會企業更重視互助、平等、尊重、交換等以人為本的特質。

表7-2　主流經濟與社會企業之比較

比較項目	主流經濟	社會企業	具體實踐例子
價值取向	以市場供需決定價值	重視人的尊嚴及勞動價值	• 由街坊的能力及才能出發，讓參加者發揮才能 • 具有尊嚴的工資回報和發展前景 • 有參與決策的權利
知識類別	資歷架構知識霸權文憑主義	經驗知識民間智慧集體智慧	• 並非以學歷評定個人價值 • 鼓勵每位參與者提出自己的意見 • 鼓勵討論以達成共識文化
發展重點	經濟發展	平衡發展	• 在生計、生態和社會各方面盡量取得平衡發展 • 鼓勵參與者參與社區及關心大自然
消費意欲	被塑造的欲望	實際生活需要	• 把資源投放在質素上，而非包裝 • 鼓勵按實際需要生產及推銷，而非供過於求的生產
生產模式	大量生產	DIY、回應生活需要、重用物資、手作	• 保存製作者、生產者、服務提供者的風格及理念 • 以質素取勝

表7-2　主流經濟與社會企業之比較（續）

比較項目	主流經濟	社會企業	具體實踐例子
消費模式	大財團壟斷的消費	支持生產者及小商戶	• 發展有機蔬菜共同購買網絡及支持社區農夫，鼓勵其轉型有機種植 • 幫襯及支持小商戶，並與小商戶建立互惠合作網絡
消費媒介	非錢不行的交易模式	人情的交換生活	• 建立人性化的社區交換系統，肯定被社會否定的才能和價值，強調互信及對社區的承擔

資料來源：林麗玲（2013：180）。

再從臺灣過去20年來推動社造的脈絡觀之，其依循「以資產為中心」的社會發展模式，與社會企業推動在地經濟發展的思維具有概念上的親近性。以下分別介紹社會企業如何與社區合作，以及低收入市場（比如長期欠缺發展的偏鄉）的「共構型」企業進入模式。

（一）社會企業體現「以資產為中心」的社區發展模式

社區營造目前的主流思維，係採「由下而上」社區發展模式，源自Kretzmann和McKnigh（1993）提出之「以資產為中心的社區發展模式」（Asset Based Community Development），強調社區本身擁有的資源與資產、能力與技術，應重視社區擁有的優勢，其目的是使社區中所有成員都能獲得其良好生活所需資源，而非關注社區的匱乏與問題──此為「以社區需求或社區缺失」社區發展模式（Needs Based or Deficits Based Approach）之特色。

以資產為中心的發展模式強調三項重點：1.以資產為中心，強調社區的發展不應由問題或需求出發，而應強調社區擁有的資產或優勢；2.內在取向，強調社區居民自身參與社區發展的能力；3.關係建構，重視居民和團體、組織之間的聯繫，以及各種網絡關係的建立（Kretzmann and McKnigh, 1993）。

McKnight和Kretzmann（1996）特別指出，當政府以「需求」角度看

待社區，只著重於了解社區當前面臨的問題，將使社區以一種「陷入困境」的方式來呈現其樣貌。依此描繪的社區圖像呈現各式問題，讓外部專家只能清楚看到社區內的缺乏與不足，而各式各樣的問題也會弱化社區居民的能量，以至於忽略社區可以自行解決問題的能力，使得社區更加依賴外部的支援。因此McKnight和Kretzmann（1996）、Green和Haines（2008）均提倡以資產的角度來看待社區的現況，其發展策略、主要路徑、居民角色及關係導向等面向，都能為社區發展與營造帶來新的工作模式。

　　如表7-3所示，以問題為中心的社區發展模式，其發展策略立基於社區的缺乏與不足，解決問題的策略經常藉重外部專家的「需求調查」來確認社區面臨的問題，故常傾向依賴外來資源，由政府規劃與指導，或委由專家協助，形成一種「由上而下」的工作方式。在此過程中，居民認為自己是需要外部協助的「案主」，而忽視或棄置個人聰明才智。

　　至於以資產為中心的社區發展模式，其發展策略奠基於社區內部擁有的資產，其內涵包括社區居民、團體組織和機構的能力，這些都為社區資產。而社區發展就可由社區居民主動的承諾與投入，因此社區發展路徑是「由下而上」，身處其中的居民是社區發展的參與者和行動者，是促發社區發展的重要因子，因此社區發展呈現內部關係導向。

　　對社會企業來說，前述兩種社區發展模式的區分饒富意義。在形式上，社會企業利用創新的商業機制面對和解決在地問題，也會採用「需求調查」發掘潛在限制與機會；在實質運作上，社會企業既掌握社區發展所

表7-3　「以問題為中心」與「以資產為中心」之社區發展模式比較

比較基準	以問題為中心	以資產為中心
發展策略	奠基於社區的缺乏與不足	奠基於社區所擁有之事務
主要路徑	由上而下	由下而上
居民角色	案主、服務接受者	參與者、行動者
關係導向	外部關係導向	內部關係導向

資料來源：劉素珍（2012），整理自McKnight and Kretzmann (1993); Green and Haines (2008)。

需解決的問題、可投入的資源，也讓社區居民和參與夥伴看到社區尚未開發的潛能，並願意投入實踐。以「由下而上」模式鼓勵社區內部自行主導、開發、善用、建置，促進社區居民的參與，善用社區型組織的集體力量，強化社區居民的凝聚與共識，解決社區問題，提升社區生活品質，朝向在地化發展的工作模式，更能激發社區的能力。在此概念下，以社會企業為載體所建構的社區發展模式，如何能夠真正帶動在地經濟發展，其核心焦點就在於社會企業能否和所在社區合作。

（二）社會企業與社區合作

　　Heath（2002）在〈與社區共同合作〉（Working with Community）一文中，說明社會企業為何與如何應與社區共同合作。她指出，在營利領域，社區的多樣性代表不同的市場利基；對社會企業家來說，社區代表的是關係網絡（webs of relationships），體現各類可用來改變社會的資產，包含溝通能力、多元類型的技能與知識。社會企業能否系統性地鏈結這些社區資源並加以善用，正是其發展成敗的關鍵。於是，社會企業如何在尊重在地需求與價值的基礎上，與社區展開合作，這意謂著社會企業必須花費大量時間建立與社區的資源聯繫，也就是尋覓相關的利害關係人，其所需要的三項關鍵能力包括：1.將他人視為無用之處發掘可能性；2.將不同的社區統整在一起，找出前人未曾試過的解決方案；3.即便遭遇巨大阻礙，也能以互信與凡事都能解決的信念維持團隊工作（Heath, 2002: 145-146）。

　　面對普遍認為難以處理的社會問題，在尋求解決方案時，可以借鏡在地知識，藉由勾勒社區內的社團、協會，並掌握其建構的互動網絡，就能從中發掘社區資產（community assets），包括社區領袖、在地智慧、有關當地與歷史的知識，以及各種交流方式等。這些社區資產提供在地化的脈絡，讓社會企業家得以掌握如何了解需求，以及如何其理念深植到具有創造性和價值的計畫中。

　　而當社會企業與社區成員共同確定需求和資源，便能連結各式機構形

成工作夥伴與策略聯盟，包括政府、學校、非營利組織等。而社會企業家扮演的是在機構力量與社區需求之間的中間人角色。在過去，這個角色之所以難以浮現，主要是因為欠缺創新機制、來自科層體制的囿限，或者社區和機構之間溝通不良，致使這般橋接的職能無法發揮。

至於社會企業與社區產業、社區經濟概念的差異，吳明儒、劉宏鈺（2011）做出釐清：所謂「社區產業」重視在地產業的創新，社區居民運用在地資源，透過居民參與、在地認同和集體經營，以產業發展作為社區自主運作的手段，達成社區共存共榮的模式，該模式非僅限於生產面向的思考，且高度強調「在地化」的經濟型態。而「社區經濟」則是運用經濟手段解決社區問題，讓社區具有經濟性的維生能力，其發展不被政府或私人企業左右，而蔡宏昭（1995）更將社區經濟描述為以企業為主體、社會為客體的互動關係。

至於「社區企業」，或者根植於社區的在地社會企業，則得對「社區經濟」有所貢獻，而且能夠突顯「社區產業」特色。正因為如此，這類社會企業的規模普遍不會太大，而其生產活動必然伴隨社區福祉的創造和維護，讓社區產業得以在市場經濟上取得競爭力，並透過反饋機制，將生產者和販賣者的個別經濟利益，轉化延伸為具有社區公共性的利益。

（三）低收入市場上的共創模式

在偏鄉地區開展創生事業，猶如在低度發展地區發掘商機，London和Jäger（2019）描述這類在金字塔底層（Base of the Pyramid, BoP）市場的企業進入模式。過去的企業進入模式經常採行在高收入、成熟市場上被證明有價值的技能和方法，如同把冰山上層資本主義運作的思維應用於低收入市場，這類「轉移模式」（transfer approach）難以接地氣，不易在低收入市場成功經營（參考表7-4）。相較之下，「共創模式」（cocreation approach）則採取包容性的策略，企業和金字塔底層成員合作，利用在地資產共構解決方案。此處的「共創」被界定為彼此相互尊重的企業和在地成員，在立基於透明度與互惠的過程共同合作，從中發掘和使用低收入市

場上存在的各種資產,以建立成功企業。是以成功企業的內涵包括:1.認知並尊重金字塔底層的成員是有價值知識與技術的來源;2.了解低收入市場不是存在各種待解決問題的環境,而是存在許多豐沛資產;以及3.嘗試發掘和使用已存在市場上的五類資產(即經濟資產、知識資產、領導力資產、網絡資產和創新資產),並促成商業模式勃興(London and Jäger, 2019: 42)。

表7-4　轉移模式和共創模式之比較

	轉移模式	共創模式
市場進入策略的主要視角	爲金字塔底層創業	與金字塔底層共同創業
商業機會指引	修復錯誤之處	讓正確事物發揮效用
主要資產來源指引	將高收入市場中有價值的資產轉移至低收入市場	發掘存在於低收入市場當中的有價資產
低收入市場的資產指引		
經濟資產	低收入市場的消費者和生產者缺乏金融資產	低收入市場消費者和生產者的可支配性收入,可藉由取得信貸、匯款和自身勞動與生產加以補充
知識資產	低收入市場的個體缺乏教育和商業知識	低收入市場的個體擁有填補商業模式缺口的知識和技能,亦能在商業發展上提供建議
領導力資產	低收入市場中的個體難以被影響,致使其行爲模式不易改變	深受敬重的在地領袖可以顯著影響當地的決策
網絡資產	各個低收入市場彼此孤立存在,不易在社區內部和社區之間建立聯繫並取得發展	低收入市場包含各種有助於促進個人與社區之間互動的交流平台
創新資產	低收入市場不具備有利於創新的基礎設施	低收入市場的基礎設施和制度發展能爲相關的在地創新提供機會

資料來源:London and Jäger (2019: 43).

三、授粉企業扮演在地經濟催化者

Shuman（2015）於《在地經濟解決方案》（*The Economy Solution*）一書中，將那些具有資金自籌、能帶動經濟發展的企業稱為授粉者（pollinators）。如同蜜蜂在植物之間授粉，滋養整個生態系統。Shuman使用授粉企業一詞，描述其運作任務不只是強化個別在地企業的獲利，同時也強化整個在地的企業社群。因而，授粉企業對於成功的判準不只是獲利率，還包括：（一）是否增加在地社群於當地企業的就業率；（二）當地居民，尤其是年輕人準備新創事業的比例是否增加；（三）是否能推升在地新創事業的存活率；以及（四）是否能增加在地企業有意識的測量和改善與員工、利害關係人和環境有關的社會績效（Shuman, 2015: 15-16）。

在Shuman的觀念裡，他認為社會企業和授粉企業略有不同，前者是資金自籌的非營利組織，後者除了非營利組織之外，也包括營利組織，而且專門以增強其他在地企業為目標（Shuman, 2015: 18）。事實上，能夠同時創造自利與共好的授粉企業型態多元，包括計畫型（planning）、採購型（purchasing）、人力型（people）、夥伴型（partnership）以及資助型（purse），均為在地經濟發展提供驅力和助力（如表7-5所示）。地方創生事業肩負帶動生活與生計之目標，雖然不一定是社會企業，但基本上具備授粉企業的特質。

表7-5　授粉企業的概念、定義、挑戰與模式

概念	定義	主要挑戰	授粉模式
計畫	計畫係指由都市規劃者做的「空間」規劃，以及由顧問做的「商業」規劃	對於新的或擴大業務的在地企業來說，什麼是滿足在地需求的最有可能的機會	幫助在地企業改善其績效
採購	鄰近的顧客、企業和政府機構的採購行為	社區如何透過消費者、企業、政府的在地採購或「在地優先」，使其更加興盛	為在地企業增加客流量、訂單與合約

表7-5　授粉企業的概念、定義、挑戰與模式（續）

概念	定義	主要挑戰	授粉模式
人力	企業發展有關的人力因素，包括企業家、員工和經濟開發商	如何訓練新一代的企業家和員工掌握新的在地商機	改善企業家以及在地經濟開發者本身的績效
夥伴	在地企業彼此之間形成夥伴關係	在地企業如何透過共組團隊以增加競爭力	促成在地企業透過合作提高獲利
資助	提供給當地企業的資本，包含股、債，以及長短期的高額和小額借貸	如何動員在地資本以資助新的或擴大業務的在地企業	讓在地投資者以更方便、更便宜、更有利潤的方式資助在地企業

資料來源：整理自Shuman（2015: 18; 210-214）。

四、解方經濟生態系統觀點

　　Eggers和Macmillan（2013）提出解方經濟（solution economy）論點，並視之為當代社會新的經濟發展典範。他們主張，解決社會問題方案的形成開展出新的經濟型態即為解方經濟，經常出現於傳統公私部門交會之處，其模式係以經營社會成果（social outcomes）——圍繞著各式各樣的社會問題而成形，比如減塑、減少食物浪費、降低詐騙事件、提升交通效率、空污防治等——有關的生意。各利害關係人藉由跨界整合資源提出解決方案，創造公共價值。這些解決方案可以提供更好的結果、更低的成本支出，並能在政府預算吃緊的限制下，達成公共政策創新的目標。

　　解方經濟包含六種特質（如圖7-2所示），分別是解決問題的造勢者、具有解構和建構能力的新科技、規模化的商業模式、具有影響力的貨幣、公共價值交換、解決方案的生態系統。這些元素構成的解方經濟不只是一個經濟機會，更是一個全新的社會問題解決方式。這套模式具有基本的科技知識，以及建構全新的商業模式，且適合運用於各種產業，包括以解決問題為本的地方創生事業。

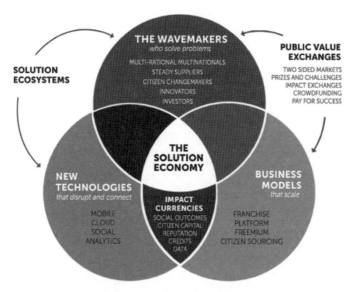

圖7-2　解方經濟示意圖

資料來源：Eggers and Macmillan (2013: 9).

　　其中，解決方案生態系統（solution ecosystem）的形成，與社會企業、授粉企業運作和推動歷程相仿，也是本文分析框架的參考依據。如表7-6所示，解方生態系統的形成，或者地方創生生態系統的形成，首先必須確認既有問題與現行解決方案的差距，掌握所欲解決的核心問題，而後將核心問題帶上檯面，並與在地社群連結，導入相關技術和模式，接續以接軌市場的思維與策略，尋求問題的新解方，最後將之規模化，俾利產生更大的社會影響力。援引此一觀點探析地方創生如何構建生態系統，即包括：在「確認階段」重視界定與梳理地方創生問題，從認識在地與了解資源出發；在「連結階段」投入凝聚在地社區的行動，並與核心問題進行連結，從中指認創生議題並形塑執行策略；在「創育階段」開展打造市場的行動，提出符合在地需求的創生事業構想，並透過創新設計與實作測試，培育可行的事業模式；最後在「規模化階段」，樹立創生任務的標準和流程，並布建相互支援、共創互利的創生系統，擴大其影響規模。

　　此一分析框架透顯經濟和社會手段的兼容性，在確認和連結階段屬於

社會建構範疇，創育和規模化階段屬於經濟建構範疇，經由社會、經濟構面兩者相互依託和幫襯，一個完整的創生生態系統才能在解決在地問題、接軌社會資源的基礎上，形成具有公共性的商業模式，成為自利和公益兼容並蓄的解方。

表7-6　解決方案生態系統的形成階段及其對應之地方創生課題

階段	內容	地方創生課題
確認	• 既有問題 • 現存解決方案 • 既有模式／市場的鴻溝 • 目前參與者遭遇的限制和失敗	問題界定與梳理為地方創生起點，從認識在地與梳理既有問題出發
連結	• 連結核心問題 • 召集人將問題帶上檯面 • 導入相關技術和模式	凝聚在地社區與連結核心問題，指認創生議題並形塑執行策略
創新與培育	• 投資打造市場的活動 • 召集解決問題者並提出創新解方 • 以種子資金試點創新構想 • 建立和測試多種解決方案的原型	提出符合在地需求的創生事業構想，透過創新設計與實作測試，培育可行的事業模式
執行與規模化	• 建立標準和標竿 • 建立持續進行的流程以完善解決方案 • 將解決方案提升到規模經濟的形式	布建相互支援、共創互利的創生系統，擴大規模經濟

資料來源：解方生態系統的各階段及其內容，引自Eggers和Macmillan（2013: 194）。

參、分析觀點與個案簡介

一、分析觀點

綜整前述觀點，在解方生態系統中，與「地方社區發展型」社會企業呼應的是，解方經濟和地方創生均需在地組織扮演觸媒、催化、促成和整合資源之角色，協助當地居民發展地方產業、產品及服務。這類草根型的

組織熟悉在地情況，也有能力動員社區居民共同參與，除此之外，亦有能力爭取並整合外部資源。這種類型的組織最終目標是協助振興地方經濟、改善生活環境、提升居民工作能力以及強化居民公共參與的意願（邱連枝、官有垣，2009；官有垣，2012）。

而多樣經濟概念提供的兩個觀察角度，亦能融入解方生態系統的形成過程，其一為同時使用市場和非市場策略，可以理解為經濟和社會手段，將在地相關經濟活動與行動者納入多樣經濟發展模式，以呈顯地方特色；其二，以創新方法「跨結構化」的連結在地人力和資源，形成互利的生態系統，產出改變社區、提升在地經濟發展的動能。至於授粉企業的各種類型（如計畫型、採購型、人力型、夥伴型、資助型），亦為在地經濟發展或地方創生提供不同的驅力。

各個學理觀點分別提供觀察地方創生的不同路徑，如圖7-3所示，多樣經濟概念指涉創生可動用的在地元素，社會企業為推動地方創生的可行組織形式，授粉企業強調地方創生如何形構互惠、共利的協作網絡，而解決經濟則勾勒地方創生的整體系統。無論是地方創生的元素、組織、網絡、體系，其運作重點在於不同層級、環節之間的社會資源能否有效移轉。

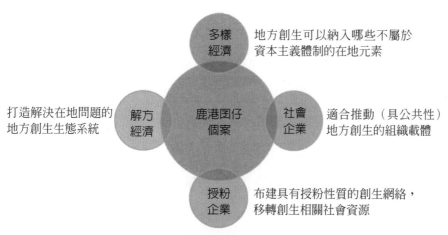

圖7-3　探究地方創生的多元視角

二、鹿港囝仔個案簡介

　　大學就讀藝術管理的張敬業，曾於2009年隨樂團前往義大利演出，看見當地平時在外工作、唸書的年輕人於藝術季期間返鄉演出或擔任志工，引動了想為家鄉鹿港做點事的念頭。翌年張敬業邀請一群在外地工作的鹿港年輕人，共同舉辦一場攝影聯展，並成立「鹿港囝仔文化工作室」。當時投入活動的青年並沒有明確的發展目標，對鄉土的認識也不太足夠，因而透過計畫申請，從中摸索、形塑出可行的返鄉任務。

　　為配合文化部創業圓夢計畫的執行，2012年成立「鹿港囝仔文化事業有限公司」。同年11月發起首場名為「保鹿運動」的社區活動，以環境清潔為號召，邀請在地人參與，建立人與土地的連結，在每個月一場的活動中，發現地方面臨的問題，也從中尋覓更多對地方想像的火花。為了以組織力量推動在地生活，2015年1月成立「社團法人彰化縣保鹿運動協會」，參與文資保存運動，使用影像記錄更多在地故事。

　　在任務分工上，公司耕耘文化商機，協會專責社會實踐，兩者的人力高度重疊，可以理解為「一套人馬、兩塊招牌」。為了以團隊專長的藝術文化擾動地方，兩者在2015年聯合舉辦的「今秋藝術節」，勾勒出「藝術創生」的風貌。透過各種節慶表演，建立在地社群和地方空間、表演藝術的交流平臺，也讓地方重新對鹿港古城有新的想像。為了發揮擾動地方、凝聚在地意識的目的，活動團隊也將之定位為「解決問題的藝術節」，2016年的今秋藝術節透過數個周邊計畫的推展（包括剩布計畫、公共食堂、友善環境店家），讓節慶不只是節慶，更是社會參與的新形式，同時也為不同專長的夥伴開闢創新創業的舞臺，成為後續品牌事業的經營鋪陳基礎。

　　自2016年以降，立基於既有社會實踐，且帶有濃厚創生性格的在地生活事業逐漸成形。「剩布計畫」回收社區內的舊衣物，透過升級再造，生產藝術節的周邊商品，此一模式後續開展成立「參先生工作室」，投入布料再生品的設計與生產。當年度藝術節的公共藝術策展，擇定於當時略顯廢墟狀態的「勝豐吧」開展，策展結束後構思該空間適合作為在地年輕

人活動的「第三空間」，故開設鹿港第一間精釀酒吧，店名延續家族早期
經營米行的商號「許勝豐行」，取名為「勝豐吧」。藝術節執行的「共食
計畫」則於2018年轉型成為「禾火食堂」，以地產地食和友善環境理念推
動地方永續營運的餐食模式，而食堂空間亦提供藝文展演、演講與交流等
多元使用，成為鹿港少數具備沙龍性質的人文空間。至於2021年成立新
的事業項目民宿「東皋歇暝」，則提供在地旅宿服務（參考圖7-4）。於
是，一種自發形成的、體現創生目的之「生活事業聚落」儼然成形，其業
務範疇涵蓋食、衣、住、育、樂等領域。

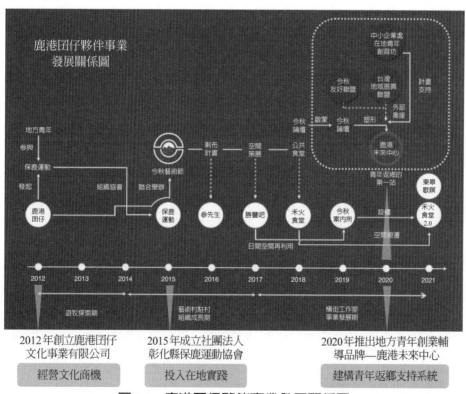

圖7-4　鹿港囝仔夥伴事業發展關係圖

資料來源：整理自https://tkfl.tw/before-placemaking-young-people-coming-home-three-steps/。

　　就鹿港囝仔個案的發展歷程觀之，團隊早於地方創生政策推動之前即已長期投入返鄉實作。鹿港囝仔團隊認為青年返鄉經歷了「返鄉探索」、「組織社交成長」和「留鄉發展」等三個時段（如圖7-5所示），在長達十年的投入過程中，「創生事業」顯然於後期才成為發展重點。如同張敬業所言，「我們常常因為工作到臺北生活，但我們是為了在鹿港生活做了這些工作……產業才能留住人生活，才有可能把傳統在生活中延續[1]。」他鼓勵夥伴們持續在鹿港創業，透過不同產業在地方養活自己，為了吸引更多青年返鄉，鹿港囝仔於2020年成立「鹿港未來中心」，提供各類創育資源，建構青年返鄉支援系統。

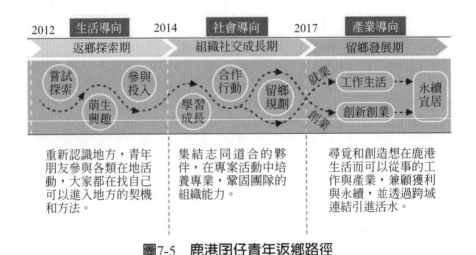

圖7-5　鹿港囝仔青年返鄉路徑

資料來源：整理自https://tkfl.tw/before-placemaking-young-people-coming-home-three-steps/。

1　資料來源：從義大利藝術節到回臺灣撿垃圾──鹿港囝仔張敬業守護家鄉3部曲，擷取自https://becomingaces.com/article/187。

肆、鹿港囝仔案例分析

　　本文透過文件分析以及深度訪談，收集鹿港囝仔個案的發展歷程與相關經驗。其中，由鹿港囝仔合著的《今秋誌Ⅰ：地方的創造與再生》為主要的分析素材，該書回顧並記錄了鹿港在地青年自返鄉投入地方再造的歷程與緣由。而針對張敬業執行長的深度訪談（2021年11月28日），則提供對於創生發展各階段的思維與見解。

　　雖然鹿港囝仔團隊自我認定2012年至2014年間為「遊牧探索期」，2014年至2017年為「組織成長期」，2017年以降邁入「事業發展期」（參考圖7-4），但本文援引解方經濟形成階段的分析架構，將個案拆分為四個發展階段，以理解地方創生從社會建構移轉至經濟建構——遊牧探索期對應「確認階段」，組織成長期對應「連結階段」，事業發展期則可以更細膩地區分為2017年至2020年的「創育階段」，以及2021年以降的「規模化階段」。概因2020年鹿港囝仔文化事業推出地方青年創業輔導品牌——鹿港未來中心，收斂了既有的創新創業實作經驗，以地方生活環境營造與青年創業支持系統為營運主軸，以下簡述各階段的特色。

一、確認階段

　　地方產業得以復興，讓返鄉青年得以就業，是地方創生政策的預設情境。然而，現實情況是，十年前剛返鄉的鹿港囝仔有熱情、沒經驗，對家鄉認識不足，對地方議題掌握不夠，所以必須投入足夠時間摸索。因而在地問題的發掘、界定和梳理，成為地方創生的起點。在認識鄉土的過程中，就能發現各種社會實踐的機會和限制。譬如，鹿港作為一個歷史古城，長輩對於地方的概念與想像不同於年輕世代，由隱性的社會或文化特質所構建的慣習（habitus），影響了他們對於創新的接受度。

　　2010年的《鹿港囝仔攝影聯展》，號召了同為鹿港囝仔的夥伴們返鄉，但同時也因為不夠認識、不夠了解家鄉而無所適從，或者

以產業的角度來說，是不了解「市場」在哪裡，所以無從著力。而2012年文化部創業圓夢計畫是一個契機，同時也是事業挑戰的開始。（今秋誌Ⅰ，2018：98）

我的身分證上出生地是「鹿港鎮」，覺得自己是鹿港囝仔。但是當時剛回來，鹿港在地長輩會問你「少年吔，你住哪？」我說頂番婆，對方會認為那裡不是鹿港。在他們的認知裡，出了復興路，過了文武廟就不是鹿港。我們後來理解，這個就是對於地方的想像不太一樣，傳統聚落的生活圈限縮了他們對地方的概念。另外，我也經常被問到「你爸是誰？」所以他們會在既有人脈裡認識你和關心你，因此當地的年輕一輩在經營事業上的包袱很重，想創新都很困難。他們要先滿足上一輩的期待，得證明自己更會賺錢，才有其他發展的可能性。（2021年11月28日訪談）

對於不易找到投入方向的返鄉青年來說，向政府申請計畫儼然成為聚焦、對焦、形成團隊合作共識的施力點。在計畫申請和執行的過程中，能與社區有更多接觸和對話，同時積累人脈和經驗，有助於深刻掌握在地社會的肌理。

透過寫計畫的過程，去釐清「返鄉」不是一廂情願，而是更實際的要從事什麼工作？創造什麼事業？而且家庭與社交網絡都要重新連結，但過度謹慎保守，是很難跨出第一步的，於是便向信義房屋的社區一家計畫以及文化部的創業圓夢計畫提案。（今秋誌Ⅰ，2018：12）

2012年回來，像是打游擊，有什麼案子就做。登記成立公司也沒有想太多，就是配合文化部的創業圓夢計畫。因為計畫要求要開公司，所以我們才成立公司。這個心態其實不太好，但是為了要拿資源，所以才去做這個事情。不過，隨著事情愈做愈多，就會從中發掘自己有興趣、想做的方向。像信義房屋的社區一家等等

計畫執行，幫助我們更加了解社區，從紀錄片執行、田野調查、舉辦活動的過程中累積人脈、資源、經驗……從中了解青年回鄉有哪些面向、議題可以發揮。（2021年11月28日訪談）

　　值得一提的是，雖然木下齊（2017）認為依賴政府提供補助金將使創生團隊聚焦於爭取和執行補助項目，容易喪失地方活化的自主思考能力，讓地方創生陷入惡性循環。但是對於鹿港返鄉青年來說，寫計畫申請補助的過程卻是認識自我、認識社區、連結資源的手段，更是一項轉譯的社會工程。如同山崎亮所言，「一旦發現需要解決的社會問題，就要立刻寫成企劃書，並且根據需求一而再、再而三修改。」（山崎亮，2015：65-66）以便將想法不斷轉換為實際可以操作的工作；若從行動者網絡理論（actor-network theory）觀之，套用Callon（1986）的思維，返鄉青年達成創生普遍共識的可能性，有賴於其建構的網絡之廣度和強度，其中的核心機制正是轉譯（translation）。而在地團隊申請和執行計畫的過程，正體現著此一轉譯的任務，包括：（一）問題界定（problematization），在計畫框架內，可以找哪些不同專長的返鄉青年執行特定任務；（二）利益賦予（interessement），創造符合彼此利益的結構，以穩定相關行動者的持續參與；（三）盟友招募（enrollment），賦予每一位行動者彼此可以接受的角色；以及（四）動員（mobilization），將相關利害關係人組建成為創生網絡。透過不同計畫的申請與執行，代表著各項轉譯過程，連結分散的資源擁有者，從中移轉社會資源，逐漸拓展結合、建構成為強大的行動者網絡（Latour, 1983）。

二、連結階段

　　「保鹿運動」和「今秋藝術節」是鹿港囝仔團隊的兩大社會實踐行動，前者進入社區，後著透過文化擾動地方，觸發民眾對公共議題的關注，開展人與人、人與自然之間的連結。其中，「保鹿運動」是由鹿港囝仔發起保護古城鹿港的活動，藉由舉辦近50場活動，比如打掃社區、市街

容貌維護、市集、巡溪水、元宵踩街猜燈謎等，引發更多人關注環境與文化資產。在投入的過程中發現地方面臨的問題，也在參與社群之間激盪出對地方更多的想像。

> 2012年11月……「鹿港囝仔」再次集結起來，大家決定這次的行動要反其道而行，不是從舉辦印象中的文化活動（如音樂會、展覽、戲劇等）開始，反倒是從社區打掃開始，要讓民眾開始關心自己生活周遭的公共事務，於是開啓了每個月一場的「保鹿運動」。……後來「保鹿運動」在2015年成立協會，以社團法人的形式繼續組織大家的力量。爲讓保鹿運動能更直接地發生在日常生活中，「保鹿運動協會」將原本每個月一場的保鹿運動，轉型爲日常生活中就可以執行的「鹿港減塑生活圈」計畫，並透過「綠生活工作坊」、「友善環境店家地圖」、「再生市集」等活動，持續串連更多的人。……保鹿運動協會將以成爲「鹿港好生活的推動者」，持續努力著。（今秋誌Ⅰ，2018：13）

至於2015年開始舉辦的今秋藝術節，則拉開以藝術帶動創生的序幕，導引在地居民關注自身文化。第一屆的藝術節主題爲「先有在地參與，才談在地藝術節」，第二、三屆再以「生活的共同體」和「連結」爲主題，讓藝術人文成爲鹿港人的DNA。藝術節設計並非單點活動，而是以線、面型態融入社區的在地生活，並兼顧人文觀光的價值發揮。對鹿港囝仔來說，在地居民的參與無論是擔任表演者或觀眾，他們和外地遊客一樣，都是活動舉辦不可或缺的資源，藝術節成爲連結關係人口的重要手段。

> 今秋藝術節是一個爲期兩個禮拜的「生活的藝術節」……在平日週間也會安排活動，讓藝術和生活自然的在一起。還有在街區巷弄裡的街區展覽，以最符合社區的樣貌去策展，爲的是兼具在地生活與人文觀光，而不是只爲了商業觀光卻忽略背後問題的顧此失彼。（今秋誌Ⅰ，2018：32）

　　除了團隊和社區的連結，在歷次藝術節舉辦過程中，也連結具有在地認同並願意長期參與的夥伴，成為推動地方創生的關鍵社群。藉由各類活動籌辦和執行，不斷地把個人能力移轉到組織，持續蓄積團隊的組織能力，也讓每個行動者逐漸將自身生活軌跡嵌入地方發展脈絡中，開啓後續創業實踐的可能性。

> 從「保鹿運動」時期開始，每一次的公共行動總能聚集一群理念相合的朋友，漸漸地「我們」成為夥伴，並在一次又一次的行動中練就團隊默契……第三屆今秋藝術節籌備期間，我們提出了公開招募志工的計畫，畢竟藝術節的夥伴們，也都是從志工的身分開始參與，漸漸地投入其中，並對各自的生活軌跡產生影響。因此，今秋需要的不只是人力支援的志工，更是可以共同學習成長的「夥伴」。（今秋誌Ⅰ，2018：60）

　　有趣的是，當鹿港囝仔嘗試擾動、連結社區時，發現若干構想和做法的導入出現了類似London和Jäger（2019）所稱「轉移模式」的困局——由於沒有正視在地條件的殊異性，未能和在地夥伴共構解方，在國外可行的擾動策略未必適合國內社區情境。張敬業以國外流行的「轉角書櫃」概念為例，說明鹿港社區的閱讀風氣和情境暫難落實此一理念，致使計畫失敗。

> 返鄉從事地方再造時，往往會參考、學習或複製國外的經驗，但因為文化、社會等背景的不同，同樣的做法不一定能有相同的效果。這些參考與學習都是過程，最重要的是要能夠將其轉化並創造自己的經驗。（今秋誌Ⅰ，2018：5）

> 有一年我們執行「社區書櫃」計畫，從國外的「轉角書櫃」做發想，想把閱讀資源帶進社區，不過這個計畫最後宣告失敗，因為我們發現居民沒有隨時把書拿起來看的習慣，而且書櫃的維護成本也很高。所以，我們誤以為有這個需求，運作起來卻不是很理想。但這是一個寶貴的經驗，也就是國外的經驗直接copy回來，

不見得適合。（2021年11月28日訪談）

三、創育階段

　　第二屆今秋藝術節在籌辦過程中，團隊賦予「解決在地問題的藝術節」之活動定位，作為藝術節連結、融入社區生活的機制，因而一併推動「剩布計畫」、「公共食堂」和「友善環境店家計畫」，將藝術和社會併軌、共生，從中發想以解決在地問題的生活事業型態，參先生工作室、勝豐吧、禾火食堂、今秋案內所在2016年之後陸續成立，鹿港囝仔正式步入創育階段。這些具有創生性質的事業開展具有幾點特色：對應著在地問題、融入個人專長與興趣、貼近在地日常生活、連結社群夥伴，並以協作共好的方式運營。正因為在前期「確認」和「連結」階段的社區耕耘與實踐，因而創生事業的開展有其社會脈絡和基礎，我們可以「創生型生活事業」指稱這類從無到有、由下而上、從生活需求孕育出發並兼容經濟與社會的創生事業型態，以有別於一般企業投資或擴張類型的創生事業。

> 前面累積的那些過程，比較像是農夫在耕種之前的翻土工作，而這個環境好起來之後，就可以讓更多的人們在這裡相遇，一起耕耘，如學習服裝設計的純瑜，創立了鹿港的再生時尚品牌「參先生」；學習建築背景的佳君，設計「勝豐吧」與「禾火食堂」兩個老空間再生。我們想要創造的是，讓這些創新事業能有更多、更好的發揮。當這些創生事業體都可以因為平臺的協助得到更好的發展，且支付服務費用給平臺的經營者，產生市場機制才能讓照顧更多人。而創造這樣生活與經濟的網絡，便是鹿港囝仔經營文化事業的思考與想像。（今秋誌Ⅰ，2018：99）

> 第二屆今秋藝術節首度提出「剩布計畫」，由夥伴純瑜（參先生創辦人）和佳君負責執行，一開始號召鹿港在地民眾提供家中可用的二手衣物，接著在募集足夠的衣物後，徵召社區媽媽加入

生產線行列，在裁縫機上展開跨世代的交流，年輕一代學習媽媽們的好技藝，也為「參先生」打造新的在地產業，先嘗試合作模式，共同生產再生商品。（今秋誌Ⅰ，2018：39）

這類創生型生活事業擁有的社會意識遠較一般企業強烈，他們充分體認到個體利益和社會利益彼此相互依存，故而在組織之間以及組織外部建立互惠共濟的兩張協作網絡。其一是鹿港囝仔公司和部分青創事業以相互入股方式，成為彼此的事業關係人，創造「共生」的權利和義務，以「生活事業群」的網絡型態，增強個別組織因應風險和危機的彈性與能力，使得「共好」目標不只是道德召喚，而是事關生存的同舟共濟。

目前很多的夥伴，都是以前參與藝術節的志工，透過各種專案合作熟悉彼此。為什麼不是「共同利益」讓大家凝聚？因為共同利益的討論重點是分配，而「共同危機感」則會導引我們珍惜和利用目前的資源。能夠一起走過低潮還能存在，便能夠相互支持，走得更長遠。有了這群朋友，就會發現做生意雖然還是必須賺錢，有自己的商業模式很重要，但不是只有賺錢，還可以交朋友，發展自己的概念和想法。（2021年11月28日訪談）

其二，各個創生事業提供的產品或服務，也體現了人與人之間、人與自然之間的資源移轉。譬如，禾火食堂的食材標榜「使用鹿港中臺灣農用基地有機轉型期稻米、西螺御鼎興純手工柴燒黑豆醬油」，或者參先生工作室使用「臺灣國際競技龍舟錦標賽剩下的宣傳旗幟布料、與和美鎮卡里善之樹合作，傘面製作餘下的傘布，或是鞋料的餘布」等元素，結合在地的社區媽媽，將舊布、剩布回收再利用，製造出再生商品。意即，每一個創生型生活事業背後，都引領並鏈結著實踐共同理念之夥伴組建的社會經濟網絡，商業收益成為環境友善、循環經濟的有力支持，促成兼容個體和社會利益之在地經濟的永續發展。

四、規模化階段

　　2020年鹿港囝仔文化事業推出地方青年創業輔導品牌「鹿港未來中心」，即是其邁入規模化階段的具體表徵。未來中心投入地方生活環境營造，並提供一站式的青年創業資源服務，布建共創互利的創生系統。如圖7-6所示，舉凡空間、技術資源、顧問、商圈資源、市場資訊與網絡、外部聯盟、資金等，各類創新創業所需的核心資源，皆能在未來中心的平臺上進行移轉，而其參與模式亦是多元徵集，包括想認識地方、吸收創生新知者可以「會員」身分加入，想學習創業知識技能的「學員」，乃至於願意投入團隊協作的「見習生」，各種返鄉型態都能在創生系統中找尋合適的支持，俾利擴大鹿港地方創生的參與規模。

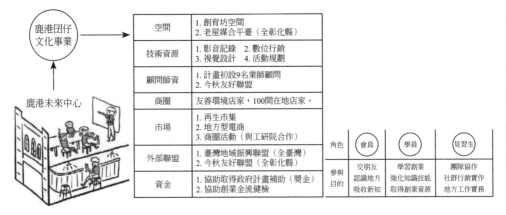

圖7-6　鹿港未來中心的服務類型及其招募的參與者

資料來源：張敬業，2021地方創生與社會創新論壇「從藝術文化與生活出發的地方創生」簡報，頁113、114。

　　除了青創資源的整合與投入，鹿港囝仔團隊長期投入藝術創生，深耕解決在地問題的創新設計能力，已使其成為社區發展倚重的資源。譬如，鹿港囝仔擁有的知識資產和創新資產，使其獲邀成為風機廠商回饋社區的創新設計推動者。團隊已從在地社會資源的接收方，在擴大其組織能力和網絡能力後，成為在地社會資源的統籌者與供應方，擁有再造社會資源的

能量。

> 我們可以陪伴鹿港年輕新創的店家，他們隨時有問題，都可以找
> 我們問，無論用的是創育坊或者是青發署資源，碰到問題時，能
> 在地方找得到人諮詢，像我們這種「老屁股」帶著大家上車、入
> 門，這對幫助新創店家解決問題和持續發展都很重要。（2021年
> 11月28日訪談）

> 我們去（2020）年接觸一個丹麥的風機廠商，他們提供社區回饋
> 金，請我們做一個藝術共創的實驗提案。廠商希望提供給社區的
> 回饋金不是純粹的金錢回饋，而是結合社區發展，規劃不同的發
> 展面向。我們期望明年的這項提案可以從「地方風土」和「能源
> 教育」兩大主題展開，並且跟學校有多一點合作。（2021年11月
> 28日訪談）

「鹿港未來中心」作為青創支援平臺，其運作係對應並依託於鹿港囝
仔提出的「社區3.0」概念，反映社區與公民社會互動的新方式。如表7-7
所示，所謂「社區1.0」係指早期以鄉間廟宇、聚落為中心的社區型態，
其運作基調為地域性的生活與信仰；「社區2.0」是透過成立社區發展協
會等組織，在特定社區範圍內進行總體營造。至於「社區3.0」則打破地
域界線，不以個別社區作為經營範疇，而是擴大社區概念，以社群網絡連
結各界資源，為一主題導向、跨域性質的公民社會參與形式。當不受限制
的跨域社會參與成為常態，鹿港未來中心布建的創新創業支持環境才有機
會引動更多行動者，讓地方創生成為建構「社區—公民社會」的經濟實
踐。

表7-7　社區3.0概念

社區發展	核心概念	運作基調
社區1.0	早期以鄉間廟宇、聚落爲中心的社區型態	（地域性）生活與信仰
社區2.0	組織化的社區總體營造時期，各社區開始劃分區域範圍，組織社區發展協會	（地域性）組織與社區
社區3.0	打破社區的區域界線，擴大社區概念，以社群網絡連結各界資源	（跨域性）主題式社群

資料來源：綜整自https://ourlukang.org/about-us-2020/。

伍、結論

基於前述個案分析與討論，本文分別從地方創生治理模式、創生型生活事業、規模化發展和公共性創造等四大面向陳述研究發現。

一、地方創生的社會經濟治理模式

地方創生政策希望能夠「復興地方產業，創造就業，促進人口回流地方」，此一政策設計蘊含著「經濟先行」的創生理念：地方產業首先得設法復興，便能創造就業機會，繼而吸引青年返鄉工作。然而，在實務面向上，長期欠缺發展的偏鄉或凋敝的農村是產業難以振興和工作不易創造的結果，援引經濟手段消解「政策期望」與「地方現實」之間的高度落差，必須引入更多元的思維和策略。

鹿港囝仔個案的實踐經驗，提供並補充了「社會先行」的思維與做法。在創生事業出現之前，返鄉青年爲了能於在地生活，透過各種社會探索、連結和實踐，繼而找尋並打造合適的工作和產業；經由一連串社會設計（如保鹿運動、今秋藝術節）的爬梳與推動，從中發掘在地問題、集結夥伴、鼓勵居民參與關懷鄉里、凝聚在地認同、保存和發揚在地文化，這般社會脈絡才能爲創生事業的萌芽滋長提供沃土。簡言之，有了社會性質

的「創生在地需求與參與」，經濟性質的「創生事業在地需求與開創」才
有空間作動。從社會作爲一個整體（society as a whole）的角度觀之，正
是此一路徑促成返鄉青年打造生活中冀望出現的事業型態，因爲以解決特
定在地問題而開展的「非事業／準事業／事業」型態，都是「社會與經濟
複合體」的多元樣貌，均有助於引動並深化在地認同、提升生活與環境品
質。

二、創生型生活事業的社會建構

　　如同張敬業所言，「如果回家沒有想要的工作，那就自己打造吧；
鄉愁可以號召青年，產業可以把人留下。」鹿港囝仔個案的經驗顯示，具
有社區、地域屬性之「創生型生活事業」的形成，是兼容爲解決在地問題
和提供青年返鄉生活的創生商業模式，這類事業係屬社會網絡朝向經濟網
絡的轉化，也鑲嵌在返鄉青年長期摸索社區、推行在地運動、執行各類計
畫交織而成的社會脈絡裡。沒有「確認和連結」階段的社會安排，從中組
建和提升團隊的組織能力，就難以順利開展融入個人專業的創生型生活事
業。

　　再者，「今秋藝術節」作爲藝術創生的手段，從志工招募、在地問
題解決計畫的配合執行、各類活動舉辦等任務，不斷將社區內互不相連
的個體納入並轉變成爲利益共同體，這些「活動參與者」無論來自鹿港
內、外部，都有機會在未來成爲「創生消費者」──在地發展重要的關係
人口。而鹿港囝仔文化事業有限公司及以鹿港未來中心持續扮演授粉角
色，支援創生事業群的網絡協作，共同面對經營上的挑戰和風險。設若
沒有團隊成員之間強韌的社會連帶作爲支撐，就難以發揮創收協作紅利
（collaborative bonus）。

　　於是，在鹿港囝仔的經驗中，我們可以看到鮮明的「社會─經濟─社
會」之創生輪廓與展演軌跡，前一組「社會─經濟」關係反映創生事業的
開展仰賴前期的社會建構，後一組「經濟─社會」關係代表創生事業本身
成爲建構社區新生活的力量，當社會與經濟不斷共構滋長的「複合體」，

才能讓地方創生走得長遠。如同張敬業的觀察，「雖然地方創生是從產業出發，但是發展到後來，就會和社區的照顧系統、社區的支持系統互動，也就是下班時間或工作以外的時間如何與社區連結。」（2021年11月28日訪談）地方創生不只是建構產業、提供工作，而是在地幸福生活的總體營造。

三、以範疇經濟作為規模化的方向

在解方經濟概念中，解決方案生態系統的第四個階段聚焦於「執行與規模化」，力求將解決方案提升到規模經濟的形式。當創生型生活事業成為驅動地方創生的力量，在其規劃化的路徑上，它將展現和企業投資型態的創生產業不同的樣貌。概因創生型生活事業具有強烈的在地屬性，加計其有限的服務形式與組織能力，在生產規模的擴大上有其限制，難以不斷增加服務或產品的產量以降低平均成本，故難以坐收規模經濟（economies of scale）帶來的效益。但是，當各類型的生活事業構成協作網絡，無論是資金上的合資、業務上相互奧援、人力上的支援調度，彼此形成相互依託、相互幫襯的多樣化創生事業群，宛若聯合生產的經營型態，可創造更大的範疇經濟（economics of scope）效益，同時整體因應經濟波動和風險的能量亦能普遍增生。

再者，當創生經驗轉化為青創服務平臺，代表鹿港囝仔團隊已能開創並掌握在地的經濟資產、知識資產、領導力資產、網絡資產和創新資產，從而在創收既有的「商業財」之外，另行建構「教育財」的服務模式，促成在地商業模式勃興。重要的是，教育財的經營將可不受地理空間的限制，體現知識與技術資源移轉的可能性，如同街區公司可為其他街區從事設計，發揮創育知識的應用綜效。

四、地方創生的授粉角色與公共性的創造

鹿港囝仔長期擔任在地創生的催化者（facilitator），將認同在地的人

力及專長、需要活化的空間、在地生活所需的服務、藝術創生所需文化資產等等資源建構成為以創生為目標的互補型資產。鹿港未來中心於2020年開始，大量連結外部資源，串連各類擔任地方創生的授粉角色，為既有創生事業單位提供有力支援，包括相互採購、交叉持股、業務支援協作，而相關技術和諮詢資源亦有助於改善經營績效。對於目前有心返鄉的青年來說，未來中心展露建構型網絡的特質。特別的是，創生商業模式對於地方的影響，不只是提供工作，吸引人口回流，而是打造公共性的地方發展體系，投入在地問題解決，形塑多種解方生態系統（solution ecosystems），其運作成果一併體現公共性的創造，同步產出嘉惠地方發展的公共利益與社會價值。

參考文獻

行政院國家發展委員會（2018）。地方創生國家戰略計畫（核定本）。臺北：行政院國家發展委員會。

吳明儒、劉宏鈺（2012）。社區經濟與社區發展關係之初探—以台灣三個鄉村社區經驗為例，收錄於中華文化社會福利事業基金會主編，社區工作理論與實務，2011年兩岸社會福利學術研討會論文集，頁627-96。

呂詩婷、李固遠、謝奇明、蘇宜成、蔡必焜（2018）。農村再生社區執行問題與社區能力之分析研究。農林學報，第66卷第2期，頁95-105。

李永展（2019）。地方創生與地方發展脈絡。經濟前瞻，第185期，頁49-52。

李長晏（2020）。地方創生政策理論與策略之建構：政策整合觀點。中國地方自治，第73卷第2期，頁18-35。

官有垣（2012）。社會企業在臺灣的發展—概念、特質與類型，收錄於官有垣等編著，社會企業：臺灣與香港的比較。高雄：巨流。

林麗玲（2013）。當社區遇上經濟，社工碰到企業，收錄於潘毅、陳鳳儀、顧靜華、盧燕儀主編，不一樣的香港社會經濟：超越資本主義社會

的想像，頁173-183。香港：商務印書館。

邱連枝、官有垣（2009）。非營利社區文化產業的運作與影響：苗栗縣社區營造組織的兩個個案研究。國家與社會學報，第7期，頁29-86。

胡哲生、李禮孟、孔健中（2015）。社區經濟類型與社會企業在社區中的影響力。輔仁管理評論，第22卷第1期，頁53-73。

胡嘉明、盧燕儀（2013）。從馬寶寶出發：新型的社會支持農業，新型的社會運動，收錄於潘毅、陳鳳儀、顧靜華、盧燕儀主編，不一樣的香港社會經濟：超越資本主義社會的想像，頁141-154。香港：商務印書館。

香港社會經濟聯盟（2013）。香港社會經濟宣言。收錄於潘毅、陳鳳儀、顧靜華、盧燕儀主編，不一樣的香港社會經濟：超越資本主義社會的想像，頁2-11。香港：商務印書館。

國家發展委員會（2018）。行政院召開「地方創生會報」第一次會議新聞稿，2018年5月21日。https://www.ndc.gov.tw/nc_27_28708。

張志乾、游春桃（2020a）。從審計觀點探討政府推動地方創生政策潛在問題（上）。主計月刊，第779期，頁98-101。

張志乾、游春桃（2020b）。從審計觀點探討政府推動地方創生政策潛在問題（下）。主計月刊，第780期，頁76-81。

陳玠廷（2021）。地方創生、關係人口與青年返鄉的觀察筆記。台灣經濟論衡，第19卷第2期，頁47-53。

鹿港囝仔合著（2018）。今秋誌Ⅰ：地方的創造與再生。彰化：鹿港囝仔文化。

潘毅、陳鳳儀（2013）。社會經濟在香港—超越主流經濟的多元性實踐，收錄於潘毅、陳鳳儀、顧靜華、盧燕儀主編，不一樣的香港社會經濟：超越資本主義社會的想像，頁86-96。香港：商務印書館。

蔡宏昭（1995）。社區經濟的幾個理念。社區發展季刊，第69期，頁48-52。

盧俊偉（2020）。地方創生：是地方人口對策？還是經濟振興政策？。新社會政策，第69期，頁38-43。

蕭宏金（2010）。公共政策發展研究與利害關係者觀念應用之探討。研習論壇精選，第4期，頁321-340。

顧靜華（2013）。不一樣的貨幣、不一樣的社區經濟：St. James - C.O.M.E.社區經濟互助計畫，收錄於潘毅、陳鳳儀、顧靜華、盧燕儀主編，不一樣的香港社會經濟：超越資本主義社會的想像，頁131-140。香港：商務印書館。

Bonacich, E., and J. B. Wilson. (2008). *Getting the Goods: Ports, Labor, and the Logistics Revolution*. New York: Cornell University Press.

Cameron, J., and K. Gibson. (2005). Alternative Pathways to Community and Economic Development: the Latrobe Valley Community Partnering Project. *Geographical Research*, 63: 274-285.

Dee, J. G. (1998). The Meaning of "Social Entrepreneurship." [Online] Available: http://csi.gsb.stanford.edu/sites/csi.gsb.stanford.edu/files/TheMeaningofsocialEntrepreneurship.pdf.

DiMaggio, Paul and Walter Powell. (1983). The Iron Cage Revisited: Institutional Isomorphism and Collective Rationality in Organizational Fields. *American Sociological Review*, 48(2): 147-60.

Ducci, G., C. Stentella, and P. Vulterini. (2002). The Social Enterprise in Europe. *International Journal of Mental Health*, 31(3): 76-91.

Eggers, W. D. and Macmillan P. (2013). *The Solution Revolution: How Business, Government, and Social Enterprises Are Teaming Up to Solve Society's Toughest Problems*. Boston, MA: Harvard Business Review Press.

Gibson-Graham, J. K. (1996). *The End of Capitalism: As We Knew It*. Oxford: Blackwell Publishers.

Gibson-Graham, J. K. (2006). *A Postcapitalist Politics*. Minneapolis, MN: University of Minnesota Press.

Gibson-Graham, J. K. (2008). Diverse Economies: Performative Practices for "Other Worlds." *Progress in Human Geography*, 32(5): 613-632.

Gibson-Graham, J. K., S. Resnick, and R. Wolff. (2000). *Class and its Others*.

Minneapolis: University of Minnesota Press.

Griffith, D. A. and M. G. Harvey. (2004). The Influence of Individual and Firm Level Social Capital of Marketing Managers in a Firm's Global Network. *Journal of World Business*, 39(3): 244-254.

Heath, S. B. (2002). Working with Community. In Gregory Dees, Jed Emerson, and Peter Economy (eds.), *Strategic Tools for Social Entrepreneurs: Enhancing the Performance of Your Enterprising Nonprofit* (pp. 141-160). New York: John Wiley & Sons.

Kretzmann, J. P. and J. L. McKnight. (1993). *Building Communities from the Inside Out: A Path toward Finding and Mobilizing a Community's Assets.* Chicago, IL: ACTA Publications.

Kurucz, E. C., B. A. Colbert, and D. C. Wheeler. (2008). The Business Case for Corporate Social Responsibility. In A. Crane, A. McWilliams, D. Matten, J. Moon and D. Seigel (eds.), *The Oxford Handbook on Corporate Social Responsibility*, Oxford: Oxford Univerity Press.

Lenan, C. R. and H. J. Van Buren. (1999). Organizational Social Capital and Employment Practices. *Academy of Management Review*, 24: 538-555.

Latour, B. (1983). Give me a laboratory and I will raise the world. In K. Knorr-Cetina and M. Mulkay (eds.), *Science observed* (pp. 141-170). London: Sage.

London, T. and U. Jäger. (2019). Cocreating with the base of the pyramid. *Stanford Social Innovation Review*, 16(3), 40-47.

McKnight, J. L. and J. Kretzmann. (1996). *Mapping Community Capacity*. The Asset-Based Community Development Institute. Institute for Policy Research Northwestern University.

Shuman, Michael H. (2015). *The Local Economy Solution: How Innovative, Self-Financing Pollinator Enterprises Can Grow Jobs and Prosperity*. White River Junction, VT: Chelsea Green Publishing.

Smith, C.K. (1973). *Styles and Structures*. New York: Norton.

Spinosa, C., F. Flores, and H. L. Dreyfus. (1997). *Disclosing New Worlds: Entrepreneurship, Democratic Action and the Cultivation of Solidarity*. Cambridge, MA: The MIT Press.

Varela, F. (1992). *Ethical Know-How: Action, Wisdom and Cognition*. Palo Alto, CA: Stanford University Press.

Weerawardena, J. and G. S. Mort. (2006). Investigating Social Entrepreneurship: A Multidimensional Model. *The Journal of World Business*, 21-35.

第八章
地方創生形式與內容的形構：
以大茅埔的過去演化與未來發展為例

柳婉郁、李天裕

壹、前言

　　大茅埔位於臺中市東勢區最南邊的村里，同時也是東勢區開發最晚的區域。現在居住在當地的居民，絕大多數仍為客家族群，日常生活中，聽居民彼此的對話過程，混合著國語、臺語以及大埔腔客家語，地方耆老略懂一些日語，頗具有特色。東勢區盛產著許多水果，端看大茅埔山林間種植著許多果樹，香蕉、柑橘、溫帶梨、紅玉桃與甜柿等，顯示當地農村以栽種果樹為主要的經濟活動。社區內建築物相當的密集，巷弄狹小改建不易，已非傳統可曬穀的客家伙房。庄內慶成五巷，過去曾是護城河，早期設有隘門與瞭望臺，用來防禦盜賊或是原住民侵襲。東勢區的三大水圳，東勢老圳、東勢本圳與大茅埔圳，水源均來自於大茅埔軟埤坑溪，軟埤坑是大茅埔南邊河谷，慶福里的現址，許多大茅埔人在此建立山田。

　　研究大茅埔的歷史發展，約略可分成清代時期、日治時期、國民政府時期與九二一大地震後，大茅埔的農村環境存在著完全不同的風貌[1]。清代時期漢人前往東勢角開墾，設法開發山林資源與平埔族人或泰雅族人之間的互動（洪麗完，1985），亦有漢人與平埔族人通婚情形，其中漢人又以客家族群前往東勢角開墾，再此建立起街庄（林聖蓉，2008），之後向南邊發展，然而大茅埔建庄較為晚期，並非是由東勢角南下，先民是由

1　2020年6月23日，訪談大茅埔耆老張圭燮先生，關於張寧壽開發大茅埔事蹟。

新社區水底寮，跨越大甲溪來到大茅埔進行開墾，並在大甲溪東岸建立起
最早的駐地，開發大茅埔也不僅是一組人馬，當時已有多組人員前往開墾
（池永歆，2001）。開墾大茅埔相當不容易，必須得確保人身安全無虞，
當時的大茅埔屬於泰雅族人的獵場，非常容易遭到泰雅人的攻擊，既得開
發土地水源，又同時得保護開墾人員的安全，透過宗教與風水信仰的方式
增強開墾人員的信心[2]。當代若能成功開墾荒地，便能成為墾佃首，分得
較大片的土地與田產，對於無置產的移民來臺客家先民，更是深具吸引
力，先後許多人爭相成為墾佃首，但是相當不易，多數得設法籌資借款才
有能力前往開發，端看當時的留存契約，許多先民便是跟平埔族人借款，
開墾荒地，事成之後分配土地作為報酬，大茅埔開發也是循此模式，由於
軟埤坑溪水源豐沛，若能開鑿水圳順利引水，便可順利建置大規模的水
田，掌握糧食生產的來源，因此才會吸引到多數先民前來開墾[3]。日治時
期，結束了漢番之間的衝突，同時開啟了大茅埔現代化發展，開始出現火
車、汽車、纜車、鋼鐵橋梁等現代化的交通設施以及無線電通訊設備，並
且改善了當地公共衛生環境強化了傳染病防治，引進了西醫的治療方式，
積極投入大茅埔的青年教育，並投入大量的工業化設備與電力設施，開發
大甲溪上游水力以及八仙山林場，日後成為二次大戰期間美軍轟炸的標
的[4]。臺灣光復前，日本政府面臨戰爭困境開始大量砍伐大茅埔的山林，
運走大量的原木，成為未來發展山地果樹農業的環境。國民政府時期，強
調糧食增產，確保糧食無虞，積極恢復農業生產，光復不久，日本人積極
來臺採購香蕉，大茅埔人不僅可以增產水稻，同時可以生產香蕉，締造了
成功的農業發展階段[5]。受惠於寄接溫帶梨技術的成功研發、肥料換穀政
策的取消，大茅埔開始投入溫帶梨大量生產，再次提高當地農業生產值，
並陸續研發出耐熱水蜜桃與甜柿等高經濟價值水果產品。中部橫貫公路興
建之後，更加改善了大茅埔對外交通，有助於當地青年學子前往外地發

2　2020年5月3日，訪談大茅埔風水師謝文正先生，了解尋龍建庄的緣由。
3　2020年6月23日，訪談大茅埔耆老張圭燮先生，關於張寧壽家族文書記載。
4　2020年9月1日，訪談慶福里劉阿自女士，關於日治時代大茅埔的生活。
5　2020年5月27日，訪談大茅埔吳哲銘先生，關於日治時代東勢區種植香蕉發展。

展，對外更容易推廣當地的農特產品。直到九二一大地震的發生，當地多數房屋倒塌，村庄內雖然無人死亡，但是必須全面進行改建，傳統客家建築逐步消失，部分居民開始搬離大茅埔，人口外流使得大茅埔轉變成為老齡化的社區，缺乏青年勞動力，開始依賴著外籍配偶的協助與幫忙，照顧好家庭以及負擔起農業生產工作[6]。社區老人的醫療與照顧，逐漸成為發展的重點之一，村里設有照顧中心，平日舉辦多項活動，提供社區老人具備樂齡生活環境[7]。

貳、研究方法

　　本文的研究方法主要有收集資料的方法、文獻分析的方法、觀察法與質性訪談法。文獻收集內容主要來自前人對大茅埔有關研究、早期大茅埔人訂立契約與慶東里泰興宮歷史資料。研究人員於2019年春季開始進入東勢區參與當地節慶活動，之後每月前往大茅埔，觀察大茅埔人一年四季的生活方式，研究內容有關大茅埔自然環境、經濟活動、社會組織、文化與生活。每逢節慶活動前往當地進行田野調查並於活動期間結識當地的村里長、地方耆老、果農、寺廟人員、學校教師、地方青年、文化調查工作者、傳統客家婦女、民宿經營者、退休返鄉村民、社區發展協會、照顧中心與長時間居住在當地的居民，各種不同職業。採用質性深度訪談的方式分析大茅埔人生活。從研究方法與設計層面來界定質性研究，可以看到質性研究所重視的是研究者自然的情境下，透過個案研究，個人在大茅埔生活史，大茅埔歷史回溯，訪談當地居民，觀察互動或視覺等資料，來進行完整且豐富的資料收集過程，進而深入了解研究對象如何詮釋社會行為之意義。因此，質性研究者在整個研究過程，必須充分理解社會現象是一種不確定的事實。

6　2020年6月23日，訪談大茅埔耆老張圭燊先生，九二一大地震後社區演變。
7　2020年5月28日，訪談大茅埔劉月美小姐，關於大茅埔老人照顧。

　　採用的質性訪談的方法爲田野研究法，田野工作是文化人類學研究中最常採用的方法，直接進入研究情境，成爲其中的一分子，參與其生活及各項活動，在自然情境中觀察所發生的一切現象，不事先做任何預想或假設，也不受周圍任何人士的干擾，所以呈現出來的景象不會受到扭曲，完整地捕捉到所有觀察情境。利用局部參與式觀察方式，研究者可以完全參與部分研究場域或活動過程，不過需要對被研究對象表明研究者的身分，當然，身分的表明可能影響互動過程使原貌失眞。訪談大茅埔居民的過程，皆有表明研究者的身分，並透過當地耆老的介紹認識各種不同職業的居民進行訪談[8]。

表8-1　大茅埔田野調查訪談對象

編號	時間	訪談人物	職業	地點	相關內容
1	2020年 2月8日	謝映雪	軟埤坑發展協會秘書	慶福里 玉清宮	社區發展與婚姻
2	2020年 5月3日	謝文正	風水師	慶東里 慶東街5號	大茅埔尋龍建庄與客家人龍神信仰
3	2020年 5月3日	劉宜瑾	青農	慶東里 慶東街5號	大茅埔農業生產結構與青年農民推廣農產品網路銷售現況
4	2020年 5月27日	吳哲銘	文化工作者	東勢區民宅	1. 東勢區種植香蕉發展與果樹產業發展史 2. 大茅埔社區發展
5	2020年 5月28日	劉月美	家庭主婦	慶東里 慶東街5號	大茅埔老人照顧
6	2020年 5月28日	邱崇洙	返鄉居民	慶東里 慶東街5號	大茅埔當代望族教育與泰興宮文化建設
7	2020年 5月28日	游信妹	家庭主婦	慶東里 慶東街5號	大茅埔的生活
8	2020年 5月29日	楊嘉熙	民宿經營者	慶福里 昭月民宿	慶福里社區農村再造計畫

---

[8]　部分內容來自中央研究院臺灣農村社會文化調查計畫。

表8-1　大茅埔田野調查訪談對象（續）

編號	時間	訪談人物	職業	地點	相關內容
9	2020年 6月23日	黃國興	慶東里里長	慶東里 照顧據點	慶東社區施政的困難
10	2020年 6月23日	邱民雄	泰興宮 主任委員	慶東里 照顧據點	泰興宮歷史
11	2020年 6月23日	張圭熒	地方耆老	慶東里 照顧據點	1. 張寧壽開發大茅埔事蹟與家族文書記載 2. 日治時代大茅埔的生活環境與朱阿貴先生抵押財產對抗原住民 3. 九二一大地震後大茅埔社區演變 4. 大茅埔家長對後代子女期許與居民彼此資金借貸關係 5. 大茅埔農民與林農的生活對於二葉松與五葉松的保育
12	2020年 7月3日	楊閔任	地方青年	慶福里 昭月民宿	軟埤坑社區變遷
13	2020年 9月1日	劉阿自	地方耆老	慶福里 晁興商號	日治時代大茅埔生活
14	2020年 10月7日	張欽兆	和平區農會 總幹事	東勢區民宅	大茅埔農業發展變遷
15	2020年 11月18日	林金泉	慶福里里長	慶福里 云饌餐廳	1. 軟埤坑溪的水圳維護 2. 慶福里施政的困難
16	2021年 3月19日	邱文偉	退休老師	東勢區民宅	1. 大茅埔附近原住民地域觀念 2. 林場的土地爭議 3. 大茅埔的教育與生活

資料來源：作者自行整理。

參、大茅埔之歷史發展

清代時期，東勢角即為現在臺中市東勢區，自乾隆年間開始開墾伐木，多數漢人前往發展，其中不乏客家族群，直到道光年間，開墾範圍逐漸往東勢角南方發展（陳炎正，1996）。前往東勢角開墾必然與當時的平埔族人或泰雅族人有所接觸，既有合作也有衝突。當地許多歷史事蹟，記錄著漢人與平埔族人合資開發水圳與良田，漢人與泰雅族人以物易物交換物資，平埔族人協助漢人防範泰雅族人侵襲。

大茅埔的建庄，最早可回溯到清代道光年間，張英時先生集資率眾前往開發，但並未成功。同一時間，劉中立先生再次集資開發，也不順利。直到張寧壽先生募資二十八股，自新社區水底寮橫渡大甲溪前往開發順利打通大茅埔水圳，才算是建庄成功（溫振華，1999）。當代成功開墾荒地建立庄園者稱為墾佃首，張寧壽先生受到其父叔輩擔任墾佃首的影響，年少時期便立志成為墾佃首，因此將目標設定開發大茅埔，透過向平埔族人阿來姑借款集資成功募集資金，並且聘請風水師易庚麟擔任坡長與工程師羅萬俊順利開發水圳與規劃大茅埔庄園[9]。

開墾拓荒的過程，將會面臨到許多風險，當時東勢角南端仍屬界外之地，開發必須官府同意，前往開墾者勢必與泰雅族人產生衝突，泰雅族人地域觀念認為，本為泰雅族人獵場，豈可讓外人前來破壞甚至占據土地。拓墾開發的漢人，勢必得防範泰雅族人的出草侵襲，最有效的方法，成立巡守隊組織，保護工程人員順利開發環境，然而，防範原住民入侵的觀念一直持續到日治時代中後期才結束[10]。

對於前往開發大茅埔的客家人，最重要的支持，便是仰賴信仰。信仰可歸納成兩種，一種是風水信仰，一種則是道教神明信仰。風水信仰或可稱為龍神信仰，客家人開發土地時，必然觀察山勢與溪流動線等，其背後蘊含著不可輕易破壞自然環境水土保持的思維，規劃居住環境必須考量

---

[9]　2020年6月23日，訪談大茅埔耆老張圭燮先生，關於張寧壽家族文書記載。
[10]　2021年3月19日，訪談大茅埔邱文偉先生，關於大茅埔附近原住民地域觀念。

如何妥善利用當地山林、土地與水資源，因此聘用風水師規劃大茅埔的格局[11]。道教神明信仰，祈求神明保佑，願開發過程一切順利，由墾佃首張寧壽先生，開發大茅埔前，先前往荷婆崙三山國王求取香灰，讓工程人員攜帶在身，以求神明庇佑，順利打通大茅埔圳後，首先設置安奉三山國王廟，公平分配土地，建立起大茅埔聚落[12]。

最初的大茅埔聚落，範圍約在現今的慶成五巷至泰興宮的範圍，慶成五巷即為護城河，防禦聚落設計主要防範盜賊與原住民的入侵，設置隘門、護城河、瞭望臺、圍牆等防護設施，家屋設計從簡單木造房屋，逐漸演變成密集式客家伙房，鄰居可相互照應，便於逃生與躲藏。客家族群開始在此深耕，開發山地資源並建立起大量的水稻田（溫振華，1991）。

臺灣割讓給日本後，日本人開始進入到臺中州東勢郡，範圍為東勢街、石岡庄、新社庄及不設街庄的蕃地，其中的蕃地便是大茅埔以東的高山區域。日本政府沿用清代設計的隘勇制度，其中大茅埔北邊便是頭隘，不斷地開始向東推進，一路延伸至谷關梨山，與當地北勢蕃或南勢蕃造成衝突，其中又以捎來社的蕃人造成衝突最多（石慶得，2011）。大茅埔每逢遭遇泰雅族原住民出草，客家族群皆是死傷慘重。根據地方耆老說法，泰雅族人的出草主要原因有三，耕作的山田遭到漢人占據、部落內出現疾病導致族人大量死亡，以及部落內年輕人大量死亡，其中又以民國30年代的西班牙流感爆發期間，原住民大量出草侵襲大茅埔最為嚴重。不僅如此，原住民的出草並不是單一部落，而是北勢蕃與南勢蕃聯合一起，聲勢壯大，導致大茅埔客家族群強力抵抗傷亡不斷。直到大茅埔公學校朱阿貴先生，以個人身家財產向日本政府抵押，借取槍枝，組織團隊強力鎮壓部落，使得部落失去戰力，才平息當地原住民出草活動[13]。但並非每個部落原住民都是好戰者，當時已有南勢蕃原住民協助大茅埔人進行家務工作與共同開發山林，許多原住民成為未來重要的林農與木工，協助大茅埔人積

---

[11] 2020年5月3日，訪談大茅埔風水師謝文正先生，關於客家人龍神信仰。
[12] 2020年6月23日，訪談大茅埔泰興宮主任委員邱民雄先生，關於泰興宮歷史。
[13] 2020年6月23日，訪談大茅埔耆老張圭燦先生，關於朱阿貴先生抵押財產對抗原住民。

極開發山地資源[14]。日本政府持續沿用蓄物交易所的制度，鼓勵大茅埔人與原住民之間交換物資，同時提供原住民免費醫療的福利，但是原住民前來東勢街上看醫生相當的不易，直到大茅埔出現西醫為主，特別是肺結核流行期間，大茅埔山區原住民與客家人都不慎感染上肺結核。在日本人的統治下，開始重視地方的環境衛生，原本大茅埔下雨天巷弄街道滿是泥濘，地方政府開始鼓勵居民利用石板鋪地，改善原有的居住環境。日本警察非常重視大茅埔的年輕人，斥責遊手好閒不務正業的青少年，並且成立青年團教育當地青年，積極發展當地教育，但是嚴重缺乏師資。日本警察發現，大茅埔人非常重視信仰，正廳改善運動期間，並未積極廢除當地寺廟。辦理共同運銷，農會組織或是合作社產銷班都是在日治時期成立。日治時代對於大茅埔最大的影響在於公共衛生條件改善，夭折率逐漸下降，家庭人口開始漸漸增加，每戶人家可達5位以上的子女[15]。

臺灣光復後，國民政府沿用許多日本人留下來的制度或是政策，持續山林開發計畫，實施土地改革，但對於大茅埔影響不大，真正影響大茅埔的政策在於肥料換穀，需要以穀物來換取肥料。肥料換穀的政策，限制了農民取得肥料的方式，不利於發展種植其他農產品。光復初期，日本人向臺灣訂購大量的香蕉，導致東勢區多數的林地暫停造林轉種香蕉，當時大茅埔多數山林種植香蕉，蕉農一度成為當地最有錢的職業，東勢街上的服務業連帶受惠，但糧食並非充足，多數田地仍舊持續以稻作為主，僅是田間部分轉種。肥料換穀的期間，當地田間種植方式出現水稻田上種植葡萄的現象，肥料來源主要來自於牛豬的有機肥。肥料可自由買賣後，當地開始積極種植果樹，果樹開始逐年取代造林與水稻田，成為當地重要收入的產業，先後種植柑橘、高接梨、桃子與甜柿[16]。果樹蓬勃發展主因，主要來自於當代東勢青農的努力，最早以當地東勢鎮中科國退休老師張榕生先生成功研發出高接梨技術，之後大茅埔的林阿富先生成功栽植許多農

產品，傳承給當地許多青農，配合農業試驗所改良出許多品種，造就了東勢區多項水果，發展至今，大茅埔多數田地都是種植水果（吳哲銘，2019）。西元1989年，政府開放水果進口，導致當地居民前往總統府抗議，這是東勢居民也是大茅埔人第一次參與政治抗議活動[17]。

　　居住在大茅埔的客家族群，特別重視子女的教育，自清代時期便有私塾的存在，大戶人家自聘先生教導子女。日治時代起，多數父母再怎麼辛苦都希望子女可接受良好教育，即便家中經濟狀況不好，皆會設法賒帳借款，提供家中子女接受教育，子女與家長互動便是邊念書邊協助家務或農務工作，即使前往外地念書也會設法協助推廣大茅埔的農特產品。對於大茅埔的父母而言，存在著內心矛盾，既希望子女在外求學努力工作有所成就，又希望家中長期耕耘的果樹有人可繼承，許多家庭都存在著子女工作辭退後返鄉服務繼承家業持續務農的狀況[18]。

　　對於大茅埔而言，村庄最大的轉變在於九二一大地震。九二一大地震後，人口開始外移減少，逐漸成為高齡化社區，減緩了大茅埔人的飲酒風氣。九二一大地震後，大茅埔聚落無人死亡，僅有一人骨折，多數居民皆認為三山國王保佑。然而，九二一大地震造成的影響，客家伙房的消失，全面進行改建，護城河遭到填平，多數的傳統建築因此消失，不僅如此，山區土石更加容易鬆動，每逢大雨更是容易造成土石流，村庄風貌因此完全改變，地方施政不再以農業發展為主軸，而改轉變成為老人醫療照顧、客家文化的傳承、農民社會福利與水土保持生態保育（臺中市東勢區慶東社區發展協會，2013）。

[17] 2020年10月7日，訪談大茅埔張欽兆先生，關於大茅埔的農業發展變遷。
[18] 2020年6月23日，訪談大茅埔者老張圭燊先生，關於大茅埔家長對後代子女期許。

表8-2　臺中市東勢區慶東里與慶福里行政沿革

民國時期		日治時代				清代
臺中市 東勢區	臺中縣 東勢鎮	臺中州 東勢郡 東勢庄	臺中廳 東勢角支廳 揀東上堡		臺中縣	揀東 上堡
里名		大字	小字土名	區	街庄	庄土名	堡	街庄	莊

里名		大字	小字土名	區	街庄	庄土名	堡	街庄	莊
慶東里	成功里 慶東里	十三保 十四保		東勢 角區	大茅埔庄		揀東 上堡	大茅 埔庄	大茅 埔莊
慶福里	慶福里								

資料來源：作者自行整理。

肆、大茅埔之經濟活動

　　開發大茅埔存在的龐大的經濟利益，水圳的成功建立，開發起大量的水稻田，提供約60甲地的稻作生產，對於當代糧食供給具有龐大的助益（池永歆，2000）。開始吸引到人口移入開發當地，多數土地並非可直接種植水稻，必須得改良土質後，大約三年以上的時間才可種植稻作，改良方式稱為生田轉換熟田，會先種植花生約二至三期之後轉種番薯，成功改善土壤後，才可種植水稻（溫振華，1999）。當代水稻品種相當的多，選種也是當代重要技術，按照適地適宜的原則，靠近大甲溪旁的土地與屋背山的山田種植稻作略有不同，此一現象發展至今種植水果仍舊不變。選擇適宜的稻作將有助於減少農務增加產量，對於當代種植水稻困擾在於如何清除雜草與田鼠，雜草多，躲藏的田鼠自然多，稻作損失相對大。水稻能否種植順利，仰賴著水圳供應水源的無虞，大茅埔人對於水圳的維護不遺餘力。水圳的演變最早僅是土堤，之後逐漸演變為堆石與混凝土。影響水源供應重要因素，天災肆虐，一旦遇到風災豪雨，便可能造成潰堤，往往雨季結束後，大茅埔人便會重新開始修築水圳，成為當地重要的活動之一，除了天災之外，水圳也會遭到原住民的破壞，必需的適時地維護，大茅埔圳的建設，除了建設開發的經費之外，尚留有每年固定的維護費用，

必須得繳交水租，萬一當年供水出問題，稻作生產減少，也將影響水租收入，水圳的管理成為日後重要工作[19]。提高水稻產量，居民開始引進水牛耕作，水牛成為家家戶戶重要的資產，售價高於房屋，水牛功用不僅是耕田，利用牛車搬運物資相當方便，母牛若能順利懷孕生產，對農家來說，將是一大收入，牛隻也是當時與原住民交換的重要物資。秋天收成後，稻作往往進行多天儲藏，農業社會最有資金的時候，也都是在收穫期間，多數農家可在此時償還債務，農家多數積欠的債務在於米行，往往都是跟米行賒帳或是跟東勢義渡會進行借貸[20]，稻作收穫後再予以償還。大茅埔成功開發稻作生產下，當時居民收入大增，經濟收入開始增加，開始產生一些社會現象。重視後代教育，收入較好的大戶人家，開始有能力聘請先生教導學生，成為當地私塾，邱家與張家便是大茅埔當時望族[21]。另外也開始出現染上吸食鴉片的惡習，吸食鴉片似乎成為休閒活動之一[22]。原住民出草活動，有時並非因文化因素而出草，而是主要搶奪大戶人家的銀元為主，主要仍舊是針對當地的有錢人。大茅埔的水稻田持續一段相當長久的光景，延續到日治時代，開始規定必須有一定數量田地種植甘蔗，但是仍舊保有水稻田的種植。水稻田的發展，直到國民政府時代廢除肥料換穀制度後，才開始有轉變，大茅埔至建庄以來約有170年間都是積極發展水稻種植與各項農業基礎設施的建立。

　　開發山林資源是清代漢人進入東勢角重要的活動之一，大茅埔開發具備潛在山林資源，其中又以樟腦為主，建設了許多的樟腦寮，煉製樟腦成為當時重要經濟活動之一，直到日治時代的後期慢慢結束。山地採集可說是糧食來源之一，也是重要的蛋白質來源，當地山林早有山蕉或其他果物可食，山蕉未來也成為重要的經濟作物，但糧食主要來自於山林裡的野生動物，當時在山林裡工作狩獵是很平常的事，幾乎山裡的野生動物都吃，包括山豬、山羌、貓類與蛇類，都是常見的肉品來源，然而山林裡的開發

19 2020年11月18日，訪談慶福里里長林金泉先生，關於軟埤坑溪的水圳維護。
20 2020年6月23日，訪談大茅埔耆老張圭燊先生，關於大茅埔人資金借貸關係。
21 2020年5月28日，訪談大茅埔邱崇洙先生，關於大茅埔當代望族教育。
22 2020年6月23日，訪談大茅埔泰興宮主任委員邱民雄先生，關於泰興宮歷史。

除了闢建山田之外，最重要的則是開發林木資源。自清代至1980年代，大茅埔人皆有經營林木等工作[23]。

　　日治時代，隨著五年理番計畫的結束，日本軍隊發現谷關溫泉與八仙山林場，開始著手開發大甲溪上游的各項山林與水力資源，數十年間開始積極投入交通建設、通訊建設與電力建設等重大工程，對於大茅埔的影響甚大，中部橫貫公路前半段的興建，剷平了山坡建立起道路，輕軌火車與電纜車的建設、電廠的興建、通訊網路的建立等，都是為了開發八仙山林場的大型投資建設，對於當地人而言，從未見過有如此現代化的工程建設與多項設備，看見運輸車廂可用電纜掛載運輸，感到相當的吃驚[24]，可說是當時的高科技工業設備。全臺的重要伐木或者是木工技術人才開始移居至大茅埔，充分開發八仙山林場，同時造就了臺中市東勢區成為木都的美名，多數木匠均在此發展，大茅埔聚落內，多數的硬體建設開始由木工進行翻修，包括建立起新的橋梁或是水圳等，多數的硬體設備都是以當地山林木材作為原料，特別是臺灣欅，硬度夠成為重要材料。日治時代，除了砍伐山林之外，另一方面亦著手積極造林，培養出大茅埔大量的林農，協助政府單位積極造林，造林政策一直延續到1980年代。就整個東勢區而言，協助政府造林的林農成為最有錢的人家，1980年代大茅埔泰興宮的重建，就是由當時東勢區大林農張和合擔任廟方主任委員期間出錢出力完成，並且開始投入大量文化藝術建設等成為當地重要文化資產[25]。日治時代後期，太平洋戰爭爆發後，伐木更為積極，多數山林在此遭到砍伐，原木運往何處，多數的伐木工並不知悉，但村庄內木工說法多為軍用居多。接近戰爭結束前，日本政府開始將大量的大茅埔山地贈予伐木工自行圈地作為謝禮，其目的早已預測，即將戰敗，深怕遭到當地人清算與報復，此項補償政策措施，成為未來大茅埔發展山地農業的重要因素[26]。國民政府來臺後，延續日本政府開發大甲溪上游資源的計畫，利用日本政府留下的

[23] 2020年6月23日，訪談大茅埔耆老張圭燮先生，關於大茅埔林農的生活。
[24] 2020年9月1日，訪談慶福里劉阿自女士，關於日治時代大茅埔的生活。
[25] 2020年5月28日，訪談大茅埔邱崇洙先生，關於泰興宮的文化建設。
[26] 2020年6月23日，訪談大茅埔耆老張圭燮先生，關於大茅埔林農的生活。

許多現代化設備持續開發山地資源，並延續山地造林計畫，同時發現了大雪山林場，持續地伐木與鼓勵民間協助造林。當初，日本人開發林場的方式，並非是動用國家林務機關進行開發，而是讓民間成立公司，進行開發山林伐木或造林等項目，國民政府時代則是接管這些相關單位持續開發山林，成為國營項目，等到林場開發結束之後，延續至今，部分土地所有權便開始出現爭議[27]。

　　對於大茅埔而言，多數林農目前都已高齡70歲以上，回憶起青壯年時期，不僅是得協助幫忙家裡務農，還得前往山林裡伐木造林，當時衛生條件極差，山裡環境有著許多的野生動物，每日行走山路達10公里以上，辛苦砍伐原木加工後，成為重要的木材原料，方可加工成為重要的硬體設施，其中，大茅埔林農印象最深刻的在於建立慶福里的福安橋。當時慶福里有著數百年以上的臺灣櫸，俗稱雞油樹，村民召開里民大會討論，是否砍伐臺灣櫸作為興建福安橋的木料，村民同意之後便開始砍伐與施工，砍伐老樹必然得有祭拜等儀式，木工們處理此項興建福安橋工程相當慎重，福安橋順利完工後，到了1959年夏季，發生八七水災便遭到沖毀，相當的可惜。汛期過後往往是當地砍伐樹木的時間，當代的木工缺乏人工乾燥的技術，都是透過自然陰乾的方法，樹木砍伐後放置在林地，等待枯水期過後，原木可自然陰乾再進行加工[28]。發展至今，經歷了2009年莫拉克風災後，高齡的林農們始終有在造林，此時造林的主要目的，已經不再是開發林產物為主，主要是以保育生態、維護森林水土保持防範土石流發生為主，林農們深知森林的重要性，森林可提供野生動物棲地，或可成為未來大茅埔發展生態旅遊項目（臺中市東勢區慶東社區發展協會，2013）。

　　臺中市東勢區又成為吉利市，取自桔、梨、柿三個字諧音，代表當地生產這三項的水果農產品。1960年代，東勢區稻農收入低於都市藍領階級工人，但是種植水果收入有機會追上普通白領階級。水果最早的發展，可回溯到光復後東勢山區大規模種植香蕉，當時一簍香蕉的售價相當於國小

---

[27] 2021年3月19日，訪談大茅埔邱文偉先生，關於林場的土地爭議。
[28] 2020年6月23日，訪談大茅埔耆老張圭熒先生，關於大茅埔林農的生活。

老師一個月的薪水。形成當地許多老師幫忙協助家裡務農，放學後協助家裡栽培種植或是採收香蕉，採收香蕉的過程，衣衫容易沾上香蕉乳汁，衣衫乳汁多寡一度成為當地富裕人家的象徵（吳哲銘，2019），1970年代香蕉出口受挫，售價開始快速回落，榮景不在。香蕉價格回落後，取而代之的有柑橘與高接梨。柑橘有桶柑、椪柑與茂谷柑；高接梨種類相當的多，從橫山梨演變成寄接梨，1980年代橫山梨每臺斤產地價格約新臺幣10元至30元，高接梨技術出現後，可以種植出每臺斤產地價格新臺幣80元至120元的溫帶梨。橫山梨市場逐漸被溫帶梨所取代，當時大茅埔家家戶戶的青少年幾乎都會果樹修枝與嫁接，約就讀國小高年級時，常在田裡幫忙就學會相關的農業技術。高接梨發明來自於柑橘的嫁接技術，將溫帶梨花苞嫁接於橫山梨樹上，但是溫帶梨花苞取得相當困難，當時政府也不允許自日本進口。然而，提高東勢農民收入的溫帶梨則是來自於產季調節，東勢農民發明利用落葉劑誘使梨樹在夏季落葉，就能讓橫山梨提早約五個月開花結果，成功發明了雪花梨，讓梨樹從春花秋果轉變為秋花春果，避開和溫帶梨同時湧入市場的情形。肥料可以自由買賣之後，有利於地方種植大量果樹，不到十年間，大茅埔的稻田逐漸的消失，農民開始嘗試如何培育品種。大茅埔的林阿富先生，平生致力於水果栽種改良，培養出許多東勢青農，造就當地果樹產業。桃子與甜柿約是同一時期改良成功的水果，甜柿發展，受限於消費者普遍有甜柿不可與酒或其他食物混合食用的印象，導致推廣相當不容易[29]。桃子最早是來自於臺灣大學林璞教授，當時引進三月桃又稱為酸桃，直接食用酸桃，口感不佳，於是村庄內客家婦女將酸桃進行醃製後，竟然在當時桃園縣龜山鄉熱銷，大茅埔農民紛紛轉種桃子，逐漸培養出一群桃農。東勢區盛產的紅玉桃，最早來自於行政院農業試驗所臺中分所徐信次先生在1980年代引進美國佛州品種，透過大茅埔林阿富先生與溫英杰先生協助下，由當時東勢區的青年桃農進行試種與培養耐熱水蜜桃技術，當時吳添松先生成功改良種植出溫松桃，口感極佳。但是，東勢區農會的評鑑則以紅玉桃成功出線，主要原因在於紅玉桃較溫松桃便

---

[29] 2020年5月27日，訪談大茅埔吳哲銘先生，關於東勢地區果樹產業發展史。

於運銷，運輸過程中耗損率較低，成為目前東勢區大茅埔農民重要的農產品（吳哲銘，2019）。

　　東勢水果的特色在於耐於存放，無論是柑橘、梨、桃與甜柿，存放時間高於臺灣其他區域生產的水果。就東勢區的農民而言，地形上多數的農地屬於河階地，愈接近大甲溪的農地愈適合種植果樹，地理位置特殊的河谷地形，颱風侵臺時較不易造成重災。當地多數農民，種植農產品種類可達三至四種果樹，以確保農家收入來源，分散經營風險避免因為天災或其他因素，造成資金周轉出問題。東勢區大茅埔農產品的買賣，遍及全臺各縣市，主要透過行口商的販售，來源多數來自過去前往外地發展青年轉介紹而來[30]。共同運銷則是透過農會或是合作社，產銷班最早可回溯到青果合作社，當時主要以出口香蕉為主，出口外銷與內銷存在著不同的運銷通路，之後再轉變成其他農產品，當地東勢區農會因此扮演著農產運銷重要角色，亦成為東勢區政治中心[31]。

表8-3　臺中市東勢區主要農產品平均生產值

農產品項目	一期稻作	桶柑	青梅	寄接梨	甜柿	水蜜桃
每公頃產值	160,802	520,650	152,454	1,305,207	901,541	1,038,501
農家賺款	77,930	395,071	89,824	775,152	567,007	719,606

資料來源：作者自行整理。
註：農家賺款含自身農業勞動收入。

伍、大茅埔之未來發展

　　大茅埔建庄至今約有170年的歷史，最早在此生活的居民後代已傳承至第五代或第六代，受惠於醫學進步，人類平均壽命的延長，青年前往外地發展，自九二一大地震後，大茅埔開始逐漸成為高齡化的社區。

---

[30] 2020年5月3日，訪談大茅埔青農農戶劉宜瑾，大茅埔農業生產與結構到銷售等問題與現況。
[31] 2020年6月23日，訪談大茅埔耆老張圭燊先生，關於大茅埔農民的生活。

　　自1990年代起，多數的大茅埔青年在外求學後，離開了農村前往都市區域發展，便在當地工作置產，於是農村漸漸成為養老的場所，缺乏青年勞動力。青年人口大幅減少，連帶影響到結婚率以及嬰兒出生率。在缺乏青年世代與勞動力背景下，跨國婚姻開始逐漸成長（陳瑛珣，2009），大茅埔男性透過婚姻仲介迎娶大陸籍或東南亞籍配偶，農業生產也多虧外籍配偶幫忙協助。外籍配偶家庭，往往經濟收入相對較少，積極改善家庭狀況，成為大茅埔農業生產勞動力，另一方面，雇用外籍勞工也是當地重要勞動力來源。從就讀大茅埔成功國小學童學籍資料來看，多數學童家長都是外籍配偶，大茅埔社區發展出媽媽教室等成人教育課程，協助外籍配偶順利融入當地社區生活[32]。

　　近幾年，政府單位不斷鼓勵青年回流農村，推廣農村再生計畫，但是成效有限，回流農村的青年中，多數以照顧父母為主，家中如有其他兄弟姊妹，家庭內總有人需要留在農村照顧父母並承接家中農業生產工作。目前生活在大茅埔青少年，多數承襲家業持續務農，或是每日往返東勢街上工作。青年回流關係著未來農村的發展，村庄內許多農業生產與社區發展工作必須得有青年世代投入，資訊科技應用的不斷提升，開啟了農村發展的機會，大茅埔客家青年開始嘗試利用網路行銷推廣農產品、農村觀光與客家文化的歷史傳承，未來大茅埔努力發展的目標將成為青年世代可在此工作創業與生活的農村[33]。

　　多數大茅埔居民農業銷售模式都是以鮮果為主，或稱原始生產，未經過次級加工，簡單包裝透過農會或合作社共同運銷，行口商或網路宅配的方式銷售到全臺各地。青年回流農村，開始致力於銷售模式的改變，特別以網路宅配的方式行銷大茅埔的農產品，受惠於社群網站的高度發展，成為銷售當季農產品的最佳管道，尤其當地的甜柿與紅玉桃等溫帶水果，產量有限深具地方特色，但臺灣各地消費者未必能順利購買大茅埔農產品，多數平地菜市場尚未有銷售通路，僅能以宅配的方式購買，曾有居住在高

---

[32] 2020年6月23日，訪談大茅埔慶東里里長黃國興先生，關於慶東社區施政的困難。
[33] 2020年5月3日，訪談大茅埔青農農戶劉宜瑾，大茅埔青年農民推廣農產品網路銷售現況。

雄市區的消費者表示，市場販運商銷售的紅玉桃大約是產地價格三倍以上，口感甚好，但多數居住在都會區居民尚未品嘗過。水果產季到來時，若能透過網路產地直銷給消費者，深具發展空間，推廣行銷紅玉桃，可作為未來大茅埔青年發展項目之一。

　　水果的加工發展，無論是特級品或者是次級品，或可成為未來發展項目之一。大茅埔的水果次級加工可追溯到醃製與釀酒，可說是當地客家文化之一。客家婦女透過醃製水果的方式，銷售袋裝的醃桃也曾在市區熱銷過，釀酒則是家家戶戶皆有的技能，以往酒類僅有公賣局才能兜售，過去的大茅埔人採收葡萄或楊桃，皆有私釀，自家飲用，但並無兜售[34]。東勢區青年研究著如何釀造水果醋，水果若遇到豐收年度，可否利用次級加工，轉換方式加以儲藏，避免因市場供給過剩造成市場價格崩跌，或是以水果為素材作為西點製作的原料，以日本岡山縣為例，岡山縣盛產白桃，並製作出許多白桃加工產品，成為前往日本岡山縣觀光客經常購買的伴手禮（吳哲銘，2019）。

　　來到大茅埔的村庄內，便會發現部分農田種植二葉松與五葉松，而非種植可食用的農產品，人工種植二葉松與五葉松像是樹木般比起觀賞用盆栽的大許多，顯示村庄內有居民特別喜愛種植樹木。二葉松與五葉松是常見的園藝植物，許多庭院都會種植，行經大茅埔的產業道路旁亦可見到販售二葉松與五葉松的樹苗或是樹木的看板廣告。仔細了解大茅埔人種植二葉松與五葉松的原因，並非是以販售獲利為主，二葉松與五葉松對於早期大茅埔人是日常生活當中很常見的原木材料，大茅埔人經常利用二葉松與五葉松製作許多的木製品，每當雨季來時，大甲溪上游便會沖洗出許多的漂流木，大茅埔人便會前往撿拾，其中二葉松與五葉松的根部，往往存在著許多松節油，便成為作為火把的主要材料來源。大茅埔的山林間樹齡較高的二葉松或五葉松數量愈來愈少，成為大茅埔重要的保育資產[35]。

　　現在的大茅埔，多數居民仍是務農，主要以種植水果為主。果農尚未

---

[34] 2021年3月19日，訪談大茅埔邱文偉先生，關於大茅埔的教育與生活。
[35] 2020年6月23日，訪談大茅埔耆老張圭燊先生，關於大茅埔居民保育二葉松與五葉松。

出現前，居民們大量種植稻作以及開發山林，充分經營與利用山地森林資源。大茅埔居民自幼起，就開始學習如何挑柴協助家務、撿拾木材逐漸認識山林裡的各項動植物特性，哪些動植物可以食物或者製成草藥，以及哪些樹種可以利用製作成木製品。配合政府開發山林與造林的政策，自日治時代以來，培養出當地一群林農與木工，積極經營當地的森林，日後隨著水果售價良好，林農與木工逐漸轉型成為果農。林農與木工曾經扮演著大茅埔重要的經濟角色，臺中市東勢區自清代乾隆年間，先民自中國大陸迎來巧聖仙師令旗供俸於伐採原木的工寮內，之後興建巧聖仙師廟，成為當地木材商，林農與木工信仰中心，每逢寺廟遶境，大茅埔人皆會參與[36]。地方耆老回憶起年輕時經營森林活動，原木販售必須得計算材積，當時數學不好只能利用算盤，設法計算到小數點後三位，相當的困難，後來有了電子計算機但是相當的昂貴，猶豫了好久才購買而且經常當機。當地林業經營主要樹又以臺灣櫸為主，臺語稱為雞油樹，臺灣櫸特色質地相當硬，特別適合用來製作牛車輪子。根據大茅埔林農說法，臺灣櫸適合生長在土地貧瘠區域，大茅埔北面過去又稱為雞油埔，就是有著許多的臺灣櫸，臺灣櫸生長的過程，樹木主幹會優先生長，之後慢慢往內增加樹幹密度，因此質地才會如此堅硬[37]。然而，現今大茅埔多數的青年對於森林經營的知識逐漸式微，草藥應用的知識幾近失傳實為可惜，多數人認為林農經營相對果農辛苦而且作業風險較大，務農家庭仍以種植果樹為主。

　　大茅埔林業經營開始衰弱，始於果樹的興起，多數林農砍伐樹林種植香蕉、柑橘與溫帶梨，1980年代起，林農收入逐漸減少，開始依賴政府的補貼。多數林農自光復後，向政府林務單位承租國有林地進行經營森林的工作，然而香蕉與柑橘的興起，許多林農造林的面積逐漸減少，改成種植果樹，尤其香蕉出口的年代，當地許多林農砍伐樹林全面種植香蕉，累積不少財富。隨著時代演變，香蕉、柑橘、寄接溫帶梨、檳榔、紅玉桃與甜柿的出現，逐漸取代了森林。面臨到的卻是天災造成的影響，1999

---

36 2020年6月23日，訪談大茅埔泰興宮主任委員邱民雄先生，關於泰興宮歷史。
37 2020年6月23日，訪談大茅埔耆老張圭燮先生，關於大茅埔林農的生活。

年九二一大地震後，土質鬆動容易出現土石流的問題，開始威脅著大茅埔的居住環境。受到天災與人口外移的影響，許多的山田無法再經營，再次回歸到森林的面貌[38]。對於年輕時期曾從事林農工作的耆老們，鼓勵當地的居民，山地理當回歸以造林為主，轉換過去造林方式不再以生產木材為主，在鞏固水土保持的條件下，種植適合發展段木香菇或者太空包香菇材料的樹種，以活化森林的生態為目的。受限於人力缺乏的背景之下，經營林業更為困難，當地山林非常適合種植楓香與苦楝，苦楝生長速度相當快，而楓香根部生長範圍相當廣，有益於鞏固鬆動的土石，種植不到六年的時間，方可作為段木或是太空包利用。一旦遇到風災，樹木傾倒方可採收利用，充分減少砍伐人力，採收後遺留下的樹木仍舊會持續繁衍生長，等待下一年度的收成，維持著生生不息森林經營模式，另一方面也會逐漸成為野生動物棲地，當地已有少部分的棄耕山田成為雜木林而開始出現山豬、山羌與石虎等野生動物棲息，棄耕的山田或許可成為未來規劃大茅埔發展林業的目標之一。

大茅埔位在臺中市東勢區最南端，緊鄰和平區距離谷關溫泉區不遠，開車行經中部橫貫公路皆會路過此地。大茅埔具備好山好水好空氣的生態環境，結合導覽解說可讓遊客充分體驗客家文化與自然環境生態，一年四季皆有不同特色，深具發展潛力，立春時分體驗客家文化活動又可欣賞梅花與桃花；春分一來梨花盛開又可採桃；初夏賞螢；水源豐沛梅雨季到來方可體驗大茅埔圳親水活動，一年四季都可從事登山健行露營等戶外活動[39]。

許多在外工作退休族群，開始回流農村經營民宿或是觀光果園，外地前往當地住宿遊客，多數以登山行程為主，鄰近大茅埔的大雪山、八仙山與谷關等，非常適合規劃登山行程，吸引許多登山客前來。大茅埔透過社區營造方式積極規劃天梯步道，吸引外地遊客前來體驗大茅埔山自然環

---

[38] 2020年7月3日，訪談大茅埔慶福里楊閔任先生，關於軟埤坑社區變遷、山田消失。

[39] 2020年5月29日，訪談大茅埔慶福里社區發展協會前理事長楊嘉熙，有關慶福里社區農村再造計畫。

境，大茅埔山海拔約630公尺，步道沿途視野相當開闊，可欣賞著大茅埔山田風光，遠眺大甲溪河景，非常適合戶外登山健行。

當地重要的文化資產集中在泰興宮國王廟，主祀三山國王，廟裡存在著許多當代名家書法作品，同時記錄著大茅埔諸多事蹟，是當地居民最重要的信仰中心。自2006年起，開始重視客家文化的推廣，改建東勢車站成為東勢區客家文化園區，透過民間社團開始舉辦各項客家文化活動，像是浪漫臺三線或是元宵節的新丁粄節活動，客家文化活動範疇逐漸延伸至東勢區南邊的大茅埔聚落，在地方青年努力下，成功舉辦龍神山水祭的活動，活動內容以介紹大茅埔的生活環境與客家人風水信仰，加以推廣大茅埔傳統客家美食與特有農產品（陳介英，2018）。

春季到來正逢當地梅花、桃花與梨花盛開，遍布河階地與山林，成為大茅埔潛在的觀光資源。迎接初夏的到來，軟埤坑社區每年的4月至5月都有賞螢生態活動，賞螢保育區內，螢火蟲數量相當的龐大，成為臺灣中部地區少數賞螢區域，同時結合社區導覽，解說大茅埔農民如何栽種溫帶梨與甜柿。當地業者提供露營服務，讓遊客能充分體驗大茅埔夜間生態景象。

大茅埔人長期以農為本，非常重視環境保育，避免土地水源遭受到污染。自建庄以來，大茅埔圳的供水，不僅是農業灌溉使用，同時也是民生用水來源。大茅埔圳的生態相當豐富，水圳內存在著許多的魚蝦貝類，穿龍圳口記載著先民如何克服萬難打通屋背山順利建立大茅埔圳。水圳是大茅埔人兒時記憶中，不可或缺的一部分，多數居民曾在水圳體驗過親水活動，無論是戲水或是撈魚蝦，都是早期農村休閒活動[40]。

穿龍圳不僅是大茅埔圳重要的水利設施，也是大茅埔重要的文化資產，大茅埔先人打通穿龍圳口自軟埤坑溪取水灌溉良田，並建立起慶東里聚落。傳統的客家伙房建築與護城河的設計，在九二一大地震改建後逐漸消失，十分可惜，居民們開始思考，如何仿效著日本古川町的親水空間設計，當地瀨戶川原本跟大茅埔圳一樣都是灌溉用水圳，工業化後造成許多

---

[40] 2021年3月19日，訪談大茅埔邱文偉先生，關於大茅埔的教育與生活。

污染，當地居民開始設法清理水圳與淨化水質，造就了古川町現有風貌，也成功吸引到許多國內外觀光客。相較之下，大茅埔圳並無工業污染且生態依舊豐富，頗具有社區改造的潛力[41]。

陸、結論

　　大茅埔歷史研究最早起於墾佃首張寧壽家族後代子孫張圭燹先生，當地多數居民原本認為開庄祖先多半是由雲林縣搬遷而來，因此開始進行尋根的調查，透過尋找祖墳的方式，對照祖先遺留下來的契約，才發現遷徙的動線是由臺中市豐原區公老坪搬遷至新社區水底寮，再前往大茅埔開發，驗證了大茅埔開發並非是由當時的東勢角雞油埔往南開發。水稻的品種與耕作技術的取得，也是由新社區橫跨大甲溪進入大茅埔，大甲溪兩側河階地的開發，從西側延伸開發至東側，當時都是先透過人工整地後，種植花生與地瓜，改善土質後，才能種植水稻，水稻種類繁多，都得經過試種成功後，才能大量種植成為稻田。

　　觀察有關大茅埔文獻資料，最早前往大茅埔開發的為張時英先生，時間較不確定。然而，從大茅埔早期訂立契約來看，首位開發者理應為張英時先生，開發時間僅略早於劉中立先生與張寧壽先生。從契約來看，劉中立先生首次開發時間緊接在張英時先生之後，張寧壽先生亦參與其中，之後大規模開發大茅埔則是由張寧壽先生成功募集二十八股，並且成功打通穿龍圳口，順利建立大茅埔聚落。契約中，記載著不斷換約進行開墾，顯示各方人馬開墾大茅埔時遭遇到許多問題，導致資金不足或中斷，且不斷地向不同人募資，不少是當地平埔族人以及當時東勢角地方望族。對於張寧壽家族而言，平埔族人阿來姑就是協助開墾重要的資金提供者。

　　充滿客家人情味的大茅埔每月都會舉辦著犒將與食福的活動，犒將是由大茅埔10戶庄民輪流擔任將頭，準備馬草水，36碗酒與36碗肉，前往

泰興宮與四方將寮進行犒將，感謝四方將士的護衛村庄。大茅埔居民深信著，三山國王率領將士們護佑著庄園聚落，地方上流傳著，日治時期，三山國王夜晚顯靈手持大刀驅退泰雅族人侵襲的事蹟。食福或稱吃福，是祈求神明保佑平安豐收的活動，地方有句諺語，「食福我來上埤你去」，演變至今，食福已成爲社區老人每月重要的集會活動之一，村里長也可藉此時宣導政府相關政策。

　　林業經營曾經是大茅埔重要的經濟活動，過去研究指出，大茅埔人辛苦耕耘，建立起大規模的水稻田，從最早的65甲農田，耕作面積住年成長，水牛數量達到二百餘頭，但同一時期大茅埔人，不僅是開發水稻田，同時經營山林，在缺乏蔬菜、水果與肉類的時代，許多的食物來源，來自於大茅埔東邊森林的動植物，其中原木又是重要的房屋建築或是工具材料。日治時代，當地山林存在著樟腦寮提煉樟腦，之後砍伐樹木，木工盛行，架設橋梁並提供軍隊用材。臺灣光復後，大茅埔森林經營多數仰賴當地林農進行造林。受惠於果樹栽培技術提升，每逢水果市場價格看漲，林農們便會砍伐森林轉作果樹，森林面積逐步消失。發展至今，隨著農村人口減少與老化，原先種植果樹的山田或林地，開始荒廢形成雜木林，成爲野生動物的棲地。

　　農村體驗觀光活動將有助於提升大茅埔，改造現有居住環境，增加就業帶動青年回流，有助於農產品推廣。大茅埔的農村觀光活動，源自於社區發展協會的經營，透過農村再生條例，培養社區組織並改善當地水土保持，開始增加天梯步道、自然生態公園與螢火蟲復育的工作，同時吸引業者投資經營民宿。受惠於中央與地方政府客家事務委員積極地推廣客家文化活動，大茅埔人開始參與其中，透過節慶活動的方式，介紹大茅埔的宗教信仰、歷史文化與生態環境。然而，多數客家文化推廣活動，都是以政府補助經費爲主，結合當地許多民間社團，配合農產品的銷售增加地方收入，尚無專業經營的旅遊套裝行程。

　　大茅埔已具備舉辦農村休閒生態體驗營隊的條件，但必須克服青年人力缺乏與社區資源整合的問題。觀察每次舉辦節慶活動，大茅埔居民皆是熱心參與，學校配合舉辦表演，讓當地學童認識家鄉歷史文化。訪談當地

居民的過程可以發現，居民認爲寺廟慶典就是村庄內重要的活動，在外工作的青年都會返鄉參與。社區資源整合較爲困難的原因在於，社區組織維持不易，組織內部決策因人而異，能否延續原先計畫做法，備受考驗。端看社區內部的天梯步道、觀景臺以及村庄內自然生態公園，並無定期進行維護，許多區域雜草叢生無人管理，實爲可惜。

參考文獻

石慶得（2011）。續修東勢鎮志。臺中：臺中市東勢區公所。

池永歆（2000）。大茅埔地方的構成：空間與地方。中縣文獻，第8期。

池永歆（2001）。大茅埔地方所呈顯的空間性。中縣文獻，第8期。

吳哲銘（2019）。農業老達人林阿富談山城桃子引進史。山城週刊，第1327期。

林聖蓉（2008）。從番界政策看臺中東勢的拓墾與族群互動（1761-1901）。臺灣大學歷史學研究所學位論文。

洪麗完（1985）。清代臺中開發之研究（1683-1874）。東海大學歷史研究所碩士論文。

陳介英（2018）。茅埔成庄：東勢大茅埔客庄的過去與未來，臺中：臺中市政府文化局。

陳炎正（1996）。東勢鎮志。臺中：臺中縣東勢鎮公所。

陳瑛珣（2009）。臺灣中部大埔客家文化圈的形成。臺中縣石岡鄉2009年第4屆大埔客家文化國際學術研討會。

溫振華（1991）。臺灣聚落研究的省思。臺灣史田野研究通訊，第18期，中央研究院。

溫振華（1999）。大茅埔開發史。臺中：臺中縣立文化中心。

臺中市東勢區慶東社區發展協會（2013）。臺中市東勢鎮慶東社區農村再生計畫。

第九章
推動地方農業創生三大主軸策略 *

蔣麗君

壹、前言：資訊經濟來臨，必須從「新創」到「心創」

　　隨著資訊經濟時代來臨，科技發展帶來經濟與社會時代變遷，臺灣由農業社會逐漸轉型為工業社會，為維護農業發展與迅速帶動農業商機成長，行政院宣示2019年為臺灣「地方創生元年」，將地方創生定位為「國家安全戰略」層級之國家政策，主要目的是為面對臺灣總人口數量之減少、人口過度集中於大都市，以及城鄉經濟發展失衡等相關問題，而目標是為達到地方創生「永續性」發展（國家發展委員會，2021）。多年來臺灣農業地區農村面臨人口老化，與經濟就業機會的弱勢，尤其都市產生磁吸效應，農村人口到都市從事企業商務等類工作；但農業仍是人類生存主要的食物能量來源，地方政府應用科技技術協助農業的發展從未減少，嘉義縣從農業大縣積極轉型與科技鏈結成為農工大縣，嘉義縣長翁章梁提出「無論國防、農業、物流、表演與交通等都可與無人機連結」，其中重要性之一是與企業串聯無人機發展協助農業發展（中國時報，2021/1/5），建立農業科技產業化，與推廣企業化經營及體系發展，進而促進農業升級轉型。

　　在推廣農業轉型與科技整合，政府積極輔導傳統農民轉型經營採取企業化管理，與建立支援農業發展的農業科技平臺與體系等，如「農業數位化轉型DX」（Digital Transformation）主要是以農業數位化發展方向與擬解決項目，作為推動數位化轉型之參照指南，以及提供整體計畫擬定

* 本文感謝中央研究院政治研究所之研究補助與協助（2021/9/1～2021/12/31），以及國立成功大學政治經濟研究所博士生吳倬全協助研究資料收集與彙整。

所用，而此由財團法人農業科技研究院建置「農業科技決策資訊平臺」
（https://agritech-foresight.atri.org.tw/），協助推動農企業發展。臺中后里
區長賴同一表示，「智慧科技用於農業是未來趨勢，尤其在臺灣農業缺工
問題嚴重，季節性缺工，致有錢也找不到工人之窘境時，利用無人機將種
子、肥料或農藥裝填在遙控飛機上，設定好路線，就能在空中噴藥，發揮
科技功效，徹底解決人力問題」（陳榮昌，2021/9/1），亦即達到農產品
的商品化、工作的效率化，以及目標的利潤化[1]。依此，農業企業化面對
科技導或轉型的挑戰，老齡化程度對臺灣經濟的挑戰，更須配合農村自我
特色環境，與農業結合科技之因地制宜的創生新生機。

　　農業免於創生發展困境包含新創科技協助，更重要是在於「思維」
轉變，也是農業供應鏈的關鍵。農業的競爭力要素除須選育農作物品種、
農藥肥料用藥等技術之支撐，仍須仰賴工業技術增加農業產能，與附加
價值是時代的趨勢，如農藝師魏瑞廷2018年將農業導入區塊鏈（Block
Chain）科技，成為全球第一位成功產出區塊鏈食品溯源履歷的農夫（林
耿弘，2021）。再則，物聯網（Internet of Things, IoT）的設置與運用，
更扮演科技技術支撐農業發展的角色，物聯網正在引領以資料應用為主
的，更是顛覆農業所產生的隔閡與疑點，如維持氣候變遷農業產量、有機
農業推廣等，建構設施蔬果生產之智慧系統，除達到精準栽培、舒緩農村
缺工問題、增加農民收入之目的外，更有助於智能化設備與智慧整合系統
之發展（陳世銘等，2020）。蘇孟宗等人（2015）提出，物聯網商機的公
司必須記得以「人」為中心，雖然「以機器為中心」或「資料分析」是物
聯網價值網絡的重要元素，但應只被用於提供貼心的創新服務，藉由強調
人對服務（P2S）並整合於物聯網相關應用，並協助盤點地方農村「人、
地、產」資源，尋找農業發展地方創生的亮點與潛力，建立「心聯網」
（Internet of Minds, IoM）將是物聯網的關鍵成功要素。依此，如何運用
物聯網資料創新應用以解決農業地方創生議題，進而獲得產業價值，這也
是數位轉型過程更需重視數位包容的最大的挑戰。

---

[1]　人中衛發展中心，https://www.agribiz.tw/plans.php。

基於以「人」為中心之理念，為解決臺灣農業人力長期不足且面臨年齡老化，除運用科技研發協助地方農民企業化與創新，企業也響應政府的地方創生計畫，關注地方創生之政策綱要，如和潤企業以「企業社會責任」（Corporate Social Responsibility, CSR）為公司企業中心思想，以本身資源、核心專業為真正需要幫助的單位或人服務；故和泰集團和潤企業公司參加國內首創，由國家發展委員會與資誠永續發展服務公司所舉辦的「企業CSR X地方創生提案競賽」，以企業的核心專業、資源投入地方創生，創造1＋1大於2的效益；同時，和潤企業與天龍安全科技及仁寶集團皇鋒通訊等三個社會企業合作，並負擔智慧農業軟硬體系統租賃方案，且以租賃代替買賣，協助農友邁入智慧生產與友善耕作，而主要為減少化學肥料使用、改善土壤等目的，並推廣第三方檢驗，讓食品安全更有保障（CSR@天下，2021/8/25）。企業與農民建立夥伴關係，將是協助農業企業化與永續發展之重要關鍵。

基於上述，臺灣農業所面臨的內外在環境的困境，如老人化、缺工與人口外移等問題；若臺灣農業以人為本導入科技結合企業社會責任，如「建構智慧農業平臺」、「農業科技決策資訊平臺」等，進而找出地方白地空間，以推動地方農業創生三主軸，促進農業企業在故鄉與島內移民發展，以增進臺灣農業的企業化為目標，且地方政府得能整合地方部會創生之資源，此乃達成均衡臺灣地方農業企業化發展之重要職責。

貳、創生第一主軸：科技協助傳統農業數位轉型——白地企業化經營

近年來臺灣農業發展正面臨著困境，普遍存在農村就業人口逐年下降，與人口老年化的現象，依2015年農委會主力農家性別統計報告推估，全臺從農人口為48萬人，其平均年齡超過60歲以上，其分為主力農家按銷售規模區分，為「大型農家」、「中型農家」、「小型農家」與「微型農家」（含高齡農戶）；「主力農家」係指農牧戶，其全年農牧業收入在20

萬元以上，且戶內有65歲以下從農者，其全年從農日數在90日以上；主力農家中，再視收入金額多寡區分為大型農家、中型農家、小型農戶，如以農耕產品為例，年銷售額20萬至未滿70萬元為「小型農戶」，70萬至未滿180萬元為「中型農戶」，180萬元以上為「大型農戶」（黃煥昇、杜佩芬，2016）。除此規模區分之外，以農耕業的農業「組織型態」作為區分標準，將農業的經營主體分成「傳統農業經營者」（包含個別農戶、家庭農場及產銷班）、「農民團體」（包含農漁會及合作社場）及「農企業」（將企業經營理念引入農業，包含農產品生產部門、農產加工及運銷部門及農業服務業部門）（陳昭郎，2009）三類。依此可知，我國農業經營的規模與類型多元，學者李朝賢（2004）提出，在農業經營規模與策略，應是以促進農業企業化經營的可行性為主，透過與同業與非同業間的垂直整合與水平擴張，並組成有效率之農業組織，再運用此規模優勢建構完善的農產品行銷網絡，進行企業化經營，例如種植蔬菜的個別農戶可與專業的農產貿易公司合作，以計畫性生產的方式，由個別農戶或產銷班從事生產，內外銷則交由專業公司來負責，自然形成一個分工與合作的產銷體系[2]。如此，在農業經濟生產、環境、資源及社會的價值等面向，農民不僅能有一個穩定的企業化銷貨管道，也能提高農產公司對產量、品質與規格的管理；故此可知，農業創生主要在於克服城鎮人口的減少，與活化地方經濟之兩者概念所發展而出。

　　為因應急速少子與高齡化的發展，減緩農村人口減少速度，促進農業企業化與進行農業經營型態轉型，與不同企業專業公司整合，以利永續維持地方活力。作者馬克·強生（Mark Johnson, 2010）提出「白地策略」理論，將「市場白地」（White Space）定義為：「公司核心事業以外的領域，亦不屬於公司現行商業模式界定或處理的潛在活動範圍」，「不適合於現有組織架構下發展之創新商業模式（Business Model）」，而這商業模式可以服務新的客戶，也可以服務原有客戶，如圖9-1（林麗冠譯，2010：30）。再則，公司若要進入市場白地（掌握市場白地商機），需

---

[2]　取自全球化下我國農業經營型態轉型之研究，https://www.coa.gov.tw›redirect_files。

採用「白地策略」（White Space Strategy），表示為：「開發新的商業模式，並建立新的組織執行此商業模式」；具體而言，「市場白地」或「白地策略」的本質，即是「商業模式的創新」，並以商業模式創新服務現有客戶與新客戶（林麗冠譯，2010）。在「白地策略」上，Johnson針對三個不同市場提出策略，分別是「現有市場」（原有客戶）、「新市場」（新客戶）與因為產業變動或科技創新所創造出的新市場（可能是新客戶，也可能是原有客戶），如圖9-1（林麗冠譯，2010）。

　　企業如何運用市場白地與白地策略呢？David（2014）提出，首先，應將商業模式的創新與設計當成企業經營之重要主軸，並以商業模式圖與分析結果，重新設計企業營運架構；其次，企業之成長在於新產品與新市場的擴展，市場白地提供三種市場機會（market opportunities）——現有市場、新市場、科技創新所創造出的新市場——作為企業成長選項；第三，商業模式的設計是企業策略規劃中的核心，並建立企業商業模式的組織架構為關鍵[3]。依此，企業需要擴展新市場根本項目是革新（renewal）或創新（innovation）。企業必須提供科技創新與新價值，追求「市場白

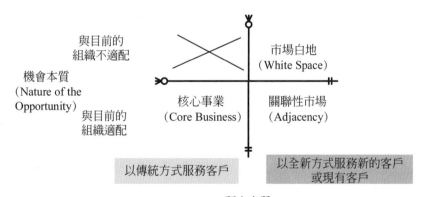

圖9-1　「市場白地」定義

資料來源：林麗冠譯（2010）。白地策略：打造無法模仿的市場新規則，頁30。

3　科技產業資訊室（iKnow），https://iknow.stpi.narl.org.tw/Post/Read.aspx?PostID=9178。

地」的機會。掌握市場白地,需要新技術、新優勢、新的賺錢之道,創造企業自身的營運理論;由此可知,永續經營市場白地的四個核心是:一、辨識出顧客尚未滿足的重要項目;二、設計一個全新利潤公式;三、創意地整合關鍵資源與流程,創造競爭優勢;四、善用現有市場測試和修正新模式,創造出新模式(哈佛商業評論,2010/12/1);依此,尋找出經營白地市場的適合產業模式。

依上述,農企業在現有市場轉型,運用科技創新協助臺灣農業人力長期不足,且面臨年齡老化之問題。金美敬(2021)提出,經濟合作暨發展組織(Organization for Economic Cooperation and Development, OECD)將數位轉型的概念著重在企業的營運模式變化,以取而代之加以定義爲「數位轉型」或「變革性技術」(transformative technologies);而數位轉型基於聚焦互聯互通的超連結,預計加速全球及經濟結構的轉變,包括製造、消費、城市及農業等產業結構優化調整方向之基礎(金美敬,2021)。依此可知,數位化是農企化革命的必備條件。物聯網進入「數位轉型」環境下,蘇孟宗等人(2015)提出,物聯網時代的商業模式所必須解決的關鍵問題,將在於如何從整體生態系所構成的完整價值而形成的資訊流、服務流,以及金流,如圖9-2。在跨設備、跨系統、跨部門、跨廠、跨企業之間可以擴散製造廣度,在連結商務經營、企業資源規劃、製造執行、生產線、控制與感測與產品,可以加強企業經營深度,也可以異質整合進行串聯各種網路平臺;同時在消費面,IoT透過AI加值進行資源的分析,利用自動控制,即時連結服務,創造平臺服務、隨選服務的新商業模式(金美敬,2021)。經由市場白地+物聯網發展的商機,農企業必須以人爲中心,不論主力農家或企業經營者,應以此作爲所有商業模式和科技發展的焦點。蘇孟宗等(2015)提出,物聯網正在引領以資料應用爲主的「資訊經濟」(information economy),雖然「以機器爲中心」或「資料分析」是物聯網價值網絡的重要元素,但應只被用於提供貼心的創新服務,以滿足「人」在企業對消費者(B2C)或企業對企業(B2B)的商業模式中尚未被滿足的需求;即是藉由強調人對服務(P2S)並整合於物聯網相關應用,建立心聯網將是物聯網的關鍵成功要素(如圖9-2)。

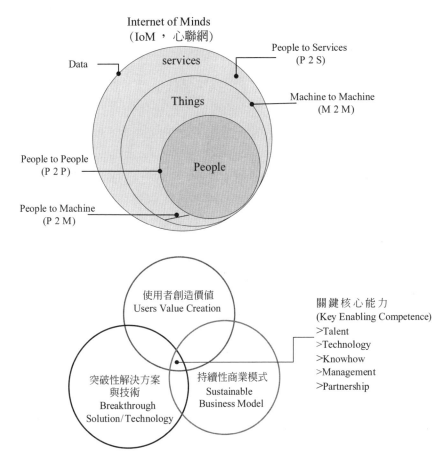

圖9-2　臺灣在物聯網的發展方向應追求以使用者為中心的價值創造

資料來源：蘇孟宗等（2015）。工業技術研究院產業科技國際策略發展所。

　　依上述，對農企業而言，同樣需透過物聯網之運用，了解並尋找出農企業資訊發展契機，解決缺工與轉型之需求，且企業能為主力農家盡社會責任，建立心聯網達到農村地方活化之目標。

參、創生第二主軸：農企業進入企業區塊鏈 3.0 ── 物聯網之發展

傳統農業是在自然經濟條件下，採用世代積累下來的傳統經驗發展，以自給自足的自然經濟居主導地位的農業；此種耕作方式不僅導致生產技術落後，生產效率低下，農民在抵禦自然災害的韌性上亦非常有限。由於農業生產受自然環境的影響較大，「靠天吃飯」成為傳統農業不得不接受面對的現實。農業委員會數據則顯示，截至2021年8月，全國投入農業的就業人口是54萬人，不到整體就業人口的百分之五[4]。農業勞動力老齡化和接班人短缺引發勞動力短缺的擔憂，然而對於糧食的需求卻是不減反增；在此情境下，若單純採用傳統農業方式耕作，不僅將出現迄今為止積累的專有技術因繼任者短缺而出現傳承中斷之問題，更需要顯著提高工作效率和生產效能以因應可能之糧食短缺問題。

由於人口結構、就業類型與氣候環境型態大幅改變，農業發展不僅強調消費導向，也需建構「農」與「科技」的融合產業，將農業耕種生產的一連串過程，化為具體的商業系統。隨著世代的進步，科技的發展日新月異，諸如AI人工智慧、物聯網等新興科技的問世，利用人工智能和物聯網與農業結合，將傳統農業數位轉形成「智慧農業」，並且經由對市場及技術等資訊的掌握，才能確實因應國內外市場需求的變化，對農作物的產量、品質與規格，做出更精準的控管。所謂「智慧農業」是以現行農業生產模式為基礎，輔以省力機械設備並導入資通訊技術（Information and Communication Technology, ICT）、物聯網、大數據（Big Data）分析、區塊鏈（Block Chain）等前瞻科技之研發應用，藉此減輕農務負擔、降低勞動力需求與提供農民更有效率的農企業經營管理模式（行政院農業委員會，2021）。學者簡政群（2018）認為，物聯網的運用能將所有人與物串連，且資訊情報經由網路連結傳至雲端、數據庫，透過共有知識情報及分析工具，亦是為產業及社會創造新價值。透過人工智能和物聯網這兩項

4　農業統計資料平臺，https://agrstat.coa.gov.tw/sdweb/public/indicator/Indicator.aspx。

科技應用於農業，採用公共運輸行動服務（Mobility as a Service, MaaS）概念，移入農業形成「農業共享服務」（Agriculture as a Service, AaaS）可視為農業的創新行動服務模式（農業科技決策資訊平臺，2021），如圖9-3。所謂「農業共享服務」（AaaS），是指透過網路數據提供分析軟體和操作（VM Ware, 2021）。在農業的使用上，利用智慧農業先端技術（資訊及通訊科技、AI、自動化等），將可有效提供當地生產者替代過去傳統農業的人工作業模式，並在節省農事成本的條件下達成生產目標（農業科技決策資訊平臺，2021）。

　　臺灣農地多位於鄉下地區，因為農業勞動人口不足，導致耕作不易，且在此因素下，休耕地逐漸增加而實際有在進行耕作之農地間過於疏離，加上勞動力與農機的不足，如何節省農事成本和有效耕作一直是當地須解決的問題。AaaS的存在，正能透過建立一個網路服務平臺，運用電腦軟體或是智慧手機操作，直接反映至雲端系統，藉由資訊及通訊科技收集農業大數據，並達到整合式管理。以農業機具為例，即便在農地間過於疏離

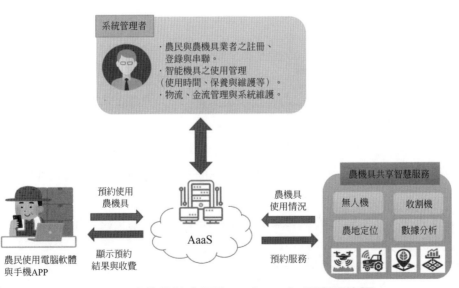

圖9-3　「農業共享服務」（AaaS）平臺網絡圖

資料來源：行政院農業委員會農業科技決策資訊平臺（2021）。

之地區，也能利用全球衛星定位系統（Global Positioning System, GPS）快速取得農機定位，如圖9-3；另外，為了讓生產者與生產者間彼此有效共享，同時因應農作物季節性採收之需求，提供其他媒合服務（農機與操作者），甚至搭配農機託運業者，也能快速提供運作工程服務。

　　除農機具之共享服務外，透過智慧農業服務平臺，串連農地水管理系統、複合智慧農具、氣象數據、感知數據調整施肥、無人機偵察等，建構農業數據平臺。數據的整合，可使農作耕作更為迅速且精準，有利於創造新興地方產業與產品，相較國外有更多的特色價值展現。王人正等人（2019）提出，智慧農業推動主軸為整合數位化、巨量分析與雲端科技等技術，建立全方位人性化數位服務網之概念。據此，數位服務架構平臺建構後，活用平臺的大數據，有機會拓展各種新服務及新應用，如結合氣象數據發展「農務紀錄排程管理系統應用軟體（Application, APP）」，針對農物需求的天氣情況提供預警，協助農民注意天氣變化而免於失去應變契機；再者，結合市場銷售趨勢分析及預測之「農企業經營管理APP」，或是串聯各區域農民、經銷業者與物流運輸資訊，創造新商品價值之「農業情報流通網絡」等。平臺運用AI與IoT技術構築的價值鏈，上下游端情報共享，可創造新興多元事業。其中，在智慧農業平臺基礎上，更可進一步串聯區域農業，達到農業資源流通、農業資源共享、降低對區域外與對區域內的農業交易成本、對外成為具代表性之主體等多種農業部門的經濟效益。區域農業為農業活動相鄰的地理區域，在自然條件與人文發展脈絡的相似性上相互結合，集體發展其特質，透過正式與非正式的方法來創建、存儲、傳輸和鏈結上下游生產活動（韓宜、楊明憲，2014）。透過在地社區與廠商的共同合作，並以農業資源流通、農業資源共享、降低對區域外與對區域內的農業交易成本、對外成為具代表性之主體等多種農業部門的經濟效益，創建產業群聚效應，並達到區域產業聚落在農業生產價值鏈上之對外競爭優勢。

　　由於區域農業並非以個體農戶為主體，而是以整體區域之規模與連結為主要規劃依據，在全球化、自由化、分配不均的今日，產品、通路、市場的連結，應該是從下游到上游、從銷到產、先有銷再尋產的方向，

因此農作生產與規劃的3W2H便顯得極為重要，分別為：一、何地生產
（where）？二、何時生產（when）？三、生產什麼（what）？四、如何
生產（how）？五、生產多少（how much）？此五道關鍵之生產問題，才
接著連結到區域農業的推動主軸，如何利用區域生產結構之現況與區域農
業價值鏈活動之鏈結現況來推動相關規劃，應以上五道問題為核心，才能
長期以系統性的方式解決產銷問題（楊朝仲，2011）。依此，透過智慧科
技平臺與即時數據分析服務，不僅能加速資訊之透明化與流通，更能透過
軟體輔助分析以上核心問題，使得農業在生產上更具產業韌性，而不是總
在產量過剩時，請地方行政首長站臺促銷，或是要求各地農改場及農會人
員背負一時性的緊急展售推廣任務等產品、通路、市場的連結的問題。由
於我國農業經營者的規模大多較小，因而「策略聯盟」應該也是促進農業
企業化經營的可行做法之一，透過同業與異業間的垂直整合與水平擴張，
並結合相關的資源與人才，組成有效率之農業組織，再運用此規模優勢建
構完善的農產品行銷網絡，進行企業化經營。例如蘭花業界的企業農場可
與小農結合，形成一個產業聚落，經由彼此的代工與分工，來達成提高品
質與量產的目的；又如種植蔬菜的個別農戶也可與專業的農產貿易公司合
作，以計畫性生產的方式，由個別農戶或產銷班從事生產，內外銷則交由
專業公司來負責，自然形成一個分工與合作的產銷體系。不管是農業共享
服務、區域農業或是策略聯盟，由於牽涉範圍包含地方農民、水土保持、
環境保護、糧食生產規模且涵蓋電子商務金流服務，因此行政體制必先建
立權責單位，溝通協調須設對應單位，必須要有專人、專屬機構負責來處
理（韓宜、楊明憲，2014）。針對農業網路服務平臺成立垂直整合的一
元化監理制度，以健全農耕業務經營，維持農業市場穩定與促進發展，例
如，以各地區農業合作社作為主要平臺管理者，負責統籌與協調區域內之
農耕協作與計畫；而行政院農業委員會則負責整體平臺、業者與農民之監
督與風險評估，除訂定相關法規與條款外，也需訂定農業生產風險指標，
針對高風險情境適時提出警示並介入。同時，也可以考慮引進民間企業之
具有執行力的單位或公益組織等利益團體扮演執行與推動者，讓有力的民
間執行單位來帶動並導入關鍵的投資。

依上述，在智慧農業平臺基礎上，不僅生產者能有一個穩定的銷貨管道，也能提高農產公司對產量、品質與規格的掌握度，形成自助（農民）與他助（合作社＋農委會＋企業）之互利互惠共好循環。

肆、創生第三主軸：智慧農業，善用物聯網改寫農村曲

農業從業人口降低及老年化的現象外，對主力農家轉型進行盤點農村「人、地、產」資源相關問題，如提升農業設施各零部件之發展技術，藉由通過物聯網運用了解農企業需求，建立以人為本合作互助機制與發展永續農業。郭大維（2016）提出，永續農業的主軸以發展智慧化農業為主，即是農作物從生產至採收過程中，整體供應鏈的業者可考量多元的解決方案，例如從改善農業種植方式，或穩定生長環境，或科技監控、圖資及即時獲取資訊載具與軟硬體設備等。故此，在面臨農業人力資源問題時，「機械自動化」將是主力農家在種植與採收之農作物時之重要科技支援；同時再與aWhere公司合作，提供農作物生長時所需要的準確資訊，而在多個地區設置感測器，雲端系統能收集感測器位置準確的數值，並透過API介面傳達給使用者；因此，提供適切種植農物資訊科技才是臺灣農業物聯網發展之路（Awhere, 2015；郭大維，2016）。

學者陳世銘等（2020）認為，農村普遍存在於溫室設施環境中進行農業生產，更是普遍缺乏適用的農業機械，使缺工的問題更顯嚴重；於是提出開發設施蔬果生產之智慧機械系統，聚焦於設施作物生產時的智慧感測，及精準栽培系統、設施管理作業所需的農機具共用智慧載具系統、省工智慧採收系統等主軸，再經由對市場及技術等資訊的掌握，因應國內外市場需求的變化，既可對農作物的產量、品質與規格，做出更精準的控管。依此，金美敬（2021）更進一步提出，「行為物聯網」（Internet of Behaviors, IoB）結合聯網、資料分析及行為科學，將人們的行為大規模收集（capture）、串聯分析與理解（analyze and understand）及數據的

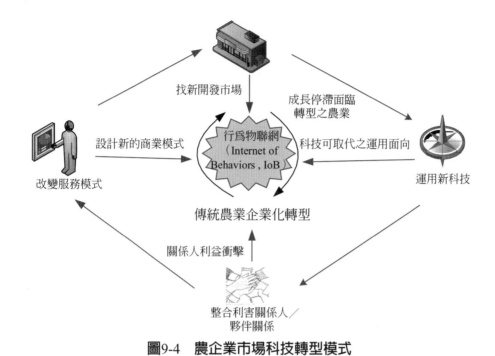

圖9-4　農企業市場科技轉型模式

資料來源：蘇孟宗等（2015）。工業技術研究院產業科技國際策略發展所。

商用化（monetize），如圖9-4。依此可知，智慧科技（如機械系統）運用可加速創新應用農業服務的整合，讓商業模式更為彈性與創新，同時，農企業與科技企業結成夥伴關係將是支撐物聯網與白地市場發展的重要關鍵，更有助於智慧農業的發展。

　　在資訊經濟時代為避免主力農家中微農企業被淘汰，除仰賴工業技術增加農業產能，其生存之道的關鍵在於「思維」轉變。故此，支持農企業延續需發展「知識樞紐」，即是發展出一個農業相關企業和研究機構匯集的地區，可以提供相關知識或科技資訊的研究機構，與具備商業化（know-how）的企業間進行媒合，將之串聯成產業網絡，也能建置新創企業提供軟硬體設施等協助，成為「智慧農業」（如圖9-4）。再則，商業模式的願景價值在於創造服務整合產業效益、引領在地產業的創新與創業，並帶動硬體設備業者透過軟、硬整合發展服務業，連結相關服務，擴

大服務與產業規模，改變傳統的硬體銷售模式，轉型為新的開發市場，進而在「資訊經濟」時代，物聯網可創造出新的產業價值。

伍、農業創新市場策略

農委會「重要農業經濟指標」顯示，臺灣農業在2020年產值高達5,039億元新臺幣，從事農業之人口占總就業人口比率達4.7%，為我國三大重要產業之一。農業是國家基本產業、農民生活的依賴、生態維護的基礎。然而，臺灣農業地區農村面臨人口老化，與經濟就業機會的弱勢，尤其都市產生磁吸效應農村人口到都市從事企業商務等類工作，造成農業勞動人口嚴重不足且缺乏年輕新血；面對種種衝擊，農業為突破發展困境，不僅需引入新創科技協助，農民在思維上也須做出調整。據此，農業創新市場策略主要可分為農企業、科技供應鏈二部分，分述如下：

一、**農企業之發展**：建議協助農業界以經營白地企業的模式，各縣市成立「區域性的專業農業公司」，以利建構農企業與科技企業公司的合作夥伴模式。區域性的科技專業農業公司可以協助農民運用科技技術，並擔任農物相關問題之顧問與諮商，且以企業的方式經營，由區域農民共同合作，建立與科技企業單位跨域之協力合作，並建立農民與企業的自助與互助合作夥伴關係，協助降低因農人力所帶來損失。

二、**以經營企業形式，建立穩定之科技供應鏈與物聯網**：建議政府建立一套農民與科技企業合作標準，以此篩選出符合標準的科技業者，讓農企業認知到經由政府法規標準篩選互助科技公司，是符合資訊安全及認證標準合法農業相關資訊科技公司，建立農民對農業科技公司之信任度。

除上述透過「農企業」與「建立穩定之科技供應鏈與物聯網」進行農業創新市場策略外，仍須注意整體發展方向應追求以使用者為中心的價值創造，意即以「人」為中心之理念。物聯網雖是以機器為中心與進行數據資料分析，但如何使用端看使用者之思維。農企業必須以人為根本，不論

主力農家或企業經營者皆須以滿足「人」作為核心目標，將物聯網用於提供貼心的創新服務，並結合人對服務（P2S）建立心聯網找出農企業資訊發展契機，解決缺工與轉型之需求，並使企業能為主力農家盡社會責任；同時，政府也應訂定相關法規與風險指標，針對高風險情境適時提出警示並介入。在此基礎上，農民與企業經營者不僅能擁有穩定的合作管道，並且能隨著社會變遷提供即時適切科技服務，還能提高農企業對產量、品質與規格的掌握度，達成自助與他助之地方創生循環，進而成就農企業自治能力與價值。

參考文獻

中國時報（2021/1/5）。轉型農工大縣、嘉縣正在實現。https://www.chinatimes.com/ newspapers/20210105000572-260107?chdtv。

方清居（1999）。農業企業化經營（一）——改變思維模式，行政院農業委員會苗栗區農業改良場。https://www.mdais.gov.tw/ws.php?id=1337。

王人正、江昭皚（2019）。智慧農業技術介紹與應用實例。農業推廣手冊，第74期，頁4-19。

行政院農業委員會智慧農業專案推動小組（2021）。https://www.intelligentagri.com.tw/。

行政院農業科技決策資訊平臺（2021）。農業數位化轉型DX，「農業×數位化」開拓食農新未來。https://agritech-foresight.atri.org.tw/article/contents/3663。

李朝賢（2004）。全球化下我國農業經營型態轉型之研究（一）——我國農業全球布局策略之研究，93年農業經濟科技計畫。https://www.coa.gov.tw/ws.php?id=19746&print=Y。

和潤企業（2021/8/25）。和潤企業以核心專業投入農村創生、推廣友善耕養。https://csr.cw.com.tw/article/42117。

林耿弘（2021/9/4）。魏瑞廷結合地方新銳藝術家發行全球農業領

域首枚NFT。http://www.ksnews.com.tw/index.php/news/contents_page/0001521889。

林麗冠譯，馬克‧強生（Mark Johnson）著（2010）。白地策略：打造無法模仿的市場新規則（Seizing the White Space: Business Model Innovation for Growth and Renewal）。臺北：天下文化。

金美敬（2018）。全球IoT產業發展觀測。IEK Consulting，頁1-10。

金美敬（2021）。IoT技術發展趨勢觀測。IEK Consulting，頁1-10。

哈佛商業評論（2010/12/1）。成長策略：突破成長極限的祕密。https://www.hbrtaiwan.com/article_content_AR0001599.html。

國家發展委員會（2021）。https://www.ndc.gov.tw/Content_List.aspx?n=78EEE FC1D5A43877&upn=C4DB8C419A82AA5E。

張芷淳譯，艾咪‧霍爾蘭（Amy Halloran）著（2019）。以糧為名的轉型正義。新北：好優文化。

張渝江（2019）。人工智慧、物聯網、區塊鏈大未來：從AI到AIoT到AIoTB。https://as.ebook.hyread.com.tw/bookDetail.jsp?id=175512，頁1-151。

張嘉芬譯，大泉一貫等著（2019）。2025農業關鍵字，21世紀政策研究所。臺北：豐年社。

郭大維（2016）。智慧化農業發展趨勢與地理資訊應用案例分析。IEK產業情報網，頁1-7。

陳世銘、蔡兆胤、謝廣文、楊智凱、顏炳郎、羅筱鳳、葉仲基、謝禮丞、徐武煥、黃國祥、陳俊仁、王毓華（2020）。溫室設施蔬果生產之智慧系統。臺灣農學會報，第20卷第3、4期，頁150-160。

陳昭郎（2009）。臺灣大百科全書，行政院文化部。https://nrch.culture.tw/twpedia.aspx?id=4100。

陳榮昌（2021/9/1）。后里科技農業達人無酬付出遙控植保無人機校園防疫。http://www.taiwanhot.net/?p=961912。

黃煥昇、杜佩芬（2016）。104年主力農家所得調查結果，行政院農業委員會。https://www.coa.gov.tw/ws.php?id=2505701&print=Y。

詹舒涵（2020/7/20）。挽救農業勞力老化——農村創業精緻升級。https://
news.tvbs.com.tw/life/1356779。

謝子涵（2018/7/8）。臺灣「地方創生元年」之後：看日本政府如何設定
發展KPI。https://www.thenewslens.com/article/98991。

簡政群、陳麗婷（2018）。日本Society 5.0的食品產業生態鏈技術革新重
點與案例，行政院經濟部技術處。https://reurl.cc/kLEGNn。

蘇孟宗、紀昭吟、趙祖佑、張慈映、張舜翔（2015）。物聯網引領資訊經
濟——以智慧串聯心世界（IEKTopics 2020紀念合輯）。工業技術研究
院產業科技國際策略發展所，頁60-79。

第十章
地方創生的制度困境探勘——
以新竹縣尖石鄉梅花村爲個案分析

鄭國泰

壹、前言

近年來，國人觀光旅遊意識高漲，露營變成臺灣親近大自然的熱門親子休閒和自然生態探索的活動，然而露營業者爲了開發露營地，不惜濫砍山林，大肆破壞山坡地之水土保持和環保活動，甚至將污水、垃圾流入鄰近溪河，造成臺灣山林生態之嚴重損壞。根據報載，目前全臺露營區大約有1,600多處，於是每年以300處的數量急遽攀升，幾乎都是違法開發；交通部觀光局首次針對全臺1,789個露營區來進行，結果僅85處合法，其合法率極低（自由時報，2018/1/17）。由於露營商機很大，大批業者（大多非原住民）進駐新竹尖石鄉，大量開墾開發「原住民保留地」。「聽說光新竹一地的三百多個露營區當中，就只有一處合法，面對如此可怕的破壞行爲，行政院消保會關心的，竟然只是這些非法露營區裡缺乏急救設備與消防設備，問題是水土保持呢？自然生態呢？主管機關的責任呢？」（商業周刊，2017/5/27）。因此，學者建議應成立跨部會（機關組織）、跨領域、跨（政府）層級專案小組，立即展開追查、處罰、資訊公開、復原（復育）等政策形成、規劃與執行的工作等（楊永年，蘋果日報，2017/10/10）。其實，是怎麼樣的制度設計造成目前的雙元困境（catch 2-2），這也說明了制度（含管制措施）已無法有效因應商業開發和環境保育之間的弔詭（杜文苓，2015；陳敦源，2009），來自中央層次的制度是否能有效管控山坡地之保育和原住民保留地？地方政府是否能有

效和及時地反映所屬山坡地被大量開發和破壞之察查？以及政府單位未來
應採取何種措施能針對這樣的弔詭來有效因應？

　　由於氣候快速變遷，政府、人民和科學家都持續關注森林在全球環
境變遷中的角色。至於何種成因造成去森林化（deforestation）則是眾
說紛紜，其中包括人口成長（Rudel, 1994）、人口密度增加（Burgess,
1992）、繁榮發展（Ehrlich and Ehrlich, 1991; Rudel, 1994）、科技進步
（Ehrlich and Ehrlich, 1991）、商業化（Capistrano, 1994）、政府政策
（Repetto and Gillis, 1988）、森林可接近性（Kummer, 1992），以及政治
穩定（Shafik, 1994）。雖然有計畫且理性的去森林化，可以將原本無效
的資源轉換成有用的資源和土地利用。然而，如果是沒有規劃的去森林
化，可能會造成國土使用上重大的傷害。再者，目前世界各國開始採用
分權化的森林控管，藉由各種新的制度配置把管理權交由地方政府來進
行管控。然而這樣的方法在一些個案上，形成了永續的社會生態系統，
但在一些個案上，則是造成不良的結果（Holling, Gunderson, and Ludwig,
2002）。

　　從學理角度觀之，現今臺灣的山坡地治理研究已陷入治理尺度失真
（scaling mismatch）的困境，致使一些地方政府在面臨主流資本主義的開
發挑戰時，由於治理問題的尺度層次認定不同，造成地方政府利害關係人
之間互動治理（interactive governance）失衡，而無法有效解決偏鄉的固
有問題（Ansell and Torfing, 2016）。例如，前述開發露營地的商業行為發
展策略的擬定，似乎已超越現行地方政府的治理能力，是否會落入治理尺
度的失真問題，殊值深慮。因此，有必要重新認定商業開發和環境保育的
治理問題，藉由利害關係人互動治理，謀求可行的治理策略（Ansell and
Torfing, 2015）。

　　根據國家圖書館博碩論文之檢視現有文獻發現，至2018年12月30日
止，只有一篇碩士論文（賴宜廷，2016）與本文主題「有點」相關，該研
究嘗試以露營區的角度出發探討露營區空間，並檢閱臺灣近年以露營為題
所做的研究發現，66篇的研究中有32篇探究學生隔宿露營或童軍露營，其
餘34篇關於休閒露營的研究與本文提及的露營相關。其餘34篇休閒露營相

關研究中，有27篇從「露營者」的角度做探討，其中20篇探究露營者在活動中的滿意度、重遊意願、參與動機、幸福感等，分析家庭露營活動參與者的遊憩體驗對休閒效益的影響，文章均以露營者為對象進行量化的統計或量測，分析統計露營活動對家庭產生正面感知力量的相關度高低，分析後所有文章均表示露營活動對露營者的情感面向有正相關。其餘研究亦有探究露營者的遊客特性、喜好的環境屬性。這也說明了本文對臺灣環境治理議題之重要性。

　　新竹縣尖石鄉梅花村係屬原住民保留地，其具有中央層級之法律規範之，再者，依法露營地開發業者應備妥水土保持計畫，向所屬縣市政府申請開發，否則依水土保持法，若釀成人命損失最重可處五年徒刑。這只能說明政府現有的管制措施無法有效規範，也突顯地方政府面臨相似議題，都出現了不可治理之情事。據此，說明了制度配置是否能在地方層次有效運作，仍然有必要進一步探求。這也說明了由中央層次所訂定的制度安排（原住民保留地和山坡地管控方法），並不一定能在地方層次有效運作，因為地方的複雜性，而無法達到永續自然資源管理之目標（Agrawal and Ostrom 2001; Meinzen-Dick and Knox 2001; Patterson, 2017）。亦有進者，臺灣仍然鮮少有研究關注在制度變遷是如何影響當地民眾的環境治理？是怎麼樣的制度設計才具有適當性？政府應如何有效因應森林（山坡地、原住民保留地、露營地）開發和保護的弔詭？因此，本文針對土地資源的利用情形與態度，以及相關社會生態系統變項，進行相關資源使用與人文歷史進行調查研究外，亦針對制度可能產生之社會生態影響及其因應措施來進行研究。

　　據此，本文運用諾貝爾經濟學得主Elinor Ostrom及其印第安那大學（Indiana University Bloomington）同僚所創之制度分析發展架構（Institutional Analysis and Development, IAD）（Ostrom, 1990, 2005）和制度分析發展之整合架構（IAD- Social-Ecological Systems, SES）（McGinnis and Ostrom, 2014），來分析新竹縣尖石鄉梅花村之露營地開發與山坡地保護的環境治理困境，並運用地理資訊系統（Geographic Information System, GIS），來分析山坡地的土地變遷和參與觀察，必能

眞實地了解新竹縣尖石鄉梅花村土地使用和變遷，以及林業治理和地方創生的社會生態系統。

貳、制度分析發展與社會生態系統整合架構

　　Hardin（1968）提出「共有財的悲劇」，其強調產權不明確的公共池塘（共有）資源（Common Pool Resources, CPR），必然會受到理性自利個人的過度濫用，最後造成資源耗盡的悲劇。而其解決之道在於透過「產權私有化」或藉由「國家介入來管制」，才可能解決理性自利個人進行濫用造成資源耗盡的悲劇。然而，Ostrom（1990）認爲Hardin的囚徒困境中之個人的理性抉擇只能達到次佳的結果，必須有特殊的制度安排，才可能改善其困境；其研究發現資源汲取者（appropriators）唯有透過適切的制度安排，不論在資源的使用與維持都能達到良好的效果（Saijo, Feng, and Kobayashi, 2017）。因此，治理（governance）可以視爲一種追求共同利益的過程以及管理公共事務的技能，其更是制度推動的媒介及架構（Stoker, 1998），許多制度本身的立意也許是良善的，但是透過不同的治理架構卻有可能造成不同的結果（Chikozho and Mapedza, 2017; Ostrom, 2012）。

　　據此，地方社區團體在過去30年來被認爲能自主治理，達到資源有效使用和維持之結果（Biswal, Johnson, and Berkes, 2017; Cohen and Uphoff, 1980; Esman and Uphoff, 1984; World Bank, 1994），這說明了過去沒有將地方狀況納入之由上而下的錯誤，也說明了在共有資源的議題上，內部行動者相互間具有依賴與共利關係之單一行動者，將可能組織成爲群體，以互助合夥等關係對於其共有資源進行自主治理，例如：森林保育及林業之利用保育應以社區爲主體（Bonan, 2016; German, 2018; Gibson, Margaret, and Ostrom, 2000），藉由仰賴不同層級的行動者之集體行動（collective action），方能有效地管理所處之環境資源（Ostrom, 1990）。

　　由此可知，政府政策不應把地方排除在外，因爲永續政策必須包含居

住在自然資源的成員（C.-P. Tang and Tang, 214）。最起碼有三個條件：第一，當地必須重視資源；第二，當地必須保留一定的財產權；第三，當地必須建構地方層次的制度來管控資源的使用（Becker, Banana, and Gombya-Ssembajjwe, 1995; Gibbs and Bromley, 1989; Gibson et al., 2000; Ostrom, 1990; Slaev, 2017）。首先，除非當地成員重視資源，否則他們沒有理由花成本來保護或保育資源。這一個條件是很重要的，因為它常被忽略，許多學者和決策者都假定當地居民會自然地想要保護資源。所以，許多實務的個案都發現，當地成員必須取得一定的利益，以限制自我進行短視的資源使用。再者，自然資源的成功管理，除了必須包含當地成員外，也應重視財產權的安排；因為藉由財產權來進行有效的自然資源管理，需要當地成員的同意，而這必須配置一些權利（Moritz, 2016），讓當地成員可以接近、使用和排除不必要的其他人（Ascher, 1995; Demsetz, 1988; North, 1990）。這樣的權利讓當地成員可以控制資源的成本和利益，並給予個人長期保育的動力（Schlager and Ostrom, 1993）。最後，各國的個案研究結果都認為應建構地方層次的制度來進行自然資源管理（Delgado-Serrano, 2017; Marks, 1984; Ostrom, 1990, 2005）。因為相較於來自中央層次的制度，地方層次的制度被發現較能符合當地系絡之需求，在自然資源的管控也較有效，而且在處理衝突時也較能快速回應。甚至，如果當地成員對其共同歷史有著相同的信仰，成員們會自行建構制度來凝聚成員對自然資源的共識。這三個條件只是自然資源管理和地方成員之間的必要條件，不同個案也需要不同的條件來形成永續發展。例如：自然資源保護的範圍，或是具有不同信仰價值族群的成員，如何讓其能共享制度之公平性等。

一、制度分析發展架構

　　分析露營地開發與山坡地保護的環境治理中的行動者和制度，有必要了解：資源的本質、不同行動者的價值偏好、決定最終土地使用之正式法令和非正式土地使用的規範。本文運用制度分析發展架構（Institutional

Analysis of Development, IAD）（Ostrom, 1990, 2005），來分析被認定露
營地開發最嚴重之新竹縣尖石鄉梅花村之露營地開發與山坡地保護的環境
治理困境，這將有助勾勒行動者的特質、資源的屬性、不同財產權的成本
效益差異、土地使用方式及其產生的結果。IAD架構能釐清自然資源被利
用的條件、社區行動者的屬性及其相互互動的網絡，以及形塑行動的法令
規範，從而了解行動者的觀點、價值和目標，來分析其行為和未來預期
（Ostrom, 1990, 2005）。

　　Crawford和Ostrom認為有三種途徑來定義「制度」：制度即均衡
（institutions-as-equilibria）、制度即規範（institutions-as-norms），以及
制度即法規（institutions-as-rules）（Crawford and Ostrom, 1995: 582）。
其分別回應為「共享策略」、「規範」和「法規」的行為管制（Crawford
and Ostrom, 1995: 583）。North（1990）認為，個人或組織在追求彼此的
目標時，也同樣會成為制度變遷的媒介，而制度的建立與變遷更會關係到
經濟成就。但Ostrom制度主義（institutionalism）的主要理念係在了解社
會為一個相互連結的結構（a structure of interconnected），抑或是行動場
域（action arenas）和行動情境（action situations）（請見圖10-1）。結果
的複雜性係因為一個個體，會同時出現在不同的行動場域，或是其行動決
定，會影響了另一個行動決定（例如：政府官員的行動壓制了公民間的私
人互動）。這樣互動行動場域的社會現象建構，將有助於研究者能針對單
一簡單的問題，並將所有相關的因素納入研究之中，也可以協助研究者將
問題延伸連結相關的行動場域。

　　因此，本文使用由諾貝爾經濟學獎得主Elinor Ostrom教授所發展出來
的「制度分析發展架構」（IAD），IAD已被視為是政策科學中最重要的
制度分析架構（請見圖10-1）（Sabatier, 2007），係由Elinor Ostrom及其
同僚共同發展出來，首次發表於1982年（Kiser and Ostrom, 1982）。IAD
的發展動機係在為共同體議題，讓不同學科背景的研究者，可以共同為一
個議題協同研究來提供有效的研究成果。IAD讓政治學者、社會學者、法
律學者、經濟學者、人類學者和其他來自社會科學的學者們，來研究相
似的研究問題中，相關的情境結構和社會的制度動態（Ostrom, 2005；汪

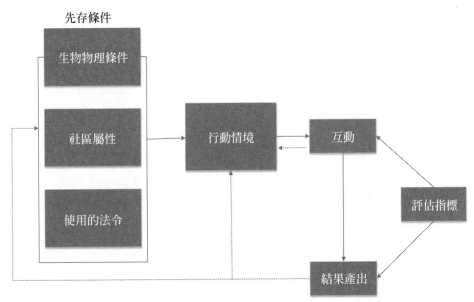

圖10-1　制度分析發展架構（The IAD Framework）

明生、鍾國南，2015）。從1982年發表後，就被延伸至不同的實務情境和國際性個案發展（Gordillo and Andersson, 2004）、產業管制（Schaaf, 1989）、銀行改革（Polski, 2003）、土地使用權（Mwangi, 2003）、有關水、能源和食品的交集問題（Villamayor-Tomas, Grundmann, Epstein, Evans, and Kimmich, 2015）、環境及其衝突（Dell'Angelo, 2012; Saijo et al., 2017），以及參與分析（Bixler, Dell'Angelo, Mfune, and Roba, 2015; Delaney and Hadjimichael, 2017）。

　　特別的是，IAD架構被廣泛使用來研究共有資源的治理，被用於不同的尺度和世界上不同的地理位置（Clement, 2010; Imperial and Yandle, 2005; Lam, 1988; Oakerson, 1992; Ostrom, 1990; S. Y. Tang, 1992）。IAD被視為是多層次的地圖，用來確認多元不同的制度安排下之基本的結構變項（Ostrom, 2007b）。基此，其提供了後設理論的共同語言，讓來自不同學科背景的研究者使用於多元的理論（Ostrom, 2011）。其設計讓研究者能依其文獻使用來更廣泛地定義結構類別。再者，IAD架構將「行動

場域」（action arena）放置在架構中心，其包含了「行動者」（actors）和「行動情境」（action situations），兩者係由外在變項所影響，可分為「生物物理條件」（biophysical conditions）、「社區屬性」（attributes of community），以及「使用的法規」（rules in use）（請見圖10-1）。而在IAD架構中，制度（institutions）是解釋「互動」（interactions）和「產出」（outcomes）之主要的角色。

　　再者，IAD架構可以分析行動者在面對誘因及其產出時，可能會面臨的問題：為了克服搭便車問題，為自願環境行動團體所設計的誘因之挑戰；為了組織當地使用者貢獻資源，來保護有限的公共財，以改善資源保存和品質；如何投資基礎建設，來增進當地人的組織能力。因此，當生物物理面向為中心時，應用IAD來分析集體行動的問題，常導致批評於該架構無法完全整合生態的動態性，例如：共有資源的治理個案。因此，IAD架構被重新組合成新的型態，名為「社會生態系統架構」（Social-Ecological Systems, SES）（請見圖10-2）（Anderies, Janssen, and Ostrom, 2004; McGinnis and Ostrom, 2014; Ostrom, 2007a; Ostrom, Janssen, and Anderies, 2007）。「社會生態系統架構」也接續被使用於許多相關的社會生態情境，例如：漁業（fisheries）（Basurto, Gelcich, and Ostrom, 2003; Gutiérrez, Hilborn, and Defeo, 2011）、森林（Gibson et al., 2000）和水力與灌溉（Cox, 2014; Ostrom, 2011）「社會生態系統架構」可把第二層和第三層的變項納入在特定的SES。然而，「社會生態系統架構」提供了具價值性的延伸，但其仍無法完全整合生態面向（Epstein, Vogt, Mincey, Cox, and Fischer, 2013）。Cole、Epstein和McGinnis（2014）強調雖然SES架構比IAD架構提供更多層次的變項，但其仍受限於其靜態本質。所以，根據這些批評反思，Cole、Epstein和McGinnis（2014）發展出一個途徑來結合IAD和SES架構，並命名為「整合IAD-SES架構」（combined IAD-SES framework）（請見圖10-3）。其價值係在整合了兩種架構各自觀點的優勢，如：整合IAD架構的動態性和SES架構的精確性。

　　至今，「整合IAD-SES架構」仍只有少數研究將其應用在實際場域，因此，本文使用「整合IAD-SES架構」來進行個案調查研究，以掌握個案

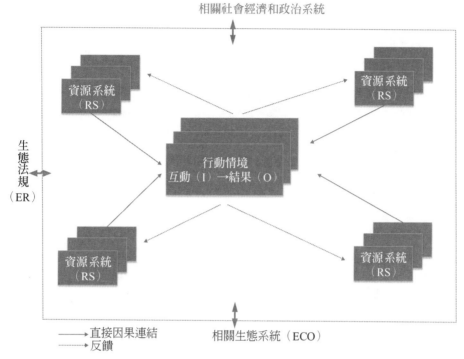

圖10-2　社會生態系統架構（The SES Framework）

中重要的制度和生物物理面向應時間而成的變遷。本文使用SES架構的編碼系統（coding system）來分析個案的主要屬性，個案的系統、單元、行動者和治理系統，並且追蹤不同時間點在行動場域中互動模式的變化。運用整合IAD-SES架構將有助吾人在研究期間能呈現出變遷過程，並連結制度動態性和社會生態產出。

　　為了架構的操作化，本文將設定研究期間中個案的重大變遷。藉由文獻探求來將其分為三個時期，然後，再運用整合IAD-SES架構來確認各時期的政策變遷，及其社會生態中主要的變遷要素。再者，在每個時期中確認參與者互動的樣態，將有助吾人深入了解個案的使用、法規制定、監測和衝突，以及衝突的解決。本文個案共分為三個時期，前二個時期將大量使用文獻探討和內容分析，而在個案的實際場域（家戶層次和社區層

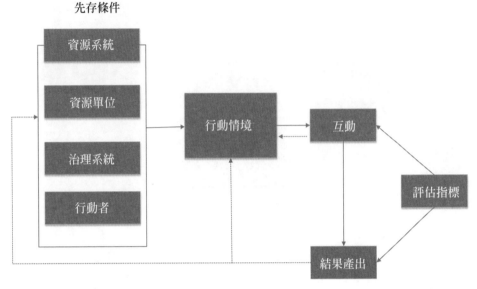

先存條件

資源系統

資源單位

治理系統

行動者

行動情境

互動

評估指標

結果產出

圖10-3　整合IAD-SES架構（The Combined IAD-SES Framework）

次），將使用調查法和文獻探討來確定第三時期，社會生態過程的變遷的資料分析收集至2019年12月31日止。

　　根據過往的研究發現：地方社區團體在過去30年來被認為能進行自主治理，以達到資源有效使用和維持之結果（Biswal et al., 2017; Cohen and Uphoff, 1980; Esman and Uphoff, 1984; World Bank, 1994），這說明了過去林業治理的體制沒有將地方狀況納入之由上而下的錯誤（Jordan, Huitema, van Asselt, and Forster, 2018）；但反向來說，其指出在共有資源的議題上，內部行動者相互間具有依賴與共利關係之單一行動者，將可能組織成為群體，以互助合夥等關係對於其共有資源進行自主治理，例如：森林保育及林業之利用保育應以社區為主體（Bonan, 2016; Gibson et al., 2000），藉由仰賴不同層級的行動者之集體行動（collective action），方能有效地管理所處之環境資源（Ostrom, 1990）。

　　誠如Ostrom（1990, 2005）認為如果全然仰賴國家、市場或是共同財產來解決資源管理問題將不可能成功，因為不同的個案需要不同的尺度和

條件考量。由此可知，林業治理的地方創生之政府政策不應把地方排除在外，因為林業治理必須包含居住在自然資源的成員。因為相較於來自中央層次的制度，地方層次的制度被發現較能符合當地系絡之需求，在自然資源的管控也較有效，而且在處理衝突時也較能快速回應。甚至，如果當地成員對其共同歷史有著相同的信仰（如：原住民），成員們會自行建構制度來凝聚成員對自然資源的共識。這些條件只是自然資源管理和地方成員之間的必要條件，不同個案也需要不同的條件來形成永續發展。例如：自然資源保護的範圍，或是具有不同信仰價值族群的成員，如何讓其能共享制度之公平性等，都是吾人之思考研究議題。

最後，多元中心和IAD架構用來分析林業治理的地方創生，可以分析地方行動者在面對誘因及其產出時，可能會面臨的問題：為了克服搭便車問題，如何回應自願環境行動團體所設計的誘因之挑戰；為了組織當地使用者貢獻資源，來保護有限的公共財，以改善資源保存和品質；如何投資基礎建設，來增進當地人的組織能力。多元中心和IAD架構所營造的互動行動場域的社會現象建構，將有助於研究者能針對林業治理的地方創生的問題，並將所有相關的因素納入研究之中，也可以協助研究者將問題延伸連結相關的行動場域。

參、新竹縣尖石鄉梅花村的原住民保留地個案探討

本文重點係在露營地開發與山坡地保護的困境，並以新竹縣尖石鄉梅花村的原住民保留地為個案分析，因為其對不同行動者產生出不同的利益，新竹縣尖石鄉梅花村在露營地開發與山坡地保護上就具有共有資源問題。由於場域中的不同行動者會試圖在安排共識中提升自我利益，本文先從IAD來分析（請見圖10-1），然後再採用整合IAD-SES架構將有助探求新竹縣尖石鄉梅花村在露營地開發與山坡地保護之問題和限制。

首先，其外因變項有三種：生物物理條件、使用的法規、社區的屬性。所以，IAD架構考量四個行動場域：操作化層次（the operational level），其指每天活動的相關規則，直接影響各種資源的使用；集體選擇層次（the collective choice level），其係指如何挑戰操作化法規的相關規則；法制層次（the constitutional level），其係指如何挑戰集體選擇層次，以及在集體選擇層次中有誰占有主要位置的相關規則；後設法制層次（the meta-constitutional level），由道德制度、社會規範和傳統來決定較低層次中何種規則被接受為正當性（Ostrom, 2005, 2012）。其所設行動情境（action situation）有以下的變項（McGinnis and Ostrom, 2014）：一、參與者（participants）；二、職位（positions）；三、產出（outcomes）；四、行動與產出的連結（action-outcome linkages）；五、由參與者所操作的控制（the control that participants exercise）；六、資訊（information）；七、產出的成本和利益（the costs and benefits assigned to outcomes）。

一、研究場域（請見圖10-4）

尖石鄉為臺灣新竹縣面積最大的鄉，同時也是山地原住民鄉，位於新竹縣東南隅，面積約為527.5795平方公里，為新竹縣面積最廣之鄉鎮，海拔高度約為200公尺至2,000公尺。境內主要居民為臺灣原住民族（泰雅族）及客家漢族。鄉內海拔1,500公尺至3,000公尺高山林立，為北部著名的山地鄉。鄉名源自於轄內那羅溪、嘉樂溪匯流處一塊聳立如尖筍的巨石[1]。

尖石鄉為新竹縣面積最遼闊的鄉鎮，占新竹縣的三分之一強，西與橫山鄉為界，東至鴛鴦湖保護區，北和復興鄉為鄰，最南以中央山脈的品田山和臺中市為界，境內又因為山脈聳立而分成前山、後山兩大區域，前者是頭前溪的源頭，後者則是大漢溪水系的發源地，尖石鄉境內全為山岳地帶，氣候平均溫涼、地廣人稀，堪稱新竹縣的綠色命脈[2]。

---

[1]　https://zh.wikipedia.org/wiki/%E5%B0%96%E7%9F%B3%E9%84%89，最後瀏覽日期：2018/12/10。

[2]　http://www.hccst.gov.tw/content_edit.php?menu=2422&typeid=2438，最後瀏覽日期：2018/12/5。

　　尖石鄉梅花村具有人文與自然豐富資源，梅花部落為尖石鄉旅遊轉運站，境內可通達小錦屏溫泉區，並可接駁至玉峰村李棟山、司馬庫斯及秀巒溫泉等後山觀光景點，對外可轉往新竹縣五峰鄉及桃園市復興區，也是因為觀光需求發達，造成尖石鄉梅花村有大量的露營地需求，但如果開發露營地設置過多，將嚴重地破壞自然地形地貌與生態環境，也容易造成山坡地樹木遭到砍伐，引起土石流的疑慮。

　　山坡地保護設置目的是以臺灣永續發展為目標，因此，想重回大自然享受心靈解放之露營地開發，也相對影響了「遊客」對尖石鄉梅花村內原住民、聚落的衝擊、影響。同樣地，身為一個研究者，面對露營地開發與山坡地保護之衝擊評估時，應對山坡地和原住民保留地有其基本的認知與堅持，特別是，當面對環境治理衝突時如何持平地評估，如何在露營地開發與山坡地保護困境平衡則是未來推動一個重要關鍵（請見圖10-3）。

二、使用GIS來呈現土地使用變遷

　　地理資訊系統（GIS）是近年來發展的一種環境資源管理工具軟體，運用電腦科技來整合各種不同來源的空間資料，如地圖、數值航照、全球定位系統、衛星遙測影像等，可以協助國土相關機構管理環境，輔助擬定環境政策及監視環境變化，使我們能充分且永續地治理地球資源。據此，結合GIS套疊呈現新竹縣尖石鄉梅花村人地關係及山坡地和露營地形成條件與發展演化規律。這樣的成果將過去的資源重新整理分類，並建置數值化之資料庫，以為計畫後續推動之重要參考與研究工具。

三、深度訪談

　　透過官方資料與文獻分析有助於了解相關的理論基礎，以內容分析（content analysis），針對我國目前山坡地保育和露營地開發在環境治理形成之現況和機制的探究，以明晰現況之限制因素。再者，針對行動情境中的相關行動者來進行深度訪談（in-depth interviews），將能獲致第一手

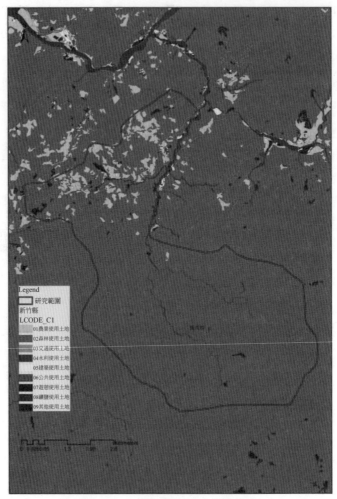

圖10-4　研究場域土地利用圖

且真實的知識和資訊，並能與文獻分析之理論來相互對話，同時依據訪談來進行交叉比對和效度驗證。之後，根據分類單元：政府、學界、原住民和產業（非原住民）各抽取數人（依不同個案），共14人，來進行深度訪談。

肆、新竹縣尖石鄉露營地開發與山坡地保護治理困境分析

　　本文研究方法結合了Ostrom所提出的IAD和紮根理論（Grounded Theory）（Glaser and Strauss, 1967），以及整合個案研究（Case Study）（Yin, 1989），藉此來做整全性的分析。紮根理論是一種歸納和理論發掘的研究方法論，紮根理論允許研究者去發展出一個主題的理論化一般特徵，同時也植基一些實務資料的紮根（Martin and Turner, 1986）。紮根理論提供了詳實系統化的分析方法，可依研究者之需求來發展出先前的假設，並結合Ostrom的制度分析發展架構及其要素，並同時提供更廣更自由的方式，讓研究者可以依其領域來發掘出相關議題，特別是一些研究者相對陌生的領域（Glaser, 2001）。

　　個別深度訪談法旨在探索並釐清新竹縣尖石鄉露營地開發與山坡地保護的治理困境研究相關議題適用性的資料收集方法，以獲得動態及深度的研究資料，並在研究過程中分析與探討，以補文獻分析法的不足。訪談採「半結構式」的提問法，訪談對象於事前拿到一份訪談題綱以及希望其提供的資料，而訪談內容著重在對新竹縣尖石鄉露營地開發與山坡地保護的治理困境過程中各種可能的影響因素分析。

　　茲將新竹縣尖石鄉露營地開發與山坡地保護的治理困境訪談時間與地點整理如表10-1。

表10-1　受訪者一覽表

受訪者編號	現職	選擇原因	備註
A	國立大學教授	專精在環境政策與管理	2019
B	前鄉長	懂原鄉之實際運作	2019
C	國立大學教授	專精公共行政與治理	2019
D	前五峰鄉主秘	熟悉懂原鄉之實際運作	2019
E	民意代表	熟悉相關政策和方案過程	2019
F	業者（平地人）	實際參與經營發展	2019
G	業者（平地人）	實際參與經營發展	2019

表10-1　受訪者一覽表（續）

受訪者編號	現職	選擇原因	備註
H	業者（原住民）	實際參與經營發展	2019
I	當地牧師	熟悉懂原鄉之實際運作	2019
J	社區長老	熟悉懂原鄉之實際運作	2019
K	縣府官員	熟悉相關政策和方案過程	2019
L	縣府官員	熟悉相關政策和方案過程	2020
M	業者（原住民）	實際參與經營發展	2020
N	業者（原住民人頭）	實際參與經營發展	2020

　　訪談題綱主要區分為：一、生物物理條件：例如，政府關注少數族群，而其他行動者則關心公共空間和機會；而私人業者和社區則關心特定的需求；二、使用的法規：其係指如何挑戰集體選擇層次，以及在集體選擇層次中有誰占有主要位置的相關規則；三、社區的屬性：在社區的屬性中，可以把社區分為需要的層級來說明，而不同層級的合作過程也會影響所欲達成的結果產出；四、集體選擇層次：其係指如何挑戰操作化法規的相關規則；五、道德制度、社會規範和傳統；六、其行動情境的變項：參與者、職位、產出、行動與產出的連結、由參與者所操作的控制、資訊、產出的成本和利益。在訪談進行的過程中，研究者先提示本研究的重要目的，以及受訪者的匿名性等，即依訪談大綱逐一討論。為深入了解新竹縣尖石鄉露營地開發與山坡地保護的治理困境之實際面，要求受訪者儘量提供實務上運作的案例說明。

　　由此可知，在研究中所取得的訪談紀錄在質性研究中占據了十分重要的位置。研究者選擇真實呈現受訪者的談話內容，目的是為符合質性研究中的信度標準，並能捕捉受訪者的原意。研究者僅在必要時加入註解，俾使讀者可以藉著接觸原始資料，檢驗研究者的分析是否有一致性（Silverman, 2000）。陳向明（2002）亦指出，由於質性研究的目的是捕捉受訪者自己的語言，了解他們建構世界的方式，因此受訪者的談話最好能夠一字不漏地被記錄下來，並盡力將受訪者所表達意義和情境忠實呈現出來。另外，本文使用Nvivo的方法來分析深度訪談的結果，來交叉分析

政府、業者（平地人和原住民）和社區代表認為之新竹縣露營地開發與山坡地保護的治理困境因素有哪些？由於時間和資源有限影響，本文係採深度訪談方式，針對露營地開發與山坡地保護的治理困境之不同面向在此一領域具有專精專家利害關人來進行交叉分析（請見表10-1）。

　　藉著多元的方法來進行資料收集，而資料分析則是使用Nvivo10軟體，共有14位政府、業者（平地人和原住民）和社區代表進行深度訪談，於2019年8月至2020年5月（劉世閔，2011）。從Nvivo10分析中產出一系列的主要描述，14位受訪者針對新竹縣尖石鄉露營地開發與山坡地保護的治理困境的相關議題可以歸納出76項關鍵詞。然而，再經由Nvivo10來確立84項關鍵詞中有28項是具有重複性，其中涉及有57個例子。主要是因為在針對露營地開發與山坡地保護的治理困境之相關議題上，讓受訪者廣泛地發表其意見，因此在確立主要關鍵詞時，本文為了資料飽和度，每一個受訪者會選擇一項至少被另一位受訪者使用一次以上的關鍵詞。再者，將14位受訪者針對露營地開發與山坡地保護的治理困境之相關議題所使用的關鍵詞予以分類成主題，結果有6項主要關鍵詞被所有受訪者使用（使用頻率在3%以上）：政府、制度、社區、平地人、原住民、土地，如表10-2。而與這五個主要議題有相關的次議題（使用頻率在1.2%以上）分別為（如圖10-5所示）：
　　一、在「政府」之下有：無能、責任、管制、承諾。
　　二、在「制度」之下有：資源、政府。
　　三、在「社區」之下有：對立。
　　四、在「平地人」之下有：對立、人頭、占領。
　　五、在「原住民」之下有：對立、利益。

表10-2　出現頻率和同義字一覽表（2.5%以上）

關鍵詞	長度	次數	比重	同義詞
政府	3	12	5.14	公部門、管制者、管理人、公家單位
制度	9	10	4.26	規範、規則、法律、法令、習俗、習慣
社區	12	9	3.26	部落、鄉里、鄉、群體、原鄉
平地人	10	9	3.19	漢人、外地人、非原住民、客家人
原住民	9	8	3.12	原民、山地人、原本住在這裡
土地	10	7	2.82	地、祖傳的地、祖先的地、平地、不平地
資源	11	7	2.52	科技、人力、土地、經費、預算

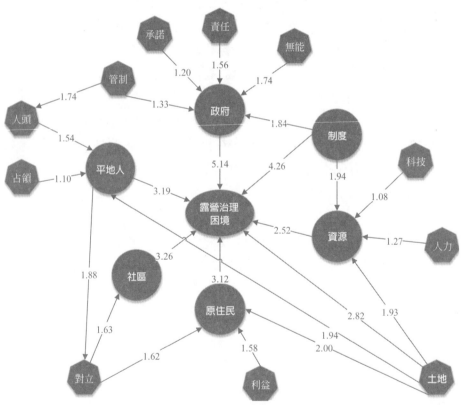

圖10-5　新竹縣尖石鄉露營地開發與山坡地保護的治理困境之Nvivo分析圖

從圖10-4所示之新竹縣尖石鄉露營地開發與山坡地保護的治理困境之Nvivo分析圖來看，可以發現：

一、在露營地開發與山坡地保護的治理困境中，政府角色具有重要性

吾人應如何解決現有露營地開發與山坡地保護的治理困境，如同其他的複雜的自然資源系統一般？而其主要核心在於：沒有最佳的解決方法，至少有賴吾人深入調查分析，因為問題的核心在於問題本身及其系絡相連結的眾多因素。所以，從治理的概念出發來檢視露營地開發與山坡地保護的治理困境中的過程、相交作用和機制，有助於解決共同的問題，創造共同的機會，來營造共同的效益（Berkes, 2010）。「制度」（institutions）——即是構成互動的正式和非正式規則、規範和策略，亦是吾人治理方式的組成部分。其實際上構成了吾人為自己建立的「遊戲規則」（rules of the game）（Ostrom, 2005）。立基於所提出的理論架構，本文探索了露營地開發與山坡地保護的治理方法和機構，這些方法和機構在理論上能夠幫助我們在露營地開發與山坡地保護系統內相互作用時實現並保持理想的社會和生態成果。研究結果亦能更具體地在特殊類型的露營地開發與山坡地保護系統中，找出研究治理理論和實踐在露營地開發與山坡地保護對其所屬社區的福祉形成貢獻。

原住民自治可否成真？這是根據研究結果，研究者一直在心中的疑問！聯合國大會於2007年9月13日通過之聯合國原住民族權利宣言第3條及第4條分別揭示：「原住民族享有自決權。依此權利，原住民族可自由決定其政治地位，並自由追求其經濟、社會及文化的發展。」以及「原住民族行使自決權時，於其內政、當地事務，及自治運作之財政，享有自主或自治權。」基此，已形成世界原住民族自治之潮流。再者，依據憲法增修條文第10條第12項前段規定：「國家應依民族意願，保障原住民族之地位及政治參與，並對其教育文化、交通水利、衛生醫療、經濟土地及社會福利事業予以保障扶助並促其發展，其辦法另以法律定之。」是以，依據

原住民族之意願，保障其地位、政治參與和民族發展權，這是憲法明文課予國家之義務，因此原住民族一旦選擇以自治制度為其表示民族意願之方式，國家即應承認並保障原住民族自治之權利。原住民族基本法並依上開憲法增修條文規範旨意，於第4條規定：「政府應依原住民族意願，保障原住民族之平等地位及自主發展，實行原住民族自治；其相關事項，另以法律定之。」此即為原住民族自治的主要立法依據。

　　然而，根據本文調查發現：受訪者幾乎一致將管制和執法視為政府的主要責任。的確，過去曾經是社區關注的責任，在法律太過多元，以及不同層次的主管機關對不同部分有著不同的主管業務和執法時，在受訪者認為都已被視為是政府的工作。如同GIS圖所示，在圖上所呈現之林務局和國家公園權屬來看，形成了多元主管機關和多元治理的困境（請見圖10-6）。因為，受訪者認為政府可以也應該解決所有的對立和衝突……不管有什麼問題，政府都會加以解決。然而，在露營地開發用地取得與山坡地保護的治理困境來看，外部施加的法律規章反而削弱了人們遵守現行社會規範的內在動力（Gurney et al., 2016）。再者，在這種情況下，政府主事者似乎也缺乏足夠的能力來執行相關的法律規章。

　　誠如一些研究證據發現：如果適度地實施外部施加的法律規章，有可能弊大於利，因為這些法律規章傾向於排擠後社會行為（有利社會行為）（prosocial behavior），反而有利自我利益（Gurven and Winking, 2008）。誠如受訪者認為：除非政府法律禁止，否則再也無法阻止某人從事露營地開發相關活動，而且，實際上，也有受訪者認為無政府狀態只會加劇不良後果，也對在現有情狀下，制定和執行不成文規則的能力保持懷疑的態度。雖然，原住民受訪者通常對傳統制度表達更大的敬意，但在此同時，他們也經常指出：現今長老已不再是過去的長老。從某種意義上說，現有露營地開發用地取得與山坡地保護的治理困境，造成了現今多元中心在道德權威的中空化。這說明了為了減少了遵守規則的社會壓力，反而更加容易使違反規則合理化。

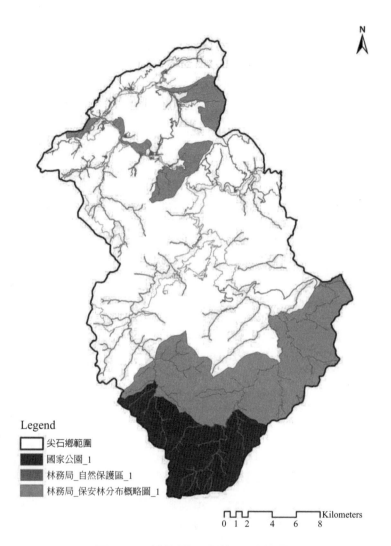

Legend
尖石鄉範圍
國家公園_1
林務局_自然保護區_1
林務局_保安林分布概略圖_1

Kilometers
0 1 2　4　6　8

圖10-6　林務局、國家公園權屬

　　多元中心模式在露營地開發用地取得與山坡地保護的治理困境之中，並沒有影響原住民和平地人的開發行為。因為持續的消費人口、經濟和技術創新，也改變了露營地開發用地取得與山坡地保護的動機。旅遊人口增

進和發展進一步加劇了露營地開發用地取得與山坡地保護的壓力，旅遊和消費人口的發展帶來了更多新的露營基礎設施，形成對露營地開發用地取得的更大需求，這包括露營車及其相關設備之租售，在其技術逐漸普及，並促進了更大的收穫量和更長的食物存儲時間，以滿足當地人和遊客的需求，這些因素共同促使人們無法用永續發展露營地開發用地取得與山坡地保護，並助長了執法不力和社區參與決策不足所導致的制度服從性進一步惡化。

二、制度、政府、資源在治理困境中相互影響

現今的環境治理已由重視單一影響因子（如：人口、市場機制和制度），轉變成明晰多元因子對結果產出相互影響的複雜關係（Ostrom, 2012）。許多自然資源（例如：森林、公共農牧用地等）係屬公共資源（common-pool resources），近年來也在公共政策與公共性議題決策上造成了巨大的挑戰，因為吾人很難將人們排除於「使用權」之外，而個人的資源使用或消耗卻要從可供給眾人使用的總額中去除（Andersson and Ostrom, 2008）。在本文中，公共自然資源系統（natural resource system）係指支持或生產自然資源的生態系統，並與使用或受益於這些資源的社區及其成員，以及將系統內外成員彼此連結。從意義上來說，許多自然資源系統是複雜的（如：山坡地），因為其組成的社會和生態共同體具有高度的多樣性和／或組織呈現多元不同層次，也呈現不同的多元規模（Andersson and Ostrom, 2008）。這種複雜性使本來就極富挑戰性的治理議題變得更複雜，因為其增加了有效決策所需的資訊和因素。這也加劇了決策時潛在影響的不確定性，因為其試圖影響自然資源系統的組成部分，將可能會對另一組成部分產生意想不到的後果。

露營地開發與山坡地保護系統是當前決策者最為多樣化、最複雜且最具挑戰性的自然資源系統治理困境之一。尖石鄉梅花部落原為原民社區，因為露營地開發興盛，而造成了原民社區變成高度的異質性，也改變了尖石鄉梅花部落原民社區的本質，特別是平地人（是原住民對外來人的總

稱）開始大量使用原民人頭買地，為了露營地開發的市場，開始「占領」原來的農牧用地，形成了「族群對立」，當然也造成了原民社區的內在衝突和對立，進而造成原民也「學習」進行露營地開發，而造成了原來山坡地保護系統的逐漸崩解。此外，在露營地開發與山坡地保護系統互動網絡中存在針對性自然資源（如：平坦且景觀佳）的取得，這也加劇了有關治理行動影響的不確定性。

三、制度不明確設置，造成社區、平地人、原住民之間對立和衝突

而Ostrom的IAD架構中，制度是解釋「互動」和「產出」之主要的角色。而從各國在資源治理的個案研究結果來看，有必要建構地方層次的制度來進行自然資源管理（Delgado-Serrano, 2017; Marks, 1984; Ostrom, 1990, 2005）。因為地方層次的制度將有助於符合當地系絡之需求，能在自然資源的管制治理更有效，也能在處理衝突時快速回應。

所以，露營地開發與山坡地保護的治理困境構成了一個「邪惡的問題」，從某種意義上說，露營地開發是導致自然資源減少的多種且往往不清楚的社會和生態驅動因素之一，並且對露營地開發的目標和後果，及其可能的解決方案存在很大歧見。然而，面對過度污染、氣候變化和過度開發等威脅，如何維持露營地開發與山坡地保護的有效治理是一項至關重要的治理挑戰。在法律上多重性的情況之下，個人的接近或使用資源的權利是受到正式政府法律和非正式習慣機構的標準所約束。綜言之，制度不明確設置，造成社區、平地人、原住民之間族群對立衝突，這使得露營地開發與山坡地保護治理的議題複雜化，因此有必要對當地的社會背景和社區進行更深入的了解，因為只是著重於現有的、潛在的，並且相互衝突的制度安排時，一項新公共議題可能被證明是無效的作為或是會產生無法預料的後果（Moore, 1987）。在新竹縣尖石鄉露營地開發與山坡地保護的個案中，由於農牧地使用之制度化的不公平，再加上是政府一直沒有解決的問題，造成平地人使用「人頭」來取得用地使用權甚至擁有權，形成了族

群間的對立（如：山坡地分布）。儘管學者、政府，或是一些保護自然資源的非營利組織都將重點放在實現可持續山坡地保護的目標上，但由於執行不力，所以在露營地開發用地取得與山坡地保護，以及使用社區實施常規非正式制度的社會後果，並未得到足夠的重視，因為資源已經由現存非正式的習慣和做法所「自我管控」，呈現無政府的狀態。

永續生活方式必須透過人際關係，或是透過人際關係而形成的網絡才能形成當地人的身分，形成社區也是完整自我不可或缺的一部分。唯有透過社群精神和對土地的親緣關係，才能打破現有透過理性的行為，也就是利用自私的行為來謀取最大的利益。進一步而論，協助當地人再生是天經地義的事，但是否有必要由政府出錢把人留在不斷衰退的地方？再者，政府的補助應該是「人」而不是「地方」，因為資助地方通常都是對建商或企業有利，但對當地或在地人是否有利，則是地方創生有必要重新思索的重點，否則終將只是用地方創生的政策來包裝那昂貴的計畫吧！

四、土地是新竹縣尖石鄉露營地開發用地取得與山坡地保護治理困境中重要的元素

守法和順從法治規定上的缺陷與執法者執行力太弱，以及當地居民和社區沒有機會充分參與制度設計有關，這破壞了制度的潛在效能，並阻礙了這三個優勢的充分融合。藉由對治理系統從社區到多元中心的解釋來分析，吾人發現守法和順從法治規定上的失靈是主要原因。這說明了法律規範無法有效執行，造成順從法治規定上的失靈，這也說明來自不同單位的各種法律，已無法有效地執行和規範要求，因此進而改變了露營地開發的誘因，不只是造成上層法律規範不足以規範，也導致原民社區原有的規範和習慣做法惡化，從而阻礙了資源有效的治理。

雖然相關的生態屬性可以合理性分類，但卻無法有效地提供是哪些因素影響了環境治理的績效，因此，地方創生應能確定社會生態產出的相關生態因子，才能作為地方創生之利基。農牧地是受到政府有效管制，避免造成過度開發（如：歷史古蹟），形成土石流等問題（如：土石流潛勢

圖）。但過去土地決策權係由社區長老們，由代表等級嚴格的親屬氏族的男性長老組成。長老的決定也會需要達成共識並得到社區代表的支持，但仍是由社區所有人負責監督和舉發侵權行為，且由所有村民都有效地承擔共同責任。從這個意義上講，原有的治理體系可以被描述為以社區為基礎，尤其是長老本身也是土地的所有者。但是平地人「占領」或「入侵」使得人們逐漸擺脫原來自我習慣做法以社區為基礎的治理地位，在受訪者的訪談紀錄中，反映了個人對自然資源管理的關心，並且要求相互課責和尊重傳統權威的想法。

總體來看，制度失靈是新竹縣尖石鄉在露營地開發用地取得與山坡地保護的治理困境。為了有效地了解露營地開發用地取得與山坡地保護的治理困境，吾人在分析中集中在制度缺陷失靈上。藉由使用研究理論模型中的標準對治理體系進行評估，吾人發現：決策中心執行機構的能力薄弱、可變的順服，以及社區參與機構設計的不足，導致了調適治理能力不佳（adaptive capacity）和制度契合度（institutional fit）有問題，無法有效地運作。

吾人的發現亦說明了，使用制度分析中的多元中心層次的途徑與露營地開發與山坡地保護的治理體系的功能缺陷有關。在多元中心層次之中，因為是多元中心化，所以在這種情況下，必須在不同層次（如：中央或地方政府）失去一些權力和控制權，因為把山坡地的使用和保護權的責任歸屬於鄉村社區。正如吾人所言，這導致了排擠效應、自私行為的增加，以及形成規則（法令規章）違反的更大的社會容忍度。吾人認為現有使用多元中心的不同層次，將導致喪失地方的有效管控權，但直接賦予自決權時，結果也會和原住民應期望的結果，產生一定程度上不同的預期結果。如同現有狀態，在系統中，資源使用者保留很少或沒有決策權，而上級主管機關卻是執行能力薄弱，並且合法性較低時，將造成排擠現象和失去後社會行為。因此，有必要將現有由上而下的集中的治理方式，進而轉換成多元中心的治理，將有助加強公民身分、有利社會行為，以及調適集體行動的條件（Marshall, 2009）。

再者，從系絡因素來看，可以說明為何人們不遵守現有規定，也能

對原住民所爲行爲做出解釋。首先,在經濟上和技術發展等因素,已改變了個人動機,也改變了對遵從資源分配和遵守規則的多元中心化。隨著更大和更有效率的收入,以及露營相關市場和消費人口的增長之可能性,限制山坡地使用就等於損失了所需的收入。這可以用來說明爲何人們不遵守現有規定,或是個人動機上的變化。在中央政府缺乏足夠的資源(包括缺乏足夠規則)來執行其承擔的職責時,集中化的多元中心無法適應物質現實。所以,一旦政府無法執行法律和法規時,法律和管制措施就可能無法成爲可以使用的制度。再者,在資源使用者具有強烈的動機來支持露營地開發用地取得的資源管理之情況下,由上而下的多層次很有可能被排擠出局,這也是對投入人力和物質資源的浪費(Ostrom, 2010)。

總體來說,本文發現:在露營地開發用地取得與山坡地保護的治理困境中出現的特定形式的多元中心層次與吾人確認的缺陷失靈有關。決策由中央政府所主導,決策則會受到外部非營利團體行動者的強烈影響。這說明了多層次的中心形式,也說明傳統決策中心(社區和資源擁有者)在決策中處於邊緣地位,導致制度調適不佳和規則遵從不足。誠如在公有地資源文獻中不斷地證實:資源使用者參與決策有助於正面的社會和環境成果,以及規則的遵從性(Gurney et al., 2016; Ostrom, 1990)。

伍、結論

儘管吾人強調了在露營地開發用地取得與山坡地保護的治理困境中,給予資源使用者或資源擁有者之決策權的潛在價值,但吾人也必須說明:不能保證他們有能力採取集體行動,也不能保證他們建立的任何制度都將具有良好的生態適應性。因爲原住民社區居民之間存在相當大的差異,包括在土地使用方法、使用頻率、種植種類和對出售收入的依賴方面。水就是其中一個重要議題(如:水質水量保護區)。他們根本沒有能力就制度和規則達成共識,然而要實現社區自我治理功能,則需要不斷地進行反覆試驗,以開發出適用於特定情況的制度和決策結構。

　　綜言之，政府的主要責任應是促進廣泛的民主參與機制發展成熟的協同行動，要能邀集各行動者共同參與治理工作。如果當地成員對其共同歷史有著相同的信仰（如：原住民），成員們會自行建構制度來凝聚成員對自然資源的共識。這些條件只是自然資源管理和地方成員之間的必要條件，不同個案也需要不同的條件來形成永續發展。例如：自然資源保護的範圍，或是具有不同信仰價值族群的成員，如何讓其能共享制度之公平性等，都是吾人之思考研究議題。由於露營地開發用地取得與山坡地保護的治理議題協同治理涉及廣泛的行動參與者，如何兼顧彼此的利益，應以責任承擔為首要原則，而不是放任各方對立，唯有透過責任範圍的澄清，建立不同立場關係人對話之空間，進而建構企及彼此利益之有效露營地開發用地取得與山坡地保護的治理政策。

參考文獻

杜文苓（2015）。壟斷的環境資訊：解析高科技環境知識生產之制度困境。臺灣社會研究季刊，第99期，頁79-137。

汪明生、鍾國南（2015）。環境治理與公共事務。臺北：智勝。

陳向明（2002）。社會科學質的研究。臺北：五南圖書。

陳敦源（2009）。民主治理：公共行政與民主政治的制度性調和。臺北：五南圖書。

劉世閔（2011）。NVivo 9.1是質性研究的萬靈丹或科學怪物？。教育資料與研究雙月刊，第103期，頁41-68。

賴宜廷（2016）。露營區鄉村空間的建構——以桃米坑顏氏牧場為例。臺中：國立台中教育大學區域與社會發展學系碩士班，未出版之碩士學位論文。

Anderies, J. M., M. A. Janssen, and E. Ostrom. (2004). A Framework to Analyze the Robustness of Social-ecological Systems from an Institutional Perspective. *Ecology and Society*, 9: 18.

Andersson, K. P. and E. Ostrom. (2008). Analyzing Decentralized Resource Regimes from a Polycentric Perspective. *Policy Sciences*, 41: 71-93.

Ansell, C. and J. Torfing. (2016). *Handbook on Theories of Governance*. Cheltenham: Edward Elgar.

Ascher, W. (1995). *Communities and Sustainable Forestry in Developing Countries*. San Francisco: ICS Press.

Basurto, X., S. Gelcich, and E. Ostrom. (2003). The Social–Ecological System Framework as a Knowledge Classificatory System for Benthic Small-Scale Fisheries. *Global Environmental Change*, 23(6): 1366-1380.

Becker, C. D., A. Banana, and W. Gombya-Ssembajjwe. (1995). Early Detection of Tropical Forest Degradation: an IFRI Pilot Study in Uganda. *Environmental Conservation*, 22(1): 31-38.

Berkes, F. (2010). Devolution of Environment and Resources Governance: Trends and Future. *Environmental Conservation*, 37(4): 489-500.

Biswal, R., D. Johnson, and F. Berkes. (2017). Social Wellbeing and Commons Management Failure in a Smallscale Bag Net Fishery in Gujarat, India. *International Journal of the Commons*, 11(2): 684-707.

Bixler, R. P., J. Dell'Angelo, O. Mfune, and H. Roba. (2015). The Political Ecology of Participatory Conservation: A Cross-Continent Assessment. *Journal of Political Ecology*, 22: 164-182.

Bonan, G. (2016). The Communities and the Comuni: The Implementation of Administrative Reforms in the Fiemme Valley (Trentino, Italy) During the First Half of the 19th Century. *International Journal of the Commons*, 10(2): 589-616.

Burgess, J. C. (1992). *Economic Analysis of the Causes of Tropical Deforestation Discussion Paper No. 92-03*. London: London Environmental Economic Centre.

Capistrano, A. D. (1994). Tropical Forest Depletion and the Changing Macroeconomy, 1967-1985. In K. Brown and D. W. Pearce (eds.), *The*

Causes of Tropical Deforestation. Vancouver: UBC Press.

Chikozho, C. and E. Mapedza. (2017). In Search of Socio-ecological Resilience and Adaptive Capacity: Articulating the Governance Imperatives for Improved Canal Management on the Barotse Floodplain, Zambia. *International Journal of the Commons,* 11(1): 119-143.

Clement, F. (2010). Analysing Decentralised Natural Resource Governance: Proposition for a "Politicised" Institutional Analysis and Development Framework. *Policy Sciences,* 43(2): 129-156.

Cohen, J. and N. Uphoff. (1980). Participation's Place in Rural Development: Seeking Clarity Throgh Specificity. *World Development,* 8(3): 213-235.

Cole, D. H., G. Epstein, and M. D. McGinnis. (2014). Toward a New Institutional Analysis of Social-Ecological Systems (NIASES): Combining Elinor Ostrom's IAD and SES Frameworks. *Indiana University, Bloomington School of Public and Environmental Affairs Research Paper, No. 2490999.*

Cox, M. (2014). Applying a Social-Ecological System Framework to the Study of the Taos Valley Irrigation System. *Human Ecology,* 42(2): 311-324.

Crawford, S. E. S. and E. Ostrom. (1995). A Grammar of Institutions. *American Political Science Review,* 89(3): 582-598.

Delaney, A. E. and M. Hadjimichael. (2017). Forming Perceptions and the Limits to Public Participation on Ocean Commons: Evidence from a Citizens Jury Workshop. *International Journal of the Commons,* 11(1): 200-219.

Delgado-Serrano, M. M. (2017). Trade-offs between Conservation and Development in Community-based Management Initiatives. *International Journal of the Commons,* 11(2): 969-997.

Dell'Angelo, J. (2012). *Abusing the Commons? An Integrated Institutional Analysis of Common-Pool Resource Governance in Conflict Situations: PhD. Diss.,* Sapienza University of Rome & Autonomous University of Barcelona.

Demsetz, H. (1988). The Structure of Corporate Onwership. *Journal of*

Political Economy, 93(6).

Ehrlich, P. R. and A. H. Ehrlich. (1991). *Healing the Planet: Strategies for Resolving the Environmental Crisis*. Reading, M. A.: Addison Wesley.

Epstein, G., J. M. Vogt, S. K. Mincey, M. Cox, and B. Fischer. (2013). Missing Ecology: Integrating Ecological Perspectives with the Social-Ecological System Framework. *Missing Ecology: Integrating Ecological Perspectives with the Social-Ecological System Framework*, 7(2): 432-453.

Esman, M. and N. Uphoff. (1984). *Local Organizations: Intermediaries in Rural Development*. NY: Cornell University Press.

German, L. (2018). Catalyzing Self-governance: Addressing Multi-faceted Collective Action Dilemmas in Densely Settled Agrarian Landscapes. *International Journal of the Commons*, 12(2): 217-250.

Gibbs, C. J. N. and D. W. Bromley. (1989). Institutional Arrangements for Management of Rural Resources: Common-Property Regimes. In F. Berkes (ed.), *Common Property Resources: Ecology and Community-Based Sustainable Development* (pp. 22-32). London: Belhaven Press.

Gibson, C. C., A. K. Margaret, and E. Ostrom. (2000). *People and Forests*. London: The MIT Press.

Glaser, B. G. (2001). *The Grounded Theory Perspective: Conceptualization Contrasted with Description*. Mill Valley, CA: Sociology Press.

Glaser, B. G. and A. Strauss. (1967). *The Discovery of Grounded Theory: Strategies for Qualitative Research*. New York: Aldine.

Gordillo, G. and K. Andersson. (2004). From Policy Lessons to Policy Actions: Motivation to Take Evaluation Seriously. *Public Administration and Development*, 24(4): 305-320.

Gurney, G. G., J. E. Cinner, J. Sartin, R. L. Pressey, N. C. Ban, N. A. Marshall, and D. Prabuning. (2016). Participation in Devolved Commons Management: Multiscale Socioeconomic Factors Related to Individuals' Participation in Community-based Management of Marine Protected Areas in Indonesia. *Environmental Science & Policy*, 6: 212-220.

Gurven, M. and J. Winking. (2008). Collective Action in Action: Prosocial Behaviour In and Out of the Laboratory. *Am. Anthropol*, 110: 179-190.

Gutiérrez, N. L., R. Hilborn, and O. Defeo. (2011). Leadership, Social Capital and Incentives Promote Successful Fisheries. *Nature*, 470(7334): 386-389.

Hardin, G. (1968). The Tragedy of the Commons. *Science*, 162(3859): 1243-1248.

Holling, C. S., L. H. Gunderson, and D. Ludwig. (2002). In a Quest of a Theory of Adaptive Change. In C. S. Holling and L. H. Gunderson (eds.), *Panarchy: Understanding Transformations in Human and Natural Systems* (pp. 63-102). Washington, DC: Island Press.

Imperial, M. T. and T. Yandle. (2005). Taking Institutions Seriously: Using the IAD Framework to Analyze Fisheries Policy. *Society and Natural Resources*, 18(6): 493-509.

Jordan, A., D. Huitema, H. van Asselt, and J. Forster. (2018). *Governing Climage Chnage: Polycentricity in Action?* Cambridge: Cambridge University Press.

Kiser, L. L. and E. Ostrom. (1982). The Three Worlds of Action: A Metatheoretical Synthesis of Institutional Approaches. In E. Ostrom (ed.), *Strategies of Political Inquiry*. Beverly Hills, CA: Sage Publications.

Kummer, D. (1992). *Deforestation in the Postwar Philippines. University of Chicago Geography Research Paper No. 234*. Chicago: University of Chicago.

Lam, W. F. (1988). *Governing Irrigation Systems in Nepal: Institutions, Infrastructure, and Collective Action*. Oakland, CA: ICS Press.

Marks, S. (1984). *The imperial lion: human dimensions of wildlife management in central Africa*. Boulder, CO: Westview Press.

Marshall, G. R. (2009). Polycentricity, Reciprocity, and Farmer Adoption of Conservation Practices under Community-Based Governance. *Ecological*

Economics, 68: 1507-1520.

Martin, P. Y. and B. A. Turner. (1986). Grounded Theory and Organizational Research. *The Journal of Applied Behavioral Science*, 22(2): 141-157.

McGinnis, M. D. and E. Ostrom. (2014). Social-Ecological System Framework: Initial Changes and Continuing Challenges. *Ecology and Society*, 19(2): 30.

Moore, S. F. (1987). *Law as Process*. London: Routledge.

Moritz, M. (2016). Open Property Regimes. *International Journal of the Commons*, 10(2): 688-708.

Mwangi, E. N. (2003). *Institutional Change and Politics: The Transformation of Property Rights in Kenya's Maasailand*: PhD. Diss., Indiana University.

North, D. (1990). *Institutions, Institutional Change and Economic Performance*. Cambridge: Cambridge University Press.

Oakerson, R. J. (1992). Analyzing the Commons: A Framework. In D. W. Bromley (ed.), *Making the Commons Work: Theory, Practice and Policy* (pp. 41-59). Oakland, CA: ICS Press.

Ostrom, E. (1990). *Governing the Commons: The Evolution of Institutions for Collective Action*. New York: Cambridge University Press.

Ostrom, E. (2005). *Institutional Diversity*. Princeton, NJ: Princeton University Press.

Ostrom, E. (2007a). A Diagnostic Approach for Going Beyond Panaceas. *Proceedings of the National Academy of Sciences*, 104(39): 15181-15187.

Ostrom, E. (2007b). Institutional Rational Choice: An Assessment of the Institutional Analysis and Development Framework. In P. A. Sabatier (ed.), *Theories of the Policy Process, 2nd* (pp. 21-64). Boulder, CO: Westview Press.

Ostrom, E. (2010). Polycentric Systems for Coping with Collective Action and Global Environmental Change. *Global Environmental Change*, 20: 550-557.

Ostrom, E. (2011). Reflections on Some Unsettled Problems of Irrigation. *The American Economic Review*, 101: 49-63.

Ostrom, E. (2012). *The Future of the Commons: Beyond Market Failure and Government Regulation*. London: The Instituteof Economic Affairs.

Ostrom, E., M. A. Janssen, and J. M. Anderies. (2007). Going Beyond Panaceas. *Proceedings of the National Academy of Sciences*, 104(39): 15176-15178.

Patterson, J. (2017). Purposeful Collective Action in Ambiguous and Contested Situations: Exploring "Enabling Capacities" and Cross-level Interplay. *International Journal of the Commons*, 11(1): 248-274.

Polski, M. M. (2003). *The Invisible Hands of US Commercial Banking Reform: Private Action and Public Guarantees*. Boston: Kluwer.

Repetto, R. and M. Gillis. (1988). *Public Policies and Misuse of Forest Resoruces*. Cambridge: Cambridge University Press.

Rudel, T. (1994). Population, Development and Tropical Deforestation: A Cross-national Study. In K. Brown and D. W. Pearce (eds.), *The Causes of Tropical Deforestation* (pp. 96-105). Vancouver: UBC Press.

Sabatier, P. A. (2007). *Theories of the Policy Process*, 2nd Edition. Boulder, CO: Westview Press.

Saijo, T., J. Feng, and Y. Kobayashi. (2017). Common-Pool Resources are Intrinsically Unstable. *International Journal of the Commons*, 11(2): 597-620.

Schaaf, J. (1989). *Governing a Monopoly Market under Siege: Using Institutional Analysis to Understand Competitive Entry into Telecommunications Markets, 1944-1982*: PhD. Diss., Indiana University.

Schlager, E. and E. Ostrom. (1993). Property Rights Regimes and Coastal Fisheries: an Empirical Analysis. In T. L. Andersson (ed.), *The Political Economy of Customs and Culture: Information Solutions to the Commons Problem* (pp. 13-41). Lanham, MD: Rowman & Littlefield.

Shafik, N. (1994). Macroeconomic Causes of Deforestation: Barking up the Wrong Tree. In K. Brown and D. W. Pearce (eds.), *The Causes of Tropical*

Deforestation (pp. 86-95). Vancouver: UBC press.

Silverman, D. (2000). Validaity and Reliability. In D. Silverman (ed.), *Doing Qualitative Research: A Practical Handbook*. London: Sage.

Slaev, A. D. (2017). Coasean Versus Pigovian Solutions to the Problem of Social Cost: the Role of Common Entitlements. *International Journal of the Commons*, 11(2): 950-968.

Stoker, G. (1998). Governance as Thoery: Five Propositions. *International Social Service Journal*, 155: 17-27.

Tang, C.-P. and S.-Y. Tang. (2014). Managing Incentive Dynamics for Collaborative Governance in Land and Ecological Conservation. *Public Administration Review*, 74(2): 220-231.

Tang, S. Y. (1992). *Institutions and Collective Action: Self-Governance in Irrigation*. Oakland, CA: ICS Press.

Villamayor-Tomas, S., P. Grundmann, G. Epstein, T. P. Evans, and C. Kimmich. (2015). The Water-Energy-Food Security Nexus through the Lenses of the Value Chain and the Institutional Analysis and Development Frameworks. *Water Alternatives*, 8(1): 735-755.

World Bank. (1994). Privatisation Implementation Assistance and Social Safety Net Project. *Staff Appraisal Report 12682, Public Information Centre*.

Yin, R. (1989). *Case Study Research: Design and Methods*. London: Sage.

第十一章
地方創生青年團隊花蓮食魚洄遊吧及臺南大崎藝農聚落之活動脈絡分析

陳姿伶

壹、前言

　　隨著地方創生政策於2019年設為起動元年後全面推展，臺灣許多農鄉社區繼1990年代的社區營造、農委會2010年代起推動農村革新的農村再生之後，再度面臨新一波的在地變革。變革的本質在於問題解決的改善與困境因應後之提升發展，於是社區居民在面對問題與相應的變革上，須強化合作共事的互動模式更加確立，然倡導社區合作的困難眾所皆知，因此，地方創生強調年輕人回鄉協同在地推動創新發展的不易落實亦可想而知。本文採用Engeström（1987）活動理論作為觀看的視角，以年輕人組成的地方創生團隊為活動分析的主體，透過他們對地方創生提出的專業創新為工具來與地方社區進行中介互動，冀達成地方社區永續發展目標的社會建構之活動系統加以探討；選定花蓮七星潭食魚教育推廣的洄遊吧（FISH BAR）及臺南官田大崎藝農生活聚落等青創團隊，分別以在地設立公司與成立工作室之型態，投入地方創生活動的社會實踐為案例，理解團隊參與地方發展活動歷程中的合作與擾動，進一步解析地方創生團隊與在地社區協作的活動脈絡。

貳、活動理論與活動系統概述

　　活動理論（Activity Theory, AT）源自於Vygotsky及Leont'ev等主張的文化歷史活動論述（Cultural-Historical Activity Theory, CHAT），主要在探討人類活動內涵的基本六要素與過程中的多重中介結構（mediational structure），基本AT概念模式如圖11-1。以AT模式的「工具」（instruments）而言，人類活動透過文化工具（artifacts）的使用，產生行為、完成行動並達成「目標」（object），依此，人類行為活動分析須考量其所存在的文化意義，及工具使用在社會中生存的意義，所以就青創團隊作為地方創生活動的「主體」（subject）而言，他們投入在地的創新、創業方案計畫，可視為其本身發展的中介，也是用以引導促進地方成長或社區發展目標達成的工具（Engeström, 1987）。而地方或社區即為CHAT中的活動客體，所以團隊的創新或創業方案計畫作為中介工具，需考量其存在展現的在地文化意義，更須兼顧青創團隊在方案計畫推行落實過程中所反饋的社會意義。

　　人類活動進行過程中，依AT觀之，主體不可能孤立存在，所以理應歸屬活動「社群」（community）的一部分，同時受「規則」（rules）與「分工」（division of labor）等兩個社會中介工具影響；換言之，地方創生團隊因規則的中介與活動歷程涉及之不同利害關係人所屬社群建立關係，而不同利害關係人所屬社群則是藉由分工與地方社區（客體）的目標達成構成關係。因此，青創團隊當與地方或社區透過地方創生方案計畫為中介工具進行互動時，僅是一個以個別團隊為主的初級活動系統，但人類活動皆發生在群體系統中，所以個別團隊與群體成員間，因受到集體生活的傳統、儀式、規範、公約與法則等的影響，而產生行為、行動或互動的規則，由此可知，青創團隊在參與投入地方創生活動過程中，當與在地社區及活動過程中不同利害關係團體互動時，則會受到相關規則的中介及影響。另於主體及其所屬群體於整體環境的生存問題，經過演化產生分工，並透過分工來建構成員間分擔的責任、權力與地位等，又此分工進而影響群體或社群在目標達成的關係，所以地方社區在發展過程中的既定分工，

對青創團隊方案計畫活動的推展及其目標達成具中介影響，同樣地，當團隊的方案計畫活動推展過程中涉及不同利害關係團體時，彼此如何分工亦對地方創生方案計畫目標的達成有所影響。綜上可知，在Engeström（1987）提出的AT模式中，主要以主體、目標、社群、工具、規則、分工等人類活動六要素（圖11-1），作爲AT的分析單位；同時以工具、規則及分工等歷史文化產物（artifacts）爲中介，展開一系列互動過程。

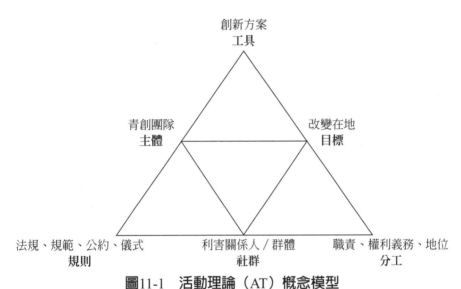

圖11-1　**活動理論（AT）概念模型**

資料來源：Engeström (1987).

　　依AT分析青創團隊參與投入地方創生活動，以AT模型來看，藉由創新方案或計畫作爲工具之介入（圖11-1），協同在地社區或不同利害關係人所屬社群達成地方創生發展目標之舉，當可視爲是社會實踐的「生產與消費」過程；而在方案計畫推展活動過程中，勢必涉及多元「群體」系統的社群互動，因此，青創團隊與不同社群互動，透過「規則」的社會中介，形成價值、資本或關係等社會交流或「交換」現象，同時經由「分工」的社會中介，進行社會資源、權力和利益等「分配」，以達成在地社區的發展目標，則可視爲是認同在地改變的「感受」及「意義」之社會意

識建構（圖11-2）。職故，AT的活動系統動力蘊藏於客體或目標，也就是在地社區而非青創團隊，因地方或社區富含歷史文化上的許多矛盾，這些矛盾在活動系統中可能轉化或變為衝突、兩難、擾動、改變、發展或創造等產生，發生於連結活動系統內的各個節點，舉例而言，當青創團隊在活動系統中所面對的工作條件或分配到的資源等有所匱乏，而致可能無法支持完成地方創生的發展或目標達成時，情境張力或矛盾情境就產生了，這些張力與矛盾也是啟動此系統改變與發展的動力，因此，運用AT作為分析架構，有助於兼顧分析單元的細部探究與活動發展動態結構的捕捉。

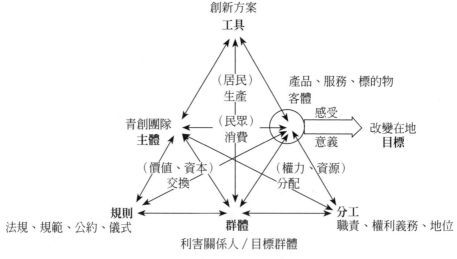

圖11-2　活動理論（AT）系統的行動意涵

資料來源：Engeström (1987).

考量AT強調人類活動是目標導向的社會實踐，而此目標係指客體特定行動或變動的連結所致，因此，所主張的為流動概念，並非短期目標的追求；通常短期目標的行動有明確的起點與終點，但活動形成於長期的歷史脈絡，或有清楚的起點，然終點卻很難決定，因客體很難完成或客體的目標不可能完全達成，因此，活動具有創造的潛能與本質（Engeström, 1987），依此觀之，青創團隊參與投入地方創生的活動也不單是行為或單

一行動，更富含社會驅動力，也可視為在地日常生活中持續生成的活動，無論改變程度為何，都是活化作用的展現，故藉AT檢視青創團隊的地方創生投入，進而探討其活動系統脈絡。

參、花蓮漁村定置漁場的傳承：食魚教育洄遊吧

　　自2016年洄遊吧（FISH BAR）由生長在臺北的青年黃紋綺和來自不同專業領域的親朋好友，包括黃軍諺、黃美娟、黃凡澔等人共組的創業團隊，現為國發會東區地方創生團隊第56號，在花蓮七星潭設立以來，起心動念為推廣食魚教育理念，且以此作為FISH BAR企業經營的主要商業模式，歷經五年來大夥各司其職，共同為海洋環境保育、海洋永續的營運努力，2021年也獲得親子天下「教育創新100」入選肯定，因此，著實地為洄遊吧青創團隊紮根漁村的付出，彷彿打了一劑強心針，同時證明了對環境友善也可以讓公司永續經營的初衷，當「對環境友善，應當也可經濟永續」之信念，的確是有發展的空間與可能。

　　透過食魚教育及以海洋永續為公司經營核心的FISH BAR，主要提供被動式漁法，例如：定置漁場捕獲，且經嚴選處理的「洄遊鮮撈」友善海鮮，並以「洄遊平臺」及「洄遊新知」分享食魚教育內涵，及協助規劃和辦理「洄遊潮體驗」食魚教育活動等三大服務面向（圖11-3），以「魚」為媒介，致力於串接學術單位、在地的漁業人員與漁村，以及社會上的消費大眾等，共同關注海洋環境，並藉由引導認識海洋而讓這群參與者能起身投入，同時呼朋引伴連結更多人一起投身海洋保育與永續發展的行動。誠如黃紋綺所說的：「透過餐桌上的魚，希望能夠有助於回溯魚的旅程，以及探究和魚有關的產業活動，所以『魚』就是串聯人跟海洋最直接的媒介。」依此，洄遊吧堅持與臺灣作為一個海島的使命站在相同位置，秉持身為海島居民須理解且面對海洋，並從生活中落實海洋教育的核心理念，透過不斷創新的服務設計與推展，期能攜手更多島民們共同守護臺灣長遠的海洋大夢，傳承延續世代與自然共存的海洋文化。

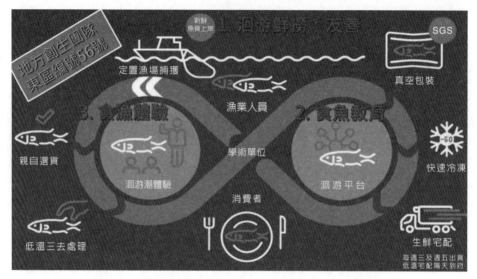

圖11-3　洄遊吧（FISH BAR）的三大服務面向

資料來源：洄遊吧（2021），取自網址：https://www.fishbar.com.tw/intro1/s/intro102。

　　在服務理念的落實，洄遊吧團隊首先以蹲點方式駐紮七星潭的漁業與漁村，從探索了解當地產業與生活開始學會如何成為「討海人」。除了透過親自投入勞力密集的漁業工作，從基本的捕魚、認魚、選魚、處理魚、魚拍賣等漁場作業，逐步地體認和熟悉在地漁業的生態之外，也藉由擔任黑潮海洋文教基金會的解說員，涉獵學習更多關於海洋的知識與強化導覽解說能力。以捕魚而言，花蓮七星潭因早期遷地至現今的太平洋月牙灣位置，地理環境與自然條件優渥，由黑潮帶來豐富的洄游魚類資源，促成自成一格的天然漁場，造就了後來的漁村聚落文化與定置漁場，其中較具規模的新城定置漁場自日治時代約1920年代設立後，依洄遊吧（2020）整理由漁業署專家鄭火元、張水源和連狀林等於2000年提出的資料可知，發展迄今與已遍布全臺各地定置漁場，例如：新竹、苗栗、屏東、臺東、花蓮及宜蘭等15處之31家定置漁場及其63組定置網並存（圖11-4），構成臺灣目前定置漁業，一種在國際海洋漁業規範中被認定是對海洋環境友善的生態漁法，對沿岸海洋漁場具有保育、復育與教育等三位一體的功能。

圖11-4　全臺定置漁場及定置網分布

資料來源：洄遊吧（2020），取自網址：https://www.fishbar.com.tw/news3/news_two.
php?class=101&Sn=2。

　　事實上，定置漁法契合國際海洋資源保育觀念，是一種運用陷阱類漁具的被動式漁法，魚網長時間固定在30公尺至50公尺的深海，等待魚、蝦、貝類自行進入網中，然後漁民於固定時間到海上收取漁獲。通常定置漁場設立在一個選定的海域裡，架設一種專門針對迴游魚類習性而訂製的捕魚裝置，分成垣網、運動場網、登網與箱網等四部分（圖11-5），漁獲原理係以垣網阻擋魚群前進方向，誘導魚群進入運動場網內，透過迴旋游泳，順潮流沿登網升高進入第一箱網，且因登網頂部網口小，魚群遇到障礙物會朝向下潛逃，故順勢進入第二箱網迴旋待補，所以主要捕撈沿岸洄游性魚類，例如：翻車魨科、鬼頭刀、圓花鰹、正鰹、眼眶魚等，且因定置魚網的網目，大小可選擇後固定，同一海流的定置網漁獲量設定為20%，另箱網或集魚箱網的特殊設計，捕獲的魚不會立即死亡，所以可將誤捕的保育魚類放回海洋，能避免造成過度捕撈及濫漁等現象，有助維持

海洋漁業資源之穩定與永續，又因漁場通常離岸較近，油料成本約僅占總漁撈成本的2%至5%左右，也被視為資源管理型漁業，同時定置網具本身、繩索或固定設施都可以形成魚礁，達到聚魚的效果，職故，可謂沿近海漁業中最符合節能及保育的一種作業漁法。

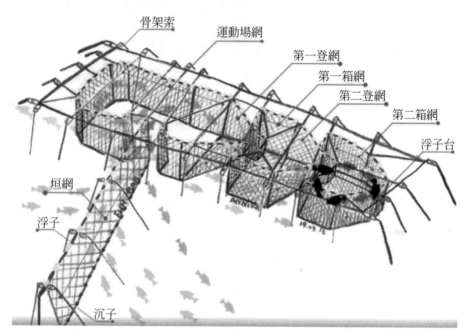

圖11-5　定置魚網設計與漁獲原理示意

資料來源：洄遊吧（2016），取自網址：https://www.facebook.com/watch/?v=198157150568189。

　　以花蓮縣為例，定置漁業的年漁獲量，約占全縣總漁獲量的四分之一，仍有相當的市場經濟價值，因此，洄遊吧團隊試圖促進花蓮七星潭定置漁業的歷久彌新，透過食魚教育的導入，讓臺灣社會大眾及新世代消費者，有機會認識近海沿岸漁業中這種相當具海洋生態保育觀的漁具與漁法，進而以消費來支持在地的環保漁業，裨益此類自然生態漁法得以延續。

　　以「洄遊鮮撈」的服務而言，洄遊吧強調精選花蓮海域中以定置漁法捕獲的洄游性鮮魚，與七星潭及崇德灣的定置漁場合作，扮演篩選魚種、當季成熟漁獲的角色，且進行處理並包裝，袋上清楚標示處理日期、產地、漁法、料理方式、季節性漁獲等履歷資訊，也堅持不販售臺灣海鮮指南的紅燈水產，連結友善海洋的觀念，從消費端逆向影響生產者，期能改變大量捕撈的方式，同時設計QRCode連結料理食譜，並以24小時內低溫冷凍鎖住新鮮，捕撈後即時真空包裝產地直送，為消費者保留住最新鮮的美味，更為長期低迷的在地漁獲收購價格，翻轉傳統產業產銷的困境，改善第一線漁業人員的經濟收入，後續效應促成許多二、三代定置漁場經營者也各自以自己獨特方式，為產業的永續助攻；近來洄遊吧更將盛產的漁獲「鹹魚翻身」製成寵物食品，企求不浪費海洋資源。另以每月推出「洄游明星」，讓消費者認識多元的臺灣季節性洄游魚種，幾年下來，不斷地協助消費者認識了不少魚類，貫徹了洄遊吧團隊倡導的「好好識魚、挑魚，就是幫助海洋永續最好方式」之經營理念。

　　在「洄遊平臺」經營上，除了透過網路平臺，運用資訊視覺化的方法，鉅細靡遺地分享洄游新知、食魚知識，輔以輕鬆可愛的插畫或動畫，圖解真實魚類的外觀等之外，洄遊吧團隊也邀請民眾以輕鬆、方便的模式至七星潭一遊，透過實際到魚的產地，看漁人、參與捕撈、逛魚市等，體會討海人的生活，以淨灘進行地理體驗和感受漁村風貌，以與在地深度互動來理解較為學術或科學性的內容，並向大眾傳遞海洋、漁業相關的知識、觀念及文化，以助更多民眾能進一步了解海洋，因此，洄遊平臺想傳達「介紹的不僅是漁獲，還是這片漁村」。另在洄遊吧辦理的親子實體活動中，更設計讓參與者以對魚的五感體驗，例如：觸摸魚齒觸感、觀察游速快慢與魚型體態的關係，再經由品嚐魚的滋味開拓味覺體驗，鼓勵與會者零距離熟悉魚種，藉此累積辨別魚類的經驗。

　　就「洄遊潮體驗」食魚教育活動辦理來說，在洄遊平臺的實體活動辦理之餘，洄遊吧團隊更結合各式公部門、產業及民間團體等多元資源，持續規劃多樣化食魚教育活動，例如：協助學術單位設計魚類教具，替企業規劃更多識海、識魚的食魚教育教材及員工旅遊活動，也曾與統一企業合

作「七星潭漁人藏寶圖」活動，並從在地擴大推廣至臺北的超商門市，以「小小魚達人」做第一線的食魚教育，在孩子的闖關遊戲中，教導日常中的魚類製品等，讓每個孩子都成為小小魚達人等，藉此讓不同世代的民眾都有機會以適合自己的方式洄遊海洋，透過感受到的相關知識轉換成具體行動，實際了解餐桌到海洋之間的完整過程，清楚認識海洋和我們生活日常之間的關聯與重要性。

肆、異鄉學子移居農村的在地發展：從大崎藝農實踐所到藝農生活聚落

　　位於烏山頭水庫集水區旁的「大崎」社區，現已是兩位臺南藝術大學畢業生的新故鄉，九年多來從異鄉遊子身分進而在大崎落地生根，30歲初頭來自高雄的林建叡與來自淡水的羅婉慈兩人，一如農夫從事農作般，以藝術耕耘者角色，在大崎落腳後，進而相識並在2020年結婚，由外來學生蛻變轉化成為在地居民，同時也繼續引動有志一同的年輕人，例如：南藝大、崑山科大等在校學生或畢業生，在此共組創業及社造團隊並成立工作室，讓原本因愈來愈多大崎青壯世代為謀求生計須離鄉背井而逐漸凋零的農村，重獲小村落可能發展的曙光，而團隊也期望逐步打造新興的大崎藝農生活聚落，順應當地的呼吸吐納，結合團隊夥伴們的投入努力與農村在地原有的節奏和模樣，延續並再現農村可能的未來光景。

　　大崎社區如同臺灣大多數的農村，以農事生產為主，在大崎則多是種植芒果與柳丁為居民的主要經濟來源；戶籍人口數未達500人、常住居民也不到200人的社區（聯合報數位版，2020），咸少受到太多關注，但因大崎鄰近臺南藝術大學，所以在2007年開始受到部分學校師生的青睞，透過學校將藝術資源導入社區進行相關的營造，在2008年將一處百年歷史的碾米廠，經由藝術空間改造，讓社區多了一個聚會所，成為社區的新活動中心。當2011年開始與大崎社區接觸時，就讀研究所的林建叡，在專業視角的觀看下，也是關注著頹廢或荒廢的社區景物，然空間連結的對象卻是

大崎社區中約莫三十多位的學童，考量大多數孩童的父母都忙於農事，因此，林建叡與夥伴們認爲，若能讓孩子帶動大人一起做一件事，或許是凝聚社區向心力的方法（聯合報數位版，2020），有感於「過去推動公共參與，發現長輩們參與度不高，所以決定將藝術導入課程、關心小朋友，也更有機會帶出他們的家人」，依此，他們歷經三年與社區協商合作，透過向外募款與結合水保局農村再生、臺南市都發局臺南築角等相關計畫資源挹注下，將原本淪爲倉庫的舊活動中心「中山堂」，修建成「大崎兒童藝術圖書館」，爾後此處成爲醞釀社區議題、辦活動的場所，更是孩子們日常好去處，也順勢成爲大崎社區邁入農村社造的創藝基地。

隨著基地的設立，卻又面臨到未來生涯發展的難題，因著對大崎的不捨，於是兩人決定成立「大崎藝農實踐所」，植基於以往爲大崎在地孩子辦營隊的經驗，發展出「村是遊戲小島」概念，透過和多校系的學生合作，以都市孩子爲主要對象設計寒暑期與假日營隊，藉由整個大崎都是大地遊戲場的規劃，引導孩子們認識農夫朋友、帶著雞蛋和長輩以物易物、製作投石器等活動，串接大崎的人事物，例如：大崎社區的孩子們組成「大崎小隊」，擔任小小隊輔之餘也認識新朋友；原本在家門口閒坐的阿公、阿嬤，現在常自掏腰包打點糖果、蔬菜，讓來以物易物的小隊員滿載而歸，另每次營隊約能將300位家長帶進社區，帶動採購水果、伴手禮等周邊效益。而此效益則引動了另一「好農」服務的創生，推出「大崎藝術芒果」品牌，將黑香、玉文、愛文與金煌四品種芒果畫上禮盒；並引流南藝力量，鼓勵南藝大學生認識在地，也用拍片、寫歌等方式，讓在地農物產有新穎的行銷創意發想與實踐。事實上，「很多人都有個盲點，以爲是我們幫助農民，但其實不是」，林建叡指出，這些青年團隊對農友來說也許可有可無，但以毫無土地、房子的青年而言，反而是農友幫助他們工作安居，「再反過來想，藝術芒果也許解決不了農村問題，但附加價值很多，例如：增加在地與南藝相連的機會，不管是課程合作或消費，都是很好的連結」。

另考量營隊服務較不固定，團隊又耗時一年，修繕社區老碾米廠且更進一步地將空間優化改造爲文創冰店「藝農號」，讓這座遊戲島有個對

外的「客廳」。剛開張的藝農號，高掛阿公、阿嬤送的祝賀彩球，九年前
由團隊陪伴的大崎孩子們已升上大學，拿了整疊藝農號傳單回學校幫忙宣
傳（聯合報數位版，2020）；在藝農號，常見社區居民來此閒話家常，
遊客能到此品嚐到大崎盛產的芒果、柳丁等製作的飲品，購買臺南在地社
區的溫度選物，以及南藝大學生的手作品等。如今的大崎藝農生活聚落藍
圖儼然成形（圖11-6），未來，這群藝農還要繼續與在地同行，以更堅穩
的服務模式，串接更多人與大崎藝農生活聚落產生連結，打造「村是遊戲
小島」，營造社區成為「富含農村文化、藝術工藝及水利人文」的體驗聚
落。

　　依此，大崎藝農團隊定位出「好藝、好玩、好農」三個面向，以藝農
公社（圖11-6：大崎藝農實踐所）持續落實校園共好、推展在地共好，另
透過大崎村落創藝基地（圖11-6：大崎兒童藝術圖書館），連結大專生在
地實踐人才培力，活化村落人文地景，繼續在地孩童的藝術陪伴，同時結

圖11-6　大崎藝農生活聚落藍圖

資料來源：財團法人臺灣經濟研究院「社會創新平臺」（2021），取自網址：https://
si.taiwan.gov.tw/Home/Raise/View/102。

合村落遊戲島的理念，落實農村文化的學習與推廣，以及藉由藝農號進行在地優質農產行銷和在地文創工藝推廣，同時作為活絡村落與南藝的人文交流場，以及城鄉交流在地資訊分享站等為聚落發展的價值主張（圖11-7），冀整合這座村落的文化、生活與產業並繼續接地氣，延展出既在地又獨特的大崎創生故事與新風貌。

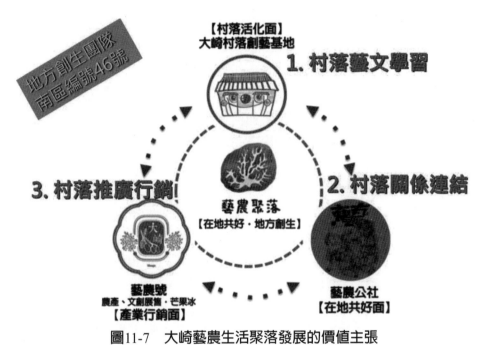

圖11-7　大崎藝農生活聚落發展的價值主張

資料來源：財團法人臺灣經濟研究院「社會創新平臺」（2021），取自網址：https://si.taiwan.gov.tw/Home/Raise/View/102。

　　藝農團隊，現為國發會南區地方創生團隊第46號，主要成員林建叡、羅婉慈都不是大崎人，卻選擇繼續留在大崎，帶領南藝大、崑山科大等不同領域的大學生與年輕人持續參與社區營造，並在社區成立工作室與創業團隊，深究成因可知是源自於他們以藝術專業改造大崎的一連串行動，點燃年輕人對「農村」的熱情，最終願意協助農村創生，繼續結合專業力與在地力創造富含在地特色的農產和文化工藝價值，因此，最終展現

的不僅是產品的市場價值,更是年輕人願意為農村付出心力和理想的社會
價值,誠盼大崎藝農聚落願景在「實踐」後實現,如同藝農團隊所願。

伍、地方創生團隊的活動脈絡與中介分析

地方創生活動的「中介工具」力求專業之際也應具社會鑲嵌特性
(Granovetter, 1985)。在返鄉或定居住下前,地方創生團隊青年大多面
臨的首要課題仍是基本生活的維持與活下去的考量。雖然地方創生團隊提
出的方案計畫焦點大都涵蓋振興地方收入、活化在地經濟等任務,但許多
團隊在營運初期,卻也面臨過自身如何在地方得以維持經濟獨立自主與持
續存活的瓶頸。從迴遊吧和藝農聚落的地方創生活動歷程來看,憑藉著專
業力與先前或前置於社區互動經驗的積累之餘,同時也不斷地向在地學
習,以獲取助力,進而轉化至調整改善團隊在推行地方創生社會實踐的
生產內涵,裨益自身困境瓶頸的突破,也提升了地方對於所倡導創生活
動的接納度,因此,中介的「工具」除了原有的專業知識與技能之外,
經由活動執行過程的探究、展化學習(expansive learning)(Engeström,
1987),青創團隊持續自我再造並呈現另類的專業發展,循此生成之專
業能力則多為經由對話或人際互動導向的社會建構,亦以內隱知識型態居
多,所以「工具或象徵系統」的運用即能展現在地的社會文化意義;而
當使用者改變工具的性質時,也會造成自身特質的改變,無論是地方創生
團隊或地方社區等皆然,透過「工具」形成的中介活動,除了具有發展個
人及社會的功效之外,同時也影響認知進而改變生活型態,展化置入於活
動的社群體系中,也更具穩定又流動消費特性。綜上,從文化歷史觀點而
言,以社會鑲嵌「工具」所中介的地方創生活動,存在於過去歷史的期待
中,也是未來發展的歷史再建構。

地方創生活動的「分工」權衡與青創團隊的結構資本及其資源能力
息息相關。地方社區發展目標和青創團隊與社區多元組織角色定位的不
同,是影響青年成功融入在地參與、協同社區發展的另一關鍵要素。青年

參與在地或社區發展活動的本質，已非純粹個人的工作處境，而是進入「集體」的工作處境。地方或社區環境常處於多重活動同時並進狀態，目標自然而然會受到波動而改變，使得地方社區發展中的目標難以控制（runaway objects）（Engeström, 2009）。參與合作設計與開發的成員，不單只是地方組成的社區發展組織或地方創生團隊，縣市或地方層級行政人員等也經常在合作互動過程中占有重要地位。依此，協力團隊的組成，表象上，因成員異質性而被視為具備結構完整的優點；實際上，行政人員習慣就資源管理或地方治理的角度出發，進行議題或問題的分析衡量與決策制定，但地方社區組織往往根據嘉惠居民的發展需求，裁量社區活動辦理、人員調派配置或時間成本等的投入，而青創團隊則本著專業信念、理念認同與使命熱忱等，試圖介入參與地方事務或活動，以實踐己身的想法和設計規劃。基於各自的本位立場與職責，合作推展地方社區發展活動之際，反而變成多元角力在地方自主權、發展資源分配運用及活動展現的戰場。從AT探討可知，「分工」作為「社群」與「目標」的社會中介，地方創生團隊與在地不同社群間看似結構扁平，但實則為壁壘分明的組織運作體系，以洄遊吧和藝農聚落的地方創生團隊本身分工來看，活動歷程中似乎無認知與行為上的矛盾與衝突。至於青創團隊與在地社區組織的分工運作，活動早期的權力行使與角色扮演，在地組織具有分工協商上的優勢，主要原因實為地方創生團隊的結構資本尚未健全。隨著青創團隊運用多元資源、強化團隊結構後，不僅在與地方組織的合作分工，甚至於不同利害關係團體的分工協調上，洄遊吧和藝農聚落團隊皆已漸能跨越社群運作在分工面向上角色模糊或任務不明確的危機，展化出較可掌握互惠的角色平衡點。

　　就AT系統來說，主體與社群透過「規則」社會中介維繫互動關係，易言之，社群通常藉由「規則」約束主體，但主體有時也因違反、衝撞「規則」等，造成社群運作上的影響。在地方創生活動系統中，青創團隊與地方社區組織或不同利害關係團體形成的社群運作，主要依循的「規則」為社會規範和相關合約等。當地方創生方案計畫推展為社群預計達成目標的方法、手段時，共同參與方案設計規劃且需集體合作完成計畫實施

的過程中，從會議討論、任務分配、資源與工作調度、協調聯繫溝通等各項互動，皆可看見跨領域合作或跨界合作潛藏的複雜性，例如：會議決策採取共識決或其他決議方式？方案作品權的歸屬為集體擁有或採取權利分配方式？以青創團隊而言，大多採取對現有運作的「規則」墨守，然而其他社群成員對部分新「規則」可能採取忽略，因而牽制著「社群」與青創團隊的關係，也連帶地讓「規則」無法發揮中介效果，另有些則是在青創團隊加入社群之前既存的默會「規則」，也許會造成彼此關係的擾動或互動張力，因此，「規則」中介的結果可能導致青創團隊感受到跨界合作的複雜與困難或挫折。以洄遊吧和藝農聚落的地方創生團隊與社群互動而言，考量洄遊吧是由返鄉後姪輩等組成、藝農聚落進入社群時仍為學生身分所致，整體而言，就「規則」中介的互動關係分析可知，呈現的是助力多於阻力，引動團隊在活動歷程中較多社會資本的取得，主要原因可能為農漁村社會傳統之提攜後輩文化觀；另兩組團隊也持續地致力於改善當地的社會實踐，且樂於主動連結在地來共同參與和隨時進行聯繫、分享與溝通，如此良性互動也超越了合約式「規則」，令這群青創團隊從地方創生的社會實踐過程中，獲得許多的在地支持與認同，因此，社群運作也多能順利進行，且朝目標逐步邁進。

陸、結論

以AT而言，發起活動的主體、活動使用的工具皆和造就客體發展以達成特定目標息息相關，換言之，活動主體的行為或行動存在目標導向性（object-orientedness），意即地方創生團隊啟動的方案計畫行動是受地方社區的發展所驅使，無論是解決地方的問題或連結至特定的社會發展議題等，地方社區存在之意義在於提供團隊許多目標導向行動的指引，因此，地方創生團隊活動的內容會被一個預期結果所引導，從活動形成以至爾後活動實踐的過程中，依循著此預期結果並因應所面臨的各種條件狀況，整個參與地方創生的活動內容會不斷地被協調且具體化實現。在洄遊吧和藝

農聚落的地方創生社會實踐脈絡中，再次證實AT各要素元件及其中介轉化，確能將地方社區發展的創生方案活動，這些異於在地日常或常規的計畫行為或行動，透過分工的持續溝通對話，有助於整體社群在重新設定決策情境時，更明確地釐清發展需求與確立決策方案的行動風險，得以較有效地置於當地的文化脈絡之中，同時確能因團隊不斷地主動對話交流，降低彼此互動關係陌生感或對彼此角色功能的認知陌生，有助於團隊以在地系統網絡作為活動設計與規劃分析的透鏡，濾出在地社區居民在其日常生活或地方文化背景下，影響活動參與及持續投入的因素。而地方創生團隊提出的創新方案計畫對當地社區而言，往往衍生有別於傳統、日常生活或既定認識下的活動，所以大多數地方或社區民眾較不易接受或對參與持觀望的態度，誠如團隊的創新方案計畫應為文化工具進行活動的中介，透過共同參與方案設計規劃的過程，當能較有效兼顧社會文化意涵的融入，因此，地方創生團隊在秉持專業理念之餘，更須落實向在地學習的田野研究精神，藉此整合以強化文化工具的力道，提高目標對象投入活動與合作的參與度。

參考文獻

洄遊吧（2016）。漁業知識：魚在定置網裡是如何游。https://www.facebook.com/watch/?v=198157150568189。

洄遊吧（2020）。【定置漁法】全臺灣定置漁場分佈圖。海鮮教室／魚怎麼來／漁法介紹。https://www.fishbar.com.tw/news3/news_two.php?class=101&Sn=2。

洄遊吧（2021）。關於我們：服務內容。https://www.fishbar.com.tw/intro1/s/intro102。

財團法人臺灣經濟研究院「社會創新平臺」（2021）。TiC100珊瑚潭藝農聚落X在地好經濟實踐計畫。https://si.taiwan.gov.tw/Home/Raise/View/102。

聯合報數位版（2020）。倡議家／地方創生：大學生扎根異鄉——九年時光，在村落玩出遊戲島！https://ubrand.udn.com/ubrand/story/121027/4725711。

Engeström, Y. (1987). *Learning by Expanding: An Activity-theoretical Approach to Developmental Research.* Helsinki, Finland: Orienta-Konsultit.

Engeström, Y. (2009). The Future of Activity Theory: A Rough Draft. In A. Sannino, H. Daniels, and K. D. Gutiérrez. (eds.), *Learning and Expanding with Activity Theory* (pp. 257-273). Cambridge, UK: Cambridge University Press.

Granovetter, M. (1985). Economic Action and Social Structure: The Problem of Embeddedness. *American Journal of Sociology*, 91(3): 481-510.

國家圖書館出版品預行編目資料

地方創生理論概念與個案應用／李長晏主編；
廖洲棚，鄭錫鍇，林淑馨，王皓平，徐偉
傑，柳婉郁，李天裕，蔣麗君，鄭國泰，陳
姿伶合著. －－初版. －－臺北市：五南圖
書出版股份有限公司, 2023.02
面； 公分
ISBN 978-626-343-599-5（平裝）

1.CST: 社區總體營造 2.CST: 個案研究

545   111020176

1PTS

地方創生理論概念與個案應用

主　　編 ― 李長晏（86.3）

作　　者 ― 廖洲棚、鄭錫鍇、林淑馨、王皓平、徐偉傑
　　　　　　柳婉郁、李天裕、蔣麗君、鄭國泰、陳姿伶
　　　　　　（按撰寫章節排序）

發 行 人 ― 楊榮川

總 經 理 ― 楊士清

總 編 輯 ― 楊秀麗

副總編輯 ― 劉靜芬

責任編輯 ― 呂伊真

封面設計 ― 王麗娟

出 版 者 ― 五南圖書出版股份有限公司

地　　址：106台北市大安區和平東路二段339號4樓

電　　話：(02)2705-5066　傳　　真：(02)2706-6100

網　　址：https://www.wunan.com.tw

電子郵件：wunan@wunan.com.tw

劃撥帳號：01068953

戶　　名：五南圖書出版股份有限公司

法律顧問　林勝安律師

出版日期　2023年2月初版一刷

定　　價　新臺幣450元

經典永恆・名著常在

五十週年的獻禮——經典名著文庫

五南，五十年了，半個世紀，人生旅程的一大半，走過來了。

思索著，邁向百年的未來歷程，能為知識界、文化學術界作些什麼？

在速食文化的生態下，有什麼值得讓人雋永品味的？

歷代經典・當今名著，經過時間的洗禮，千錘百鍊，流傳至今，光芒耀人；

不僅使我們能領悟前人的智慧，同時也增深加廣我們思考的深度與視野。

我們決心投入巨資，有計畫的系統梳選，成立「經典名著文庫」，

希望收入古今中外思想性的、充滿睿智與獨見的經典、名著。

這是一項理想性的、永續性的巨大出版工程。

不在意讀者的眾寡，只考慮它的學術價值，力求完整展現先哲思想的軌跡；

為知識界開啟一片智慧之窗，營造一座百花綻放的世界文明公園，

任君遨遊、取菁吸蜜、嘉惠學子！